TEXAS
HSP Matemáticas

Harcourt
SCHOOL PUBLISHERS

¡Visita The Learning Site!
www.harcourtschool.com

ISBN 13: 978-0-15-361120-9
ISBN 10: 0-15-361120-0

2 3 4 5 6 7 8 9 10 030 16 15 14 13 12 11 10 09 08

© Harcourt

Senior Authors

Evan M. Maletsky
Professor Emeritus
Montclair State University
Upper Montclair, New Jersey

Joyce McLeod
Visiting Professor, Retired
Rollins College
Winter Park, Florida

Authors

Angela G. Andrews
Assistant Professor,
    Math Education
National Louis University
Bolingbrook, Illinois

Minerva Cordero-Epperson
Associate Professor of Mathematics
    and Associate Dean of the
    Honors College
The University of Texas
    at Arlington
Arlington, Texas

James Epperson
Associate Professor
Department of Mathematics
The University of Texas
    at Arlington
Arlington, Texas

Barbara Montalto
Mathematics Consultant
Assistant Director of
    Mathematics, Retired
Texas Education Agency
Austin, Texas

Karen S. Norwood
Associate Professor of
    Mathematics Education
North Carolina State University
Raleigh, North Carolina

Janet K. Scheer
Executive Director
Create-A-Vision
Foster City, California

David G. Wright
Professor
Department of Mathematics
Brigham Young University
Provo, Utah

Jennie M. Bennett
Mathematics Teacher
Houston Independent
    School District
Houston, Texas

Juli Dixon
Associate Professor of
    Mathematics Education
University of Central Florida
Orlando, Florida

Lynda Luckie
Director, K–12 Mathematics
Gwinnett County Public Schools
Lawrenceville, Georgia

David D. Molina
Program Director, Retired
The Charles A. Dana Center
The University of Texas
    at Austin

Vicki Newman
Classroom Teacher
McGaugh Elementary School
Los Alamitos Unified
    School District
Seal Beach, California

Tom Roby
Associate Professor
    of Mathematics
Director, Quantitative
    Learning Center
University of Connecticut
Storrs, Connecticut

Program Consultants and Specialists

Russell Gersten
Director, Instructional
    Research Group
Long Beach, California
Professor Emeritus of
    Special Education
University of Oregon
Eugene, Oregon

Valerie Johse
Elementary Math Specialist
Office of Curriculum
    & Instruction
Pearland I.S.D.
Pearland, TX

Robin C. Scarcella
Professor and Director,
    Program of Academic
    English and ESL
University of California, Irvine
Irvine, California

Michael DiSpezio
Writer and On-Air Host,
    JASON Project
North Falmouth, Massachusetts

Anne M. Goodrow
Assistant Professor,
    Elementary Education
Rhode Island College
Providence, Rhode Island

Tyrone Howard
Assistant Professor
UCLA Graduate School
    of Education—
    Information Studies
University of California
    at Los Angeles
Los Angeles, California

Concepcion Molina
Southwest Educational
    Development Lab
Austin, Texas

iii

Un divertido regreso a la escuela

Capítulo 1

Tema:
En el salón
de clases

Separar y comparar   3

© Harcourt

Los números del 0 al 5   27

Capítulo 2

Tema: Mis amigos y yo

UNIDAD 2

Literatura

Festival de otoño

© Harcourt

UNIDAD 3

Los animales

© Harcourt

UNIDAD 4

En el mercado

Capítulo 7

Tema:
Frutas y
vegetales

Capítulo 8

Tema:
Cosechas
extra-
ordinarias

Literatura

The World
Almanac
para niños

UNIDAD 5

Una ayuda

Capítulo 9

Tema: ¿Cómo crece tu huerto?

© Harcourt

© Harcourt

UNIDAD 6

Maravillosa naturaleza

© Harcourt

Un divertido regreso a la escuela

escrito por Ann Dickson

En este cuento, también COMENTA y ESCRIBE sobre Matemáticas.

 Nota para la familia: Este cuento ayudará a su niño a concentrarse en los parecidos y las diferencias que hay entre los objetos.

A

1. Escribe tu nombre.

2. Guarda tu mochila.

3. Elige un centro de trabajo.

Este es mi salón de clases. ¡Adelante!

Pronto aprenderemos cosas interesantes.

Estudios sociales

¿Por qué hay reglas?

B

Las mochilas van colgadas

en ganchos con nuestros nombres.

Encierra en un círculo las que son iguales.

Estudios sociales

¿Por qué aprendemos los nombres?

C

Un divertido regreso a la escuela

Aquí están los libros que leen los niños.

¿Qué libros son grandes?

¿Cuáles son pequeños?

Estudios sociales

¿Por qué ayudamos a los demás?

D

Aquí hay muchos marcadores.

Nombra todos sus colores.

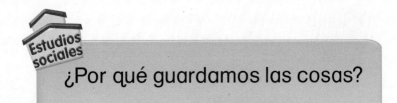

Estudios sociales

¿Por qué guardamos las cosas?

Nuestras cosas están muy ordenadas.

¿Qué figuras son redondas?

¿Qué figuras son cuadradas?

Estudios sociales

¿Por qué compartimos las cosas?

Nombre _____

Mi relato de Matemáticas
Actividad de literatura

Repaso del vocabulario

parecido

diferente

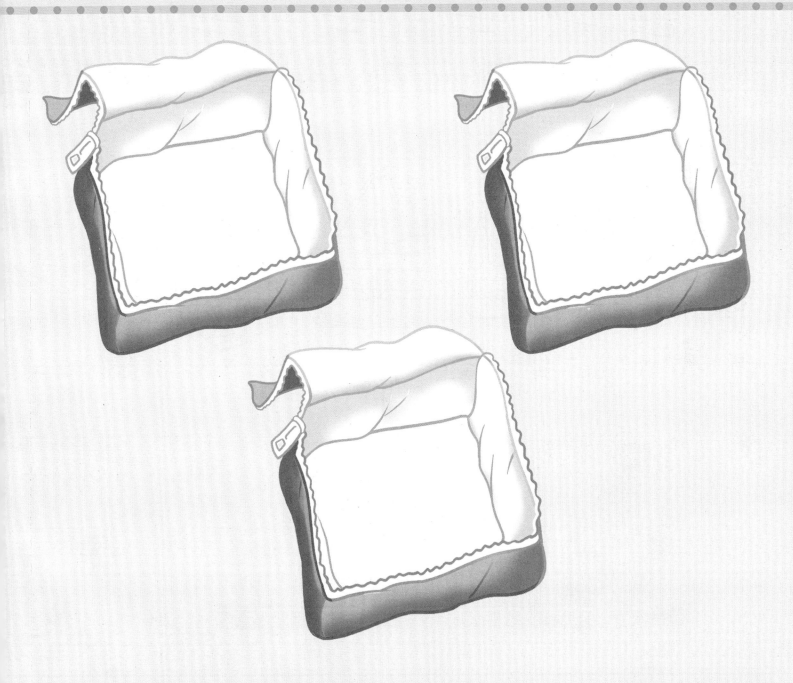

INSTRUCCIONES Estas loncheras son parecidas. En una de las loncheras, dibuja algo que te guste comer. Ahora, encierra en un círculo la lonchera que es diferente.

G

Parecido y diferente

❶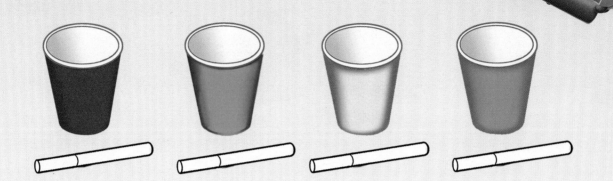

⭐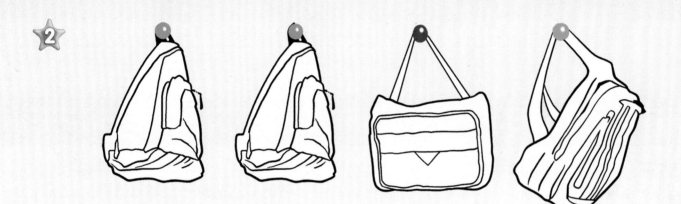

🍃

INSTRUCCIONES 1. Colorea los marcadores del mismo color de cada vaso.
2. Colorea las mochilas que son parecidas por su forma.
3. En este salón de clases se necesitan más libros. Dibuja un libro que sea de diferente tamaño.

H

UNIDAD 1

La escuela y la casa

Queridos familiares:

Hoy en la clase comenzamos a estudiar la Unidad 1. Aprenderé a separar objetos parecidos y a contar hasta 5 objetos. Estas son algunas palabras y actividades del vocabulario para que veamos juntos.

Con cariño, _____

Enriquece tu vocabulario

Vocabulario clave de Matemáticas

Separar Agrupar los objetos según sus atributos.

Gráfica Una manera de presentar los objetos en columnas y filas para poder comparar los grupos y mostrar la información.

Conjuntos iguales El mismo número de objetos en cada conjunto.

Actividad del vocabulario

Matemáticas en acción

Dé al niño la oportunidad de separar objetos, como la ropa para lavar. Pídale que separe las prendas según su color, tipo o a quién pertenecen. Luego, pida a su niño que le muestre cómo puede contar hasta cinco objetos de un conjunto.

La escuela y la casa

Para recordar

Es probable que su niño ya sepa emparejar objetos en una correspondencia uno a uno, como una servilleta por cada lugar de la mesa. Pídale que empareje un conjunto de cuatro objetos de un mismo tipo con otro conjunto de cuatro objetos.

Actividad con el calendario

Septiembre

domingo	lunes	martes	miércoles	jueves	viernes	sábado
	1	2	3	4	5	6
7	8	9	10	11	12	13
14	15	16	17	18	19	20
21	22	23	24	25	26	27
28	29	30				

Pida a su niño que mire el calendario y diga lo que sabe sobre él. Hablen sobre las hojas de diferentes colores.

Práctica (después de leer las páginas 7 y 8)

Pida a su niño que separe las hojas del calendario según su color.

Práctica (después de leer las páginas 33 y 38)

Pida a su niño que cuente cuántas hojas de cada color hay en el calendario.

Literatura

Busquen libros en una biblioteca. A medida que lean cada libro, pida a su niño que señale las palabras del vocabulario de Matemáticas.

Mortimer's Math: Sorting.
Bryant-Mole, Karen.
Gareth Stevens, 2000.

Seaweed Soup.
Murphy, Stuart J.
HarperCollins, 2001.

Big and Little.
Miller, Margaret.
Greenwillow, 1998.

Separar y comparar

Tema: En el salón de clases

Nombre _____

 # Muestra lo que sabes

INSTRUCCIONES Colorea las figuras del tablero para que sean del mismo color que las figuras que están en la parte superior de la página.

 NOTA PARA LA FAMILIA: Esta página sirve para comprobar si su niño comprende los conceptos y las destrezas importantes que se necesitan para tener éxito en el Capítulo 1.

Parecido y diferente

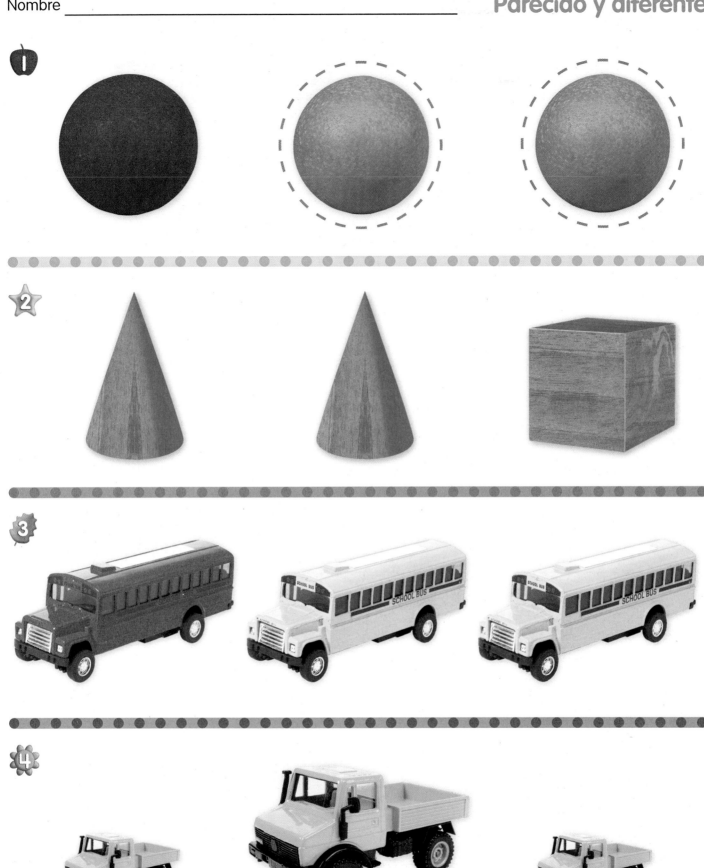

TEKS K.8A describa e identifique un objeto por sus atributos utilizando lenguaje informal.
también **TEKS K.8B, K.14A, K.14B**

INSTRUCCIONES I a 4. Marca con una X el objeto que es diferente.

 ACTIVIDAD PARA LA CASA · Muestre a su niño dos objetos de su casa que sean parecidos y uno que sea diferente de los otros dos, como una lata de sopa, una lata de verduras y una barra de jabón. Pídale que le describa en qué son parecidos o en qué son diferentes los objetos.

Nombre _____

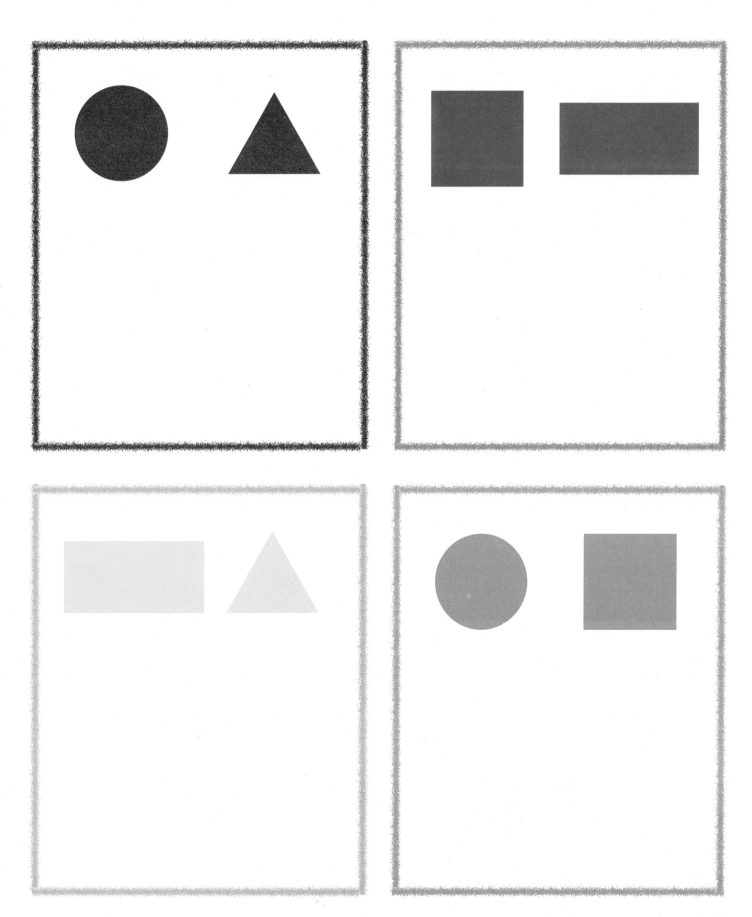

INSTRUCCIONES Separa en grupos unas cuantas figuras. Dibuja y colorea una figura más para cada grupo. Di en qué son parecidas las figuras.

TEKS K.8C clasifique una variedad de objetos, incluyendo figuras geométricas de dos y tres dimensiones, de acuerdo con sus atributos y describa cómo se clasifican éstos. *también* TEKS K.8A, K.8B, K.14A, K.14B

Capítulo 1 · Lección 2

siete 7

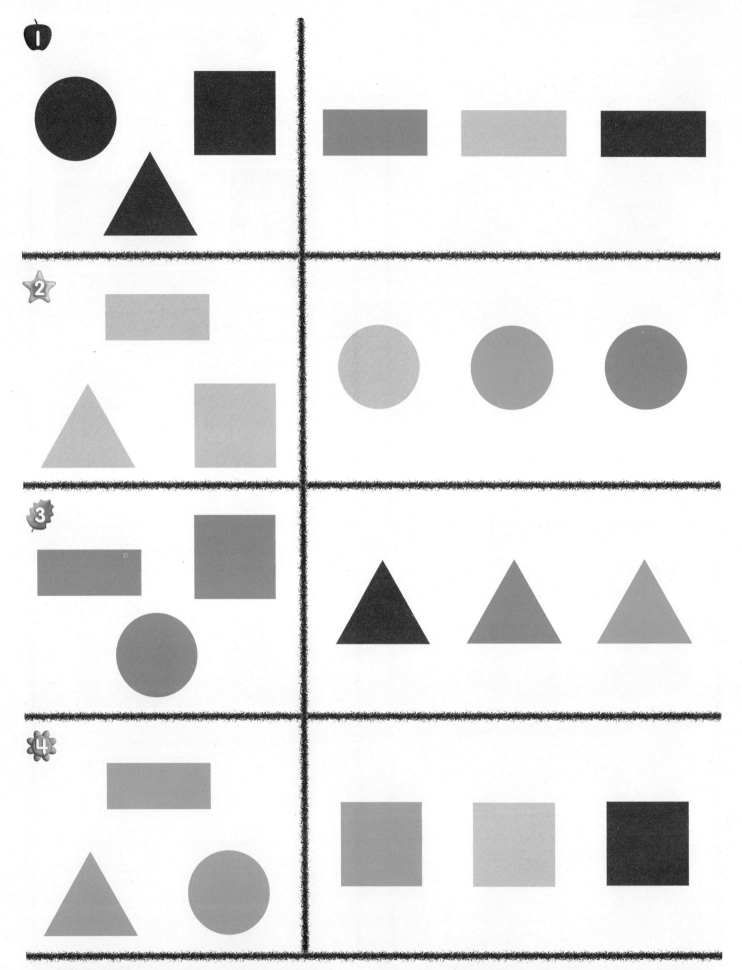

INSTRUCCIONES 1 a 4. Mira el grupo de figuras que hay al comienzo de la fila. Di en qué son parecidas las figuras. Encierra en un círculo la figura que pertenece al grupo.

 ACTIVIDAD PARA LA CASA · Pida a su niño que separe algunos objetos de la casa, como camisas, calcetines o zapatos, en grupos según el color. Pídale que describa la manera como formó los grupos.

Nombre _____

❶

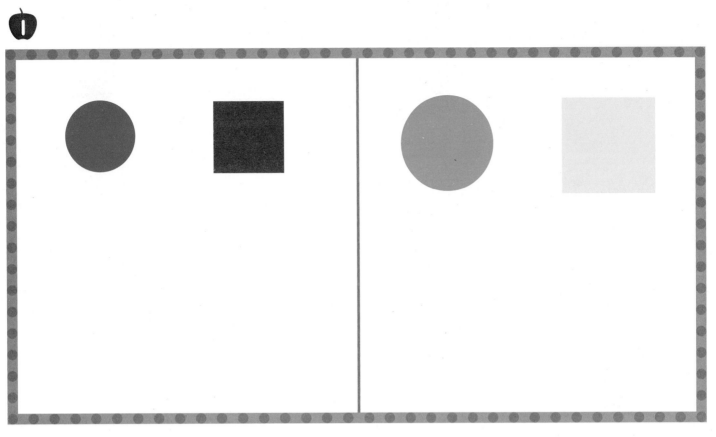

⭐2

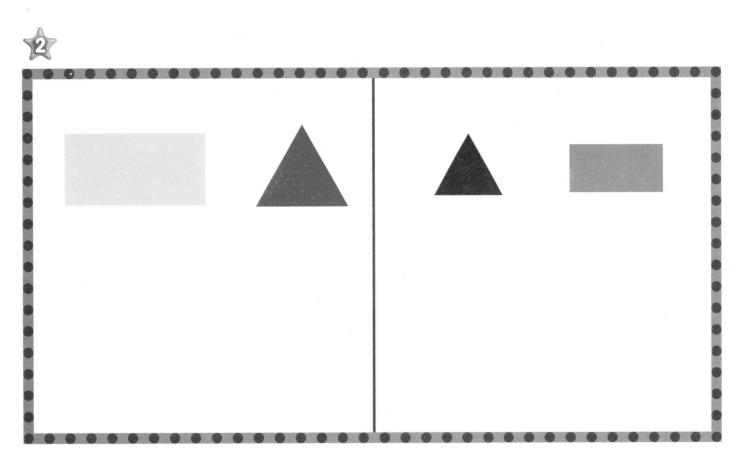

INSTRUCCIONES   1 y 2. Separa en grupos unas cuantas figuras. Dibuja y colorea una figura más para cada grupo. Di en qué son parecidas las figuras.

© Harcourt

TEKS K.8C clasifique una variedad de objetos, incluyendo figuras geométricas de dos y tres dimensiones, de acuerdo con sus atributos y describa cómo se clasifican éstos. *también* TEKS K.8A, K.8B, K.14A, K.14B

INSTRUCCIONES 1 a 4. Marca con una X el objeto que no pertenece al grupo.

 ACTIVIDAD PARA LA CASA · Dé a su niño versiones grandes y pequeñas de los mismos objetos, como cucharas, zapatos, camisas o animales de peluche. Pídale que le diga cuáles objetos son grandes y cuáles son pequeños.

1

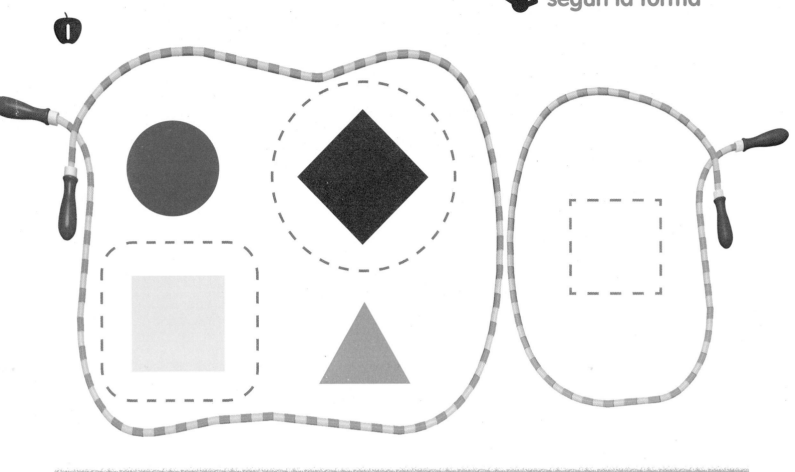

2

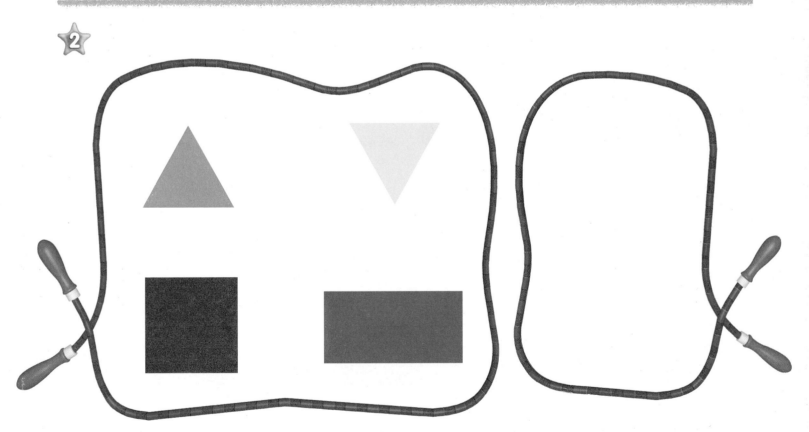

INSTRUCCIONES 1 y 2. Empareja cada figura con otra figura. Encierra en un círculo las figuras que son parecidas. Dibuja esa figura en el lugar de trabajo. Di lo que sabes sobre esa figura.

TEKS K.8C clasifique una variedad de objetos, incluyendo figuras geométricas de dos y tres dimensiones, de acuerdo con sus atributos y describa cómo se clasifican éstos. *también* TEKS K.8A, K.8B, K.14A, K.14B

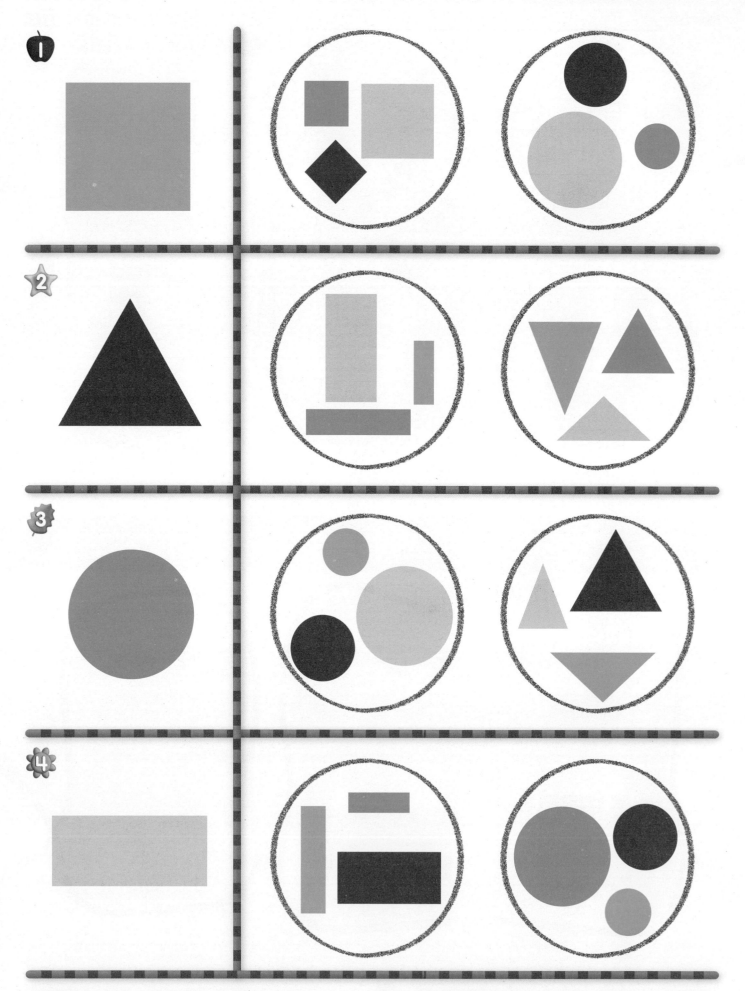

INSTRUCCIONES 1 a 4. Mira la figura que hay al comienzo de la fila. Di lo que sabes sobre la figura. Marca con una X el grupo al que la figura pertenece.

 ACTIVIDAD PARA LA CASA · Ayude a su niño a encontrar un objeto de la casa que tenga la misma forma que cada una de las siguientes figuras: un cuadrado, un triángulo, un rectángulo y un círculo.

Nombre _____

Repaso de la mitad del capítulo

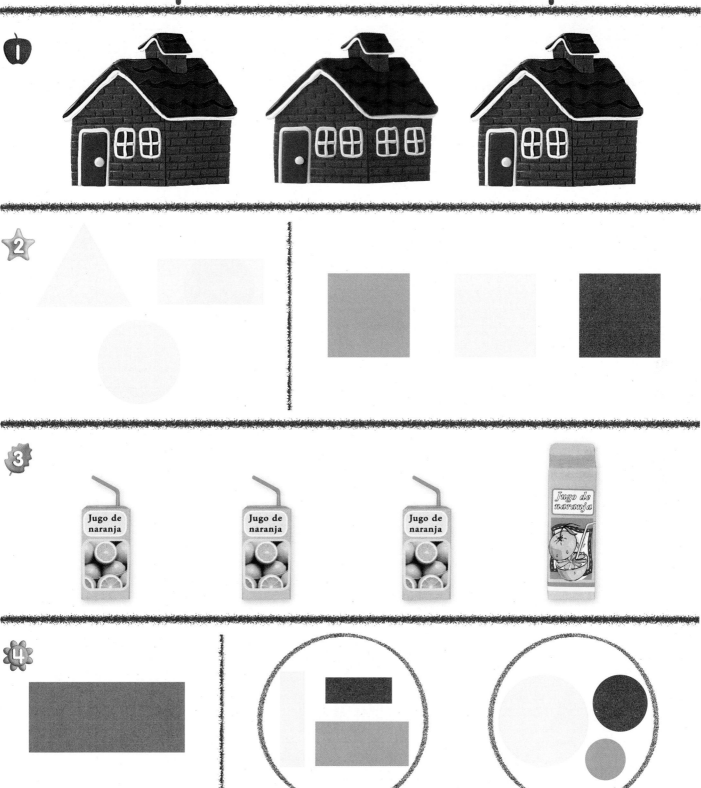

INSTRUCCIONES **1.** Marca con una X el objeto que es diferente. (TEKS K.8A)
2. Mira el grupo de figuras que están al comienzo de la fila. Encierra en un
círculo la figura que pertenece al grupo. (TEKS K.8C)   **3.** Marca con una X el
objeto que no pertenece. (TEKS K.8C)   **4.** Mira la figura que está al comienzo
de la fila. Marca con una X el grupo al que la figura pertenece. (TEKS K.8C)

© Harcourt

Capítulo 1   trece **13**

⭐ Repaso acumulativo

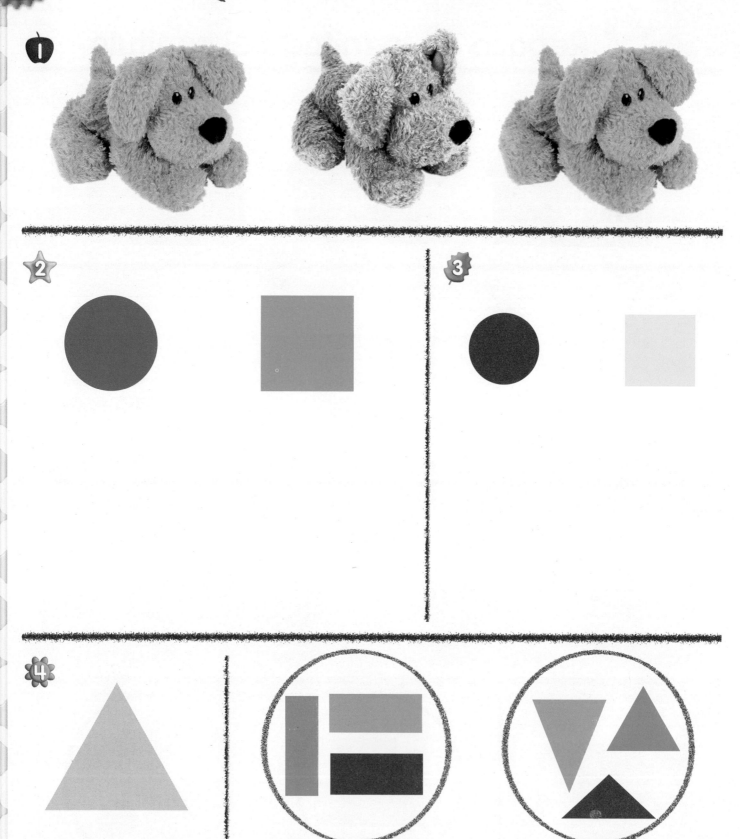

INSTRUCCIONES   I. Marca con una X el objeto que es diferente. (TEKS K.8A) **2 y 3.** Separa un puñado de figuras. Dibuja y colorea una figura más que pertenezca a cada grupo. (TEKS K.8C) **4.** Mira la figura que está al comienzo de la fila. Marca con una X el grupo al que la figura pertenece. (TEKS K.8C)

14 catorce

© Harcourt

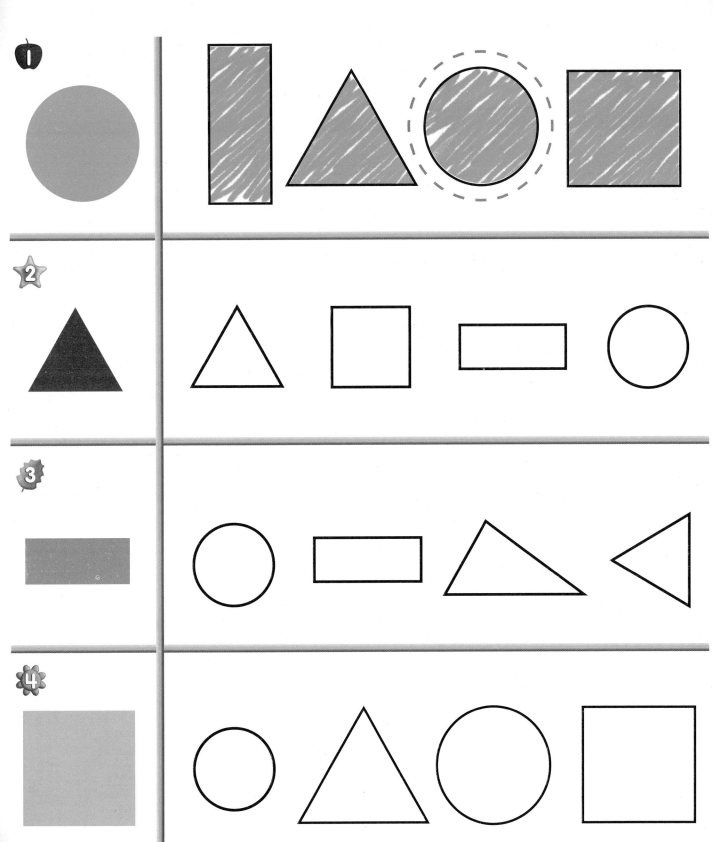

INSTRUCCIONES **1 a 4.** Colorea todas las figuras del mismo color que la figura que hay al comienzo de la fila. Encierra en un círculo una figura que sea parecida a la primera figura de más de una manera. Describe en qué son parecidas las figuras.

TEKS K.8B Compare dos objetos basándose en sus atributos. *también* **TEKS K.8A, K.8C, K.13B, K.14A, K.14B, K.15**

© Harcourt

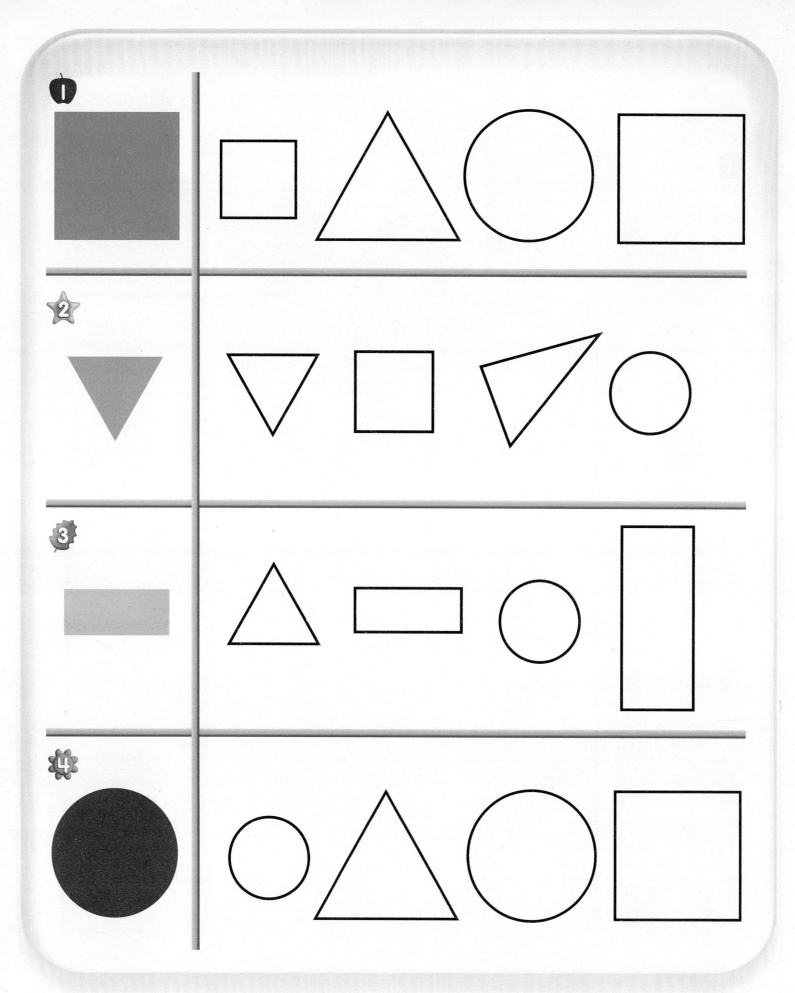

INSTRUCCIONES 1 a 4. Colorea todas las figuras del mismo color que la figura que hay al comienzo de la fila. Encierra en un círculo una figura que sea parecida a la primera figura de más de una manera. Describe las maneras como son parecidas las figuras.

 ACTIVIDAD PARA LA CASA · Ayude a su niño a separar sus juguetes según dos atributos, como el tamaño y el color. Por ejemplo, su niño primero podría separar los juguetes rojos y luego separar en dos grupos que contengan jugetes rojos grandes y juguetes rojos pequeños.

16 dieciséis

Nombre _____

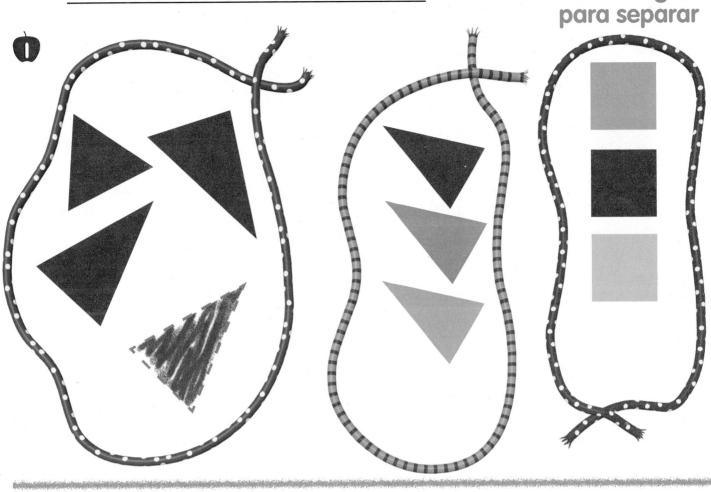

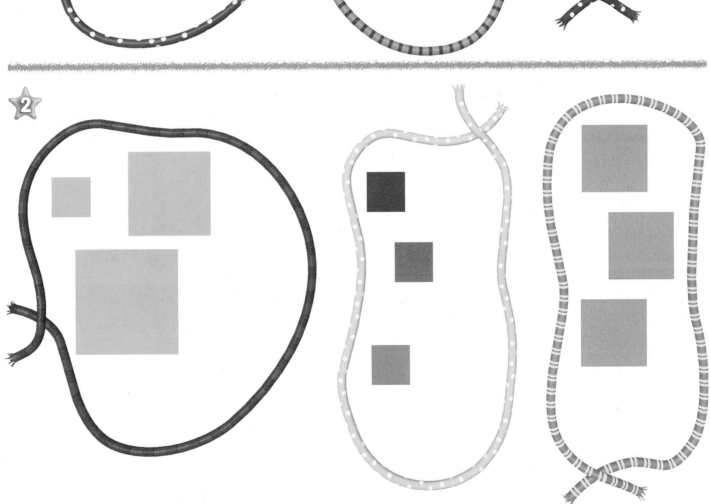

INSTRUCCIONES 1. Dibuja una figura más en el grupo de figuras separadas según la forma y el color. **2.** Dibuja una figura más en el grupo de figuras separadas según el tamaño y el color.

TEKS K.8A describa e identifique un objeto por sus atributos utilizando lenguaje informal. *también* **TEKS K.8C, K.14A**

Capítulo 1 • Lección 6

diecisiete 17

© Harcourt

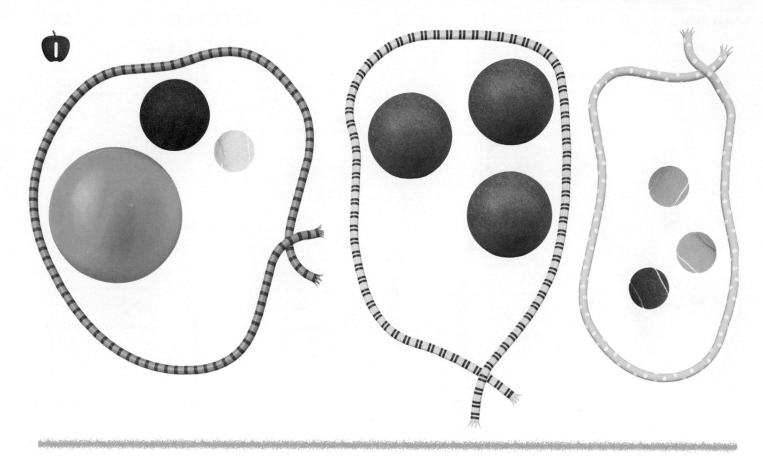

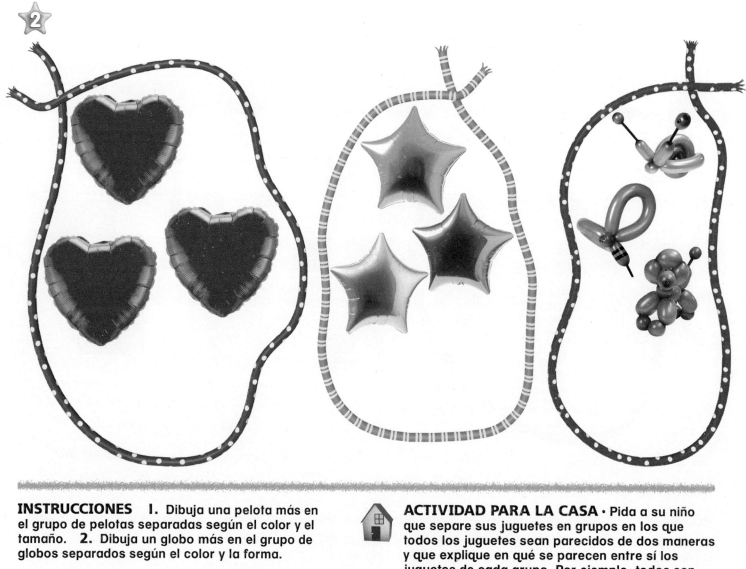

INSTRUCCIONES **1.** Dibuja una pelota más en el grupo de pelotas separadas según el color y el tamaño. **2.** Dibuja un globo más en el grupo de globos separados según el color y la forma.

ACTIVIDAD PARA LA CASA · Pida a su niño que separe sus juguetes en grupos en los que todos los juguetes sean parecidos de dos maneras y que explique en qué se parecen entre sí los juguetes de cada grupo. Por ejemplo, todos son pequeños y tienen ruedas.

Taller de resolución de problemas

Estrategia • Usar el razonamiento lógico

1

2

3

4

INSTRUCCIONES **1.** Queremos separar las frutas. Traza la X que está sobre el objeto que no debe incluirse. **2 a 4.** Tres de los objetos son parecidos. Marca con una X el que no pertenece al grupo. Di por qué no pertenece al grupo.

TEKS K.8A describa e identifique un objeto por sus atributos utilizando lenguaje informal. *también* **TEKS K.8C, K.13B, K.14A, K.14B, K.15**

INSTRUCCIONES 1 a 4. Tres de los objetos son parecidos. Marca con una X el que no pertenece al grupo. Di por qué.

 ACTIVIDAD PARA LA CASA · Muestre a su niño tres objetos de la casa que sean parecidos de alguna manera y un cuarto objeto que sea diferente. Pídale que identifique el artículo que no pertenece al grupo y que explique por qué no pertenece al grupo.

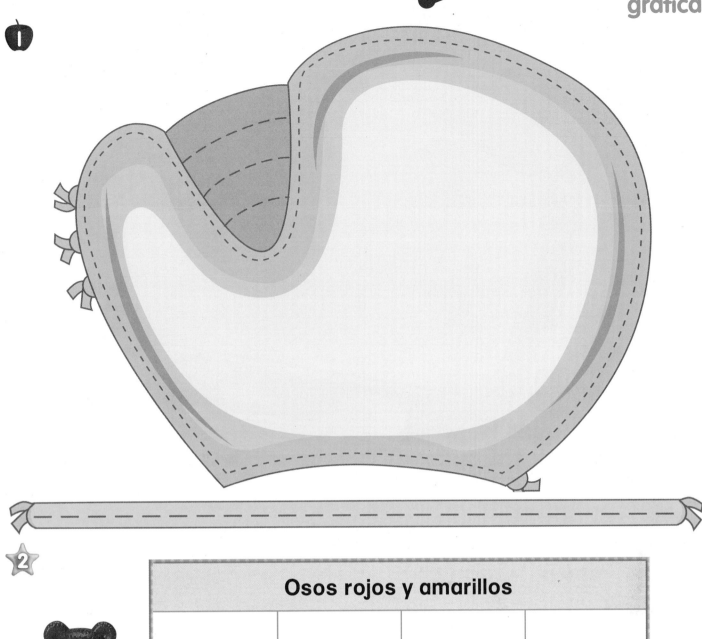

Osos rojos y amarillos

INSTRUCCIONES   1. Pon un puñado de fichas sobre el guante de béisbol. Separa las fichas según el color.   **2.** Mueve las fichas rojas hacia la fila superior de la gráfica. Mueve las fichas amarillas hacia la fila inferior de la gráfica. Dibuja y colorea las fichas. ¿Qué muestra la gráfica?

TEKS K.12A genere gráficas utilizando objetos reales o dibujos para contestar preguntas. *también* **TEKS K.8C, K.12B.**

Capítulo 1 · Lección 8

veintiuno 21

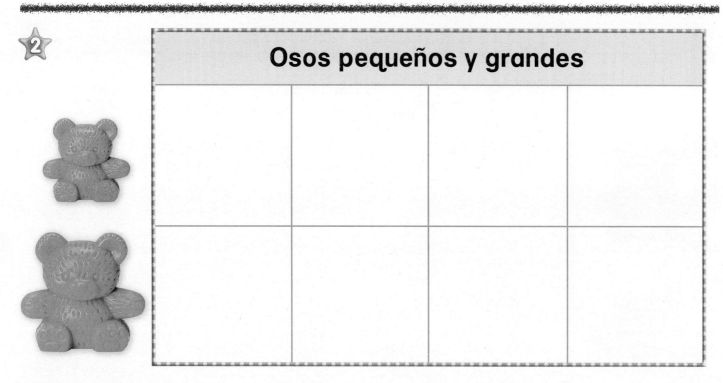

Osos pequeños y grandes

INSTRUCCIONES 1. Coloca un puñado de fichas de oso en la lonchera. Separa las fichas según el tamaño. **2.** Mueve los osos pequeños hacia la fila superior de la gráfica. Mueve los osos grandes hacia la fila inferior de la gráfica. Dibuja y colorea las fichas. Explica la gráfica.

 ACTIVIDAD PARA LA CASA · Ayude a su niño a hacer una gráfica semejante en la que pueda separar objetos pequeños, como clips o botones, según el tamaño o el color.

22 veintidós

Nombre _____

Repaso/Prueba del capítulo

INSTRUCCIONES **1.** Marca con una X el objeto que es diferente.
(TEKS K.8C) **2.** Mira el grupo de figuras que están al comienzo de la fila.
Encierra en un círculo la figura que pertenece al grupo. (TEKS K.8C) **3.** Colorea
las figuras para que sean del mismo color que la figura que está al comienzo
de la fila. Encierra en un círculo la figura que sea parecida de más de una
manera. (TEKS K.8B) **4.** Tres de los objetos son parecidos. Marca con una X el
objeto que no pertenece al grupo. (TEKS K.8A)

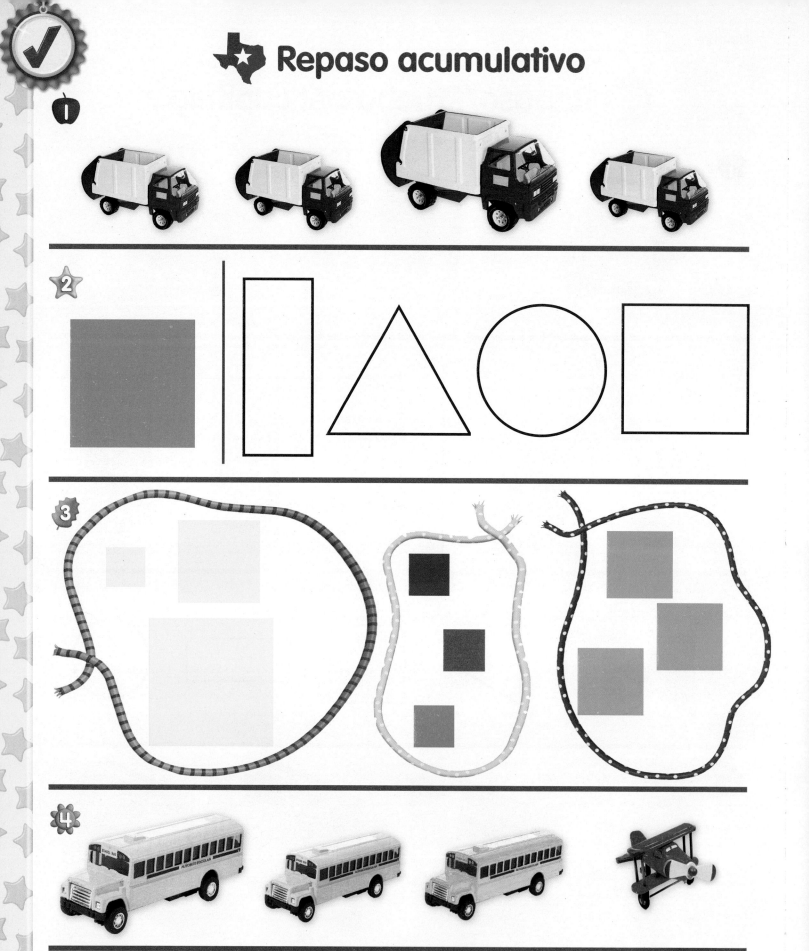

⭐ Repaso acumulativo

INSTRUCCIONES **1.** Marca con una X el objeto que no pertenece al grupo. (TEKS K.8C) **2.** Colorea las figuras para que sean del mismo color que la figura que está al comienzo de la fila. Encierra en un círculo una figura que sea parecida de más de una manera. (TEKS K.8B) **3.** Dibuja y colorea una figura más en el grupo que está separado según el color y el tamaño. (TEKS K.8A) **4.** Tres de los objetos son parecidos. Marca con una X el objeto que no pertenece al grupo. (TEKS K.8A)

24 veinticuatro

© Harcourt

Nombre _____

Sigue las figuras

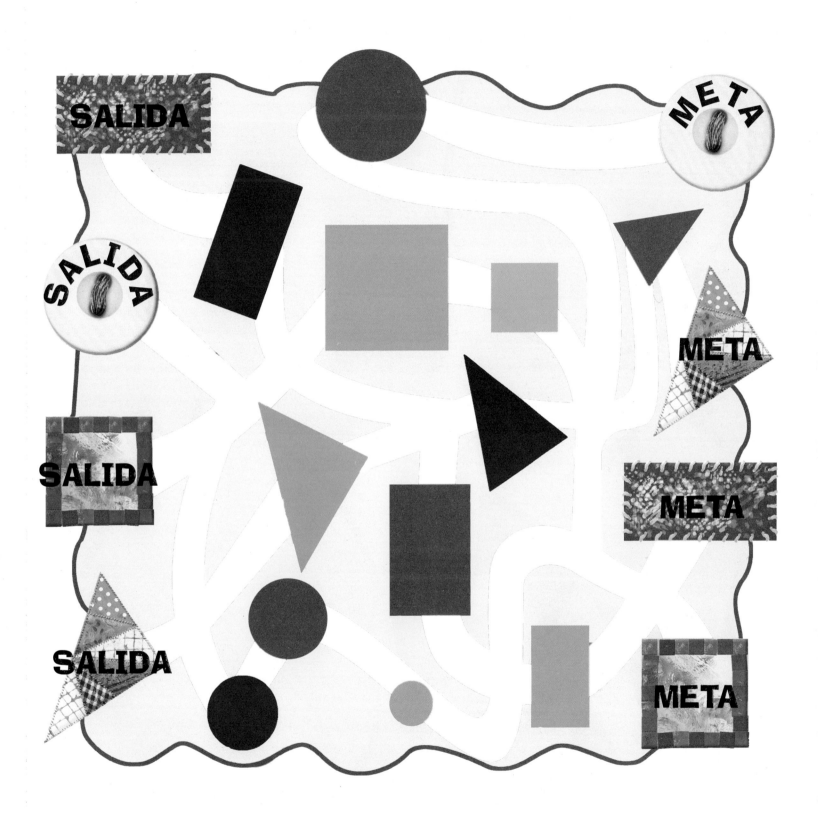

INSTRUCCIONES   Elige una figura de la Salida. Sigue el camino que
tenga las mismas figuras. Dibuja una línea para mostrar el camino.

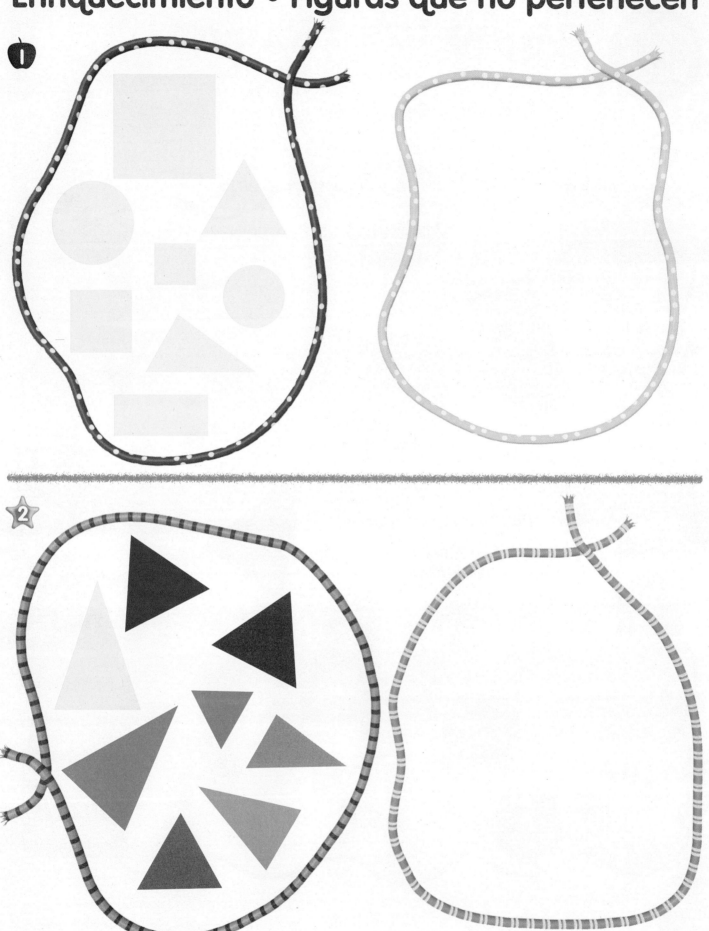

INSTRUCCIONES   1 y 2. Describe la manera
como las figuras del grupo son parecidas. Dibuja y
colorea una figura que no pertenezca al grupo.

Los números del 0 al 5

Tema: Mis amigos y yo

Muestra lo que sabes

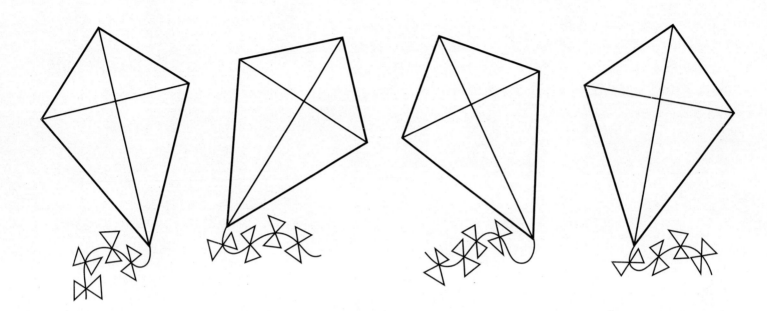

INSTRUCCIONES Dibuja un hilo desde cada niño hasta su cometa. Colorea las cometas.

 NOTA PARA LA FAMILIA: Esta página sirve para comprobar si su niño comprende los conceptos y las destrezas importantes que se necesitan para tener éxito en el Capítulo 2.

MANOS A LA OBRA

Correspondencia uno a uno

INSTRUCCIONES   1 a 3 Coloca una ficha cuadrada de color debajo de cada objeto para mostrar un conjunto igual. Dibuja y colorea cada ficha cuadrada de color.

TEKS K.1A utilice relaciones tales como correspondencia uno a uno y lenguaje tal como más que, mismo número que o dos menos que para describir el tamaño relativo de conjuntos de objetos concretos. *también* TEKS K.14A, K.14B

Capítulo 2 • Lección 1

INSTRUCCIONES **1.** Dibuja una pajita debajo de cada bebida para mostrar conjuntos iguales.
2. Dibuja una pelota debajo de cada gorra para mostrar conjuntos iguales.

ACTIVIDAD PARA LA CASA · Dé a su niño varios objetos que pueda emparejar con otros artículos, como tazas y platos, ollas y tapas, lápices y gomas de borrar. Pídale a su niño que establezca una correspondencia de uno a uno entre cada objeto y el objeto que lo complementa.

Nombre _____

Taller de resolución de problemas

Destreza • Usar un modelo

1

2

3

INSTRUCCIONES 1 a 3. Usa algunas fichas de oso para mostrar un conjunto con más osos. Dibuja las fichas.

© Harcourt

TEKS K.1A utilice relaciones tales como correspondencia uno a uno y lenguaje tal como más que, mismo número que o dos menos que para describir el tamaño relativo de conjuntos de objetos concretos. *también* **TEKS K.13D, K.14A, K.14B**

INSTRUCCIONES **1 a 3.** Usa fichas de oso para mostrar un conjunto con menos osos que juguetes de peluche. Dibuja las fichas.

ACTIVIDAD PARA LA CASA · Dibuje una fila de figuras (todas parecidas entre sí) y pida a su niño que dibuje un conjunto que tenga más figuras. Dibuje otra fila de figuras y pídale que dibuje un conjunto con menos figuras.

Nombre _____

INSTRUCCIONES Usa cubos para mostrar cuántos hay de cada objeto o animal.
1. Di el número. Traza el cubo. Traza el número. **2 a 4.** Di el número. Dibuja los cubos. Traza el número.

© Harcourt

TEKS K.1B utilice conjuntos de objetos concretos para representar cantidades dadas en forma verbal o escrita (hasta el 20). *también* **TEKS K.1C**

Capítulo 2 · Lección 3

treinta y tres 33

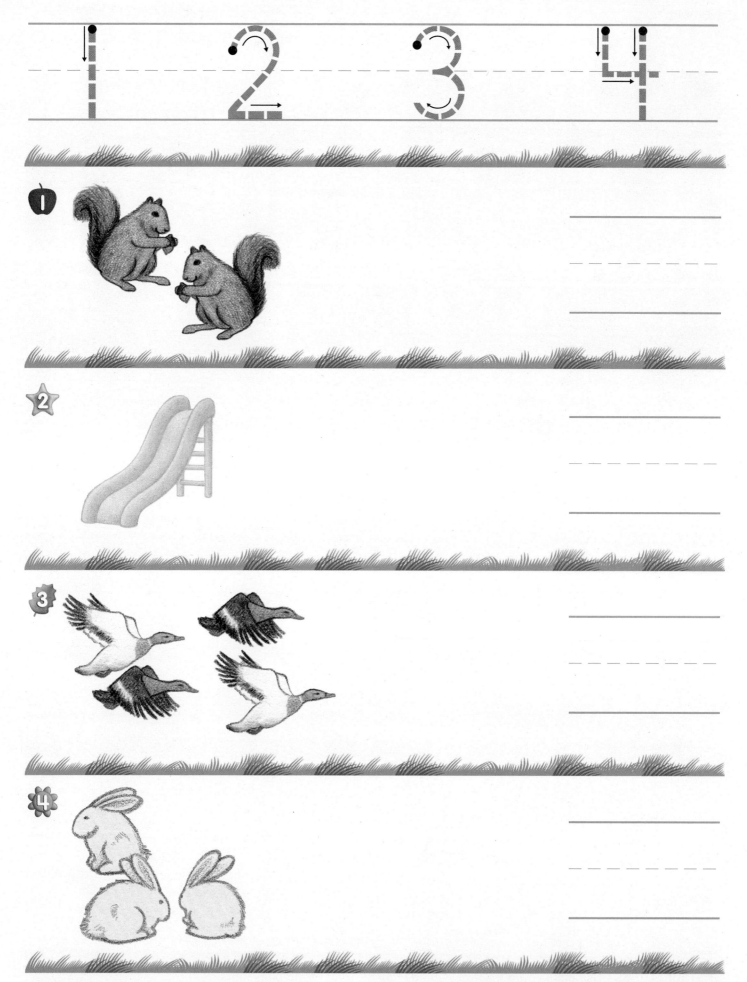

INSTRUCCIONES   1 a 4. Coloca un cubo sobre cada objeto o animal del conjunto mientras cuentas. Dibuja los cubos. Escribe el número.

 ACTIVIDAD PARA LA CASA · Pida a su niño que cuente un conjunto que tenga entre uno y cuatro objetos de la casa, como libros o botones, y que luego escriba el número. Repita la actividad con más conjuntos de objetos.

34 treinta y cuatro

MANOS A LA OBRA

Representar números en un cuadro de cinco

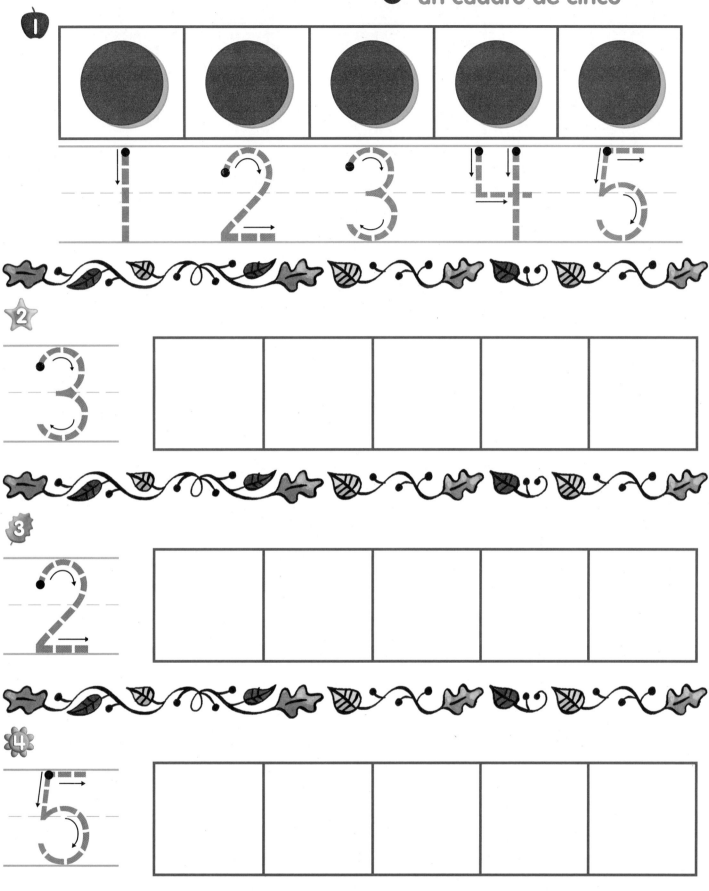

INSTRUCCIONES 1. Traza cada número mientras cuentas. **2 a 4.** Coloca fichas en el cuadro de cinco para representar el número que se muestra. Dibuja las fichas. Traza el número.

 TEKS K.1B utilice conjuntos de objetos concretos para representar cantidades dadas en forma verbal o escrita (hasta el 20). *también* **TEKS K.1C**

Capítulo 2 · Lección 4

INSTRUCCIONES **1.** Representa el cinco con fichas. Dibújalas. Escribe el número. **2.** Representa el cuatro con fichas. Dibújalas. Escribe el número. **3.** Representa el cinco con fichas. Dibújalas. Escribe el número. **4.** Representa el tres con fichas. Dibújalas. Escribe el número.

 ACTIVIDAD PARA LA CASA · Dibuje un cuadro de cinco como el de esta página. Escriba un número del 1 al 5. Pida a su niño que represente ese número colocando objetos en el cuadro de cinco. Ahora, pídale que escriba el número.

❶

5 5 5 5 5

cinco

INSTRUCCIONES I. Traza el número 5. 2. Encierra en un círculo los conjuntos de cinco manzanas.

TEKS K.1C utilice números para describir cuántos objetos hay en un conjunto (hasta el 20) utilizando descripciones verbales y simbólicas.

Capítulo 2 · Lección 5

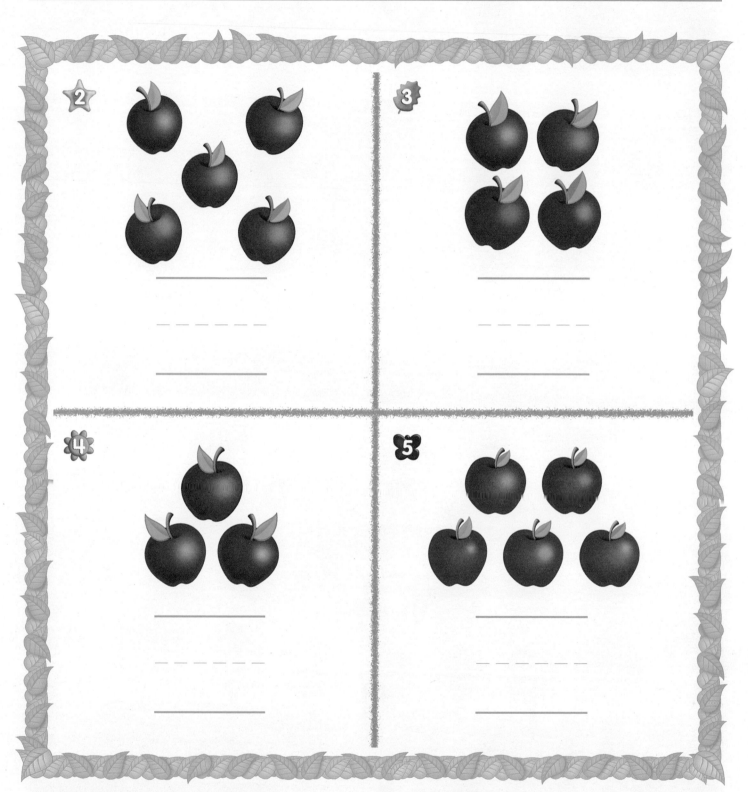

5

INSTRUCCIONES **I.** Traza el número 5.
2 a 5. Escribe el número que indica cuántas hay
en cada conjunto.

 ACTIVIDAD PARA LA CASA · Pida a su niño que
represente un conjunto de 5 objetos. Luego, pídale
que le muestre un conjunto con un objeto menos
que el primero. Pregunte cuántos hay en el
segundo conjunto.

38 treinta y ocho

© Harcourt

Repaso de la mitad del capítulo

⭐2

3️⃣

4️⃣

INSTRUCCIONES 1. Dibuja una pajita debajo de cada bebida para mostrar conjuntos iguales. (TEKS K. IA)
2. Usa fichas de oso para mostrar un conjunto que tenga menos osos que juguetes de peluche. Dibuja las fichas.
(TEKS K. IA) **3.** Coloca un cubo sobre cada animal del conjunto mientras cuentas. Dibuja los cubos. Escribe el
número. (TEKS K. IB) **4.** Usa fichas para representar el 4. Dibuja las fichas. Escribe el número. (TEKS K. IB)

⭐ Repaso acumulativo

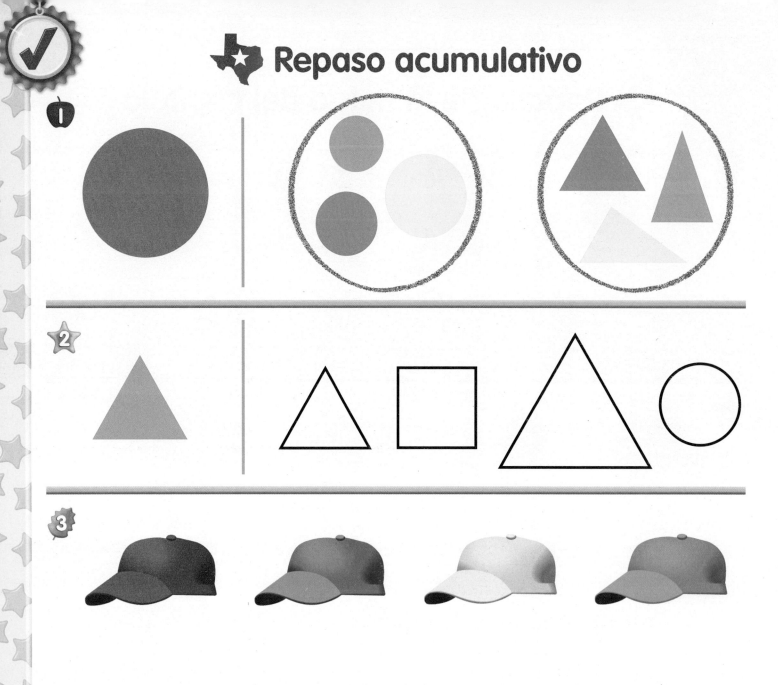

INSTRUCCIONES **I.** Mira la figura que está al comienzo de la fila. Marca con una X el grupo al que la figura pertenece. (TEKS: K.8C) **2.** Colorea todas las figuras para que sean del mismo color que la figura que está al comienzo de la fila. Encierra en un círculo una figura que sea parecida en más de una manera. (TEKS: K.8B) **3.** Dibuja una pelota debajo de cada gorra para mostrar conjuntos iguales. (TEKS: K.IA) **4 y 5.** Escribe el número que muestra cuántas manzanas hay en el conjunto. (TEKS: K.IC)

40 cuarenta

© Harcourt

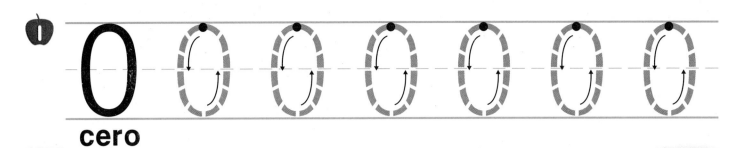

O

cero

INSTRUCCIONES **1.** Di el número. Traza el número 0. **2 a 5.** Escribe el número que muestra cuántos peces hay en el conjunto.

© Harcourt

TEKS K.1C utilice números para describir cuántos objetos hay en un conjunto (hasta el 20) utilizando descripciones verbales y simbólicas.

Capítulo 2 • Lección 6

cuarenta y uno   **41**

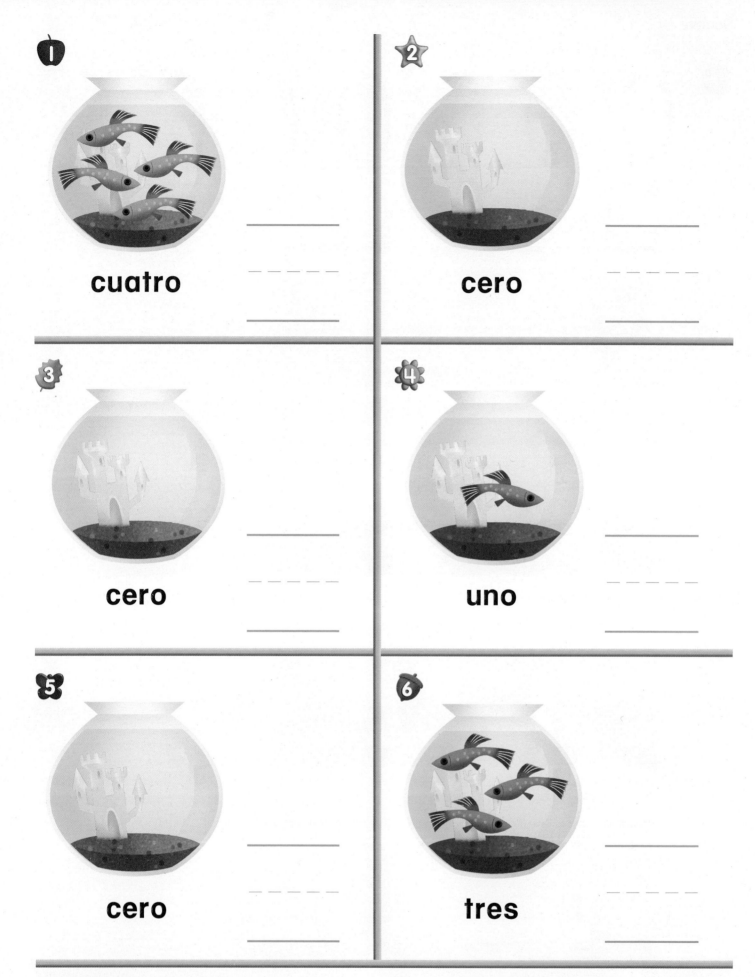

1 cuatro

2 cero

3 cero

4 uno

5 cero

6 tres

INSTRUCCIONES 1 a 6. Escribe el número que muestra cuántos peces hay en la pecera.

 ACTIVIDAD PARA LA CASA • Prepare seis tazones que contengan de 0 a 5 objetos cada uno. Pida a su niño que escriba el número que muestra cuántos objetos hay en cada tazón.

Escribir los números hasta el 5

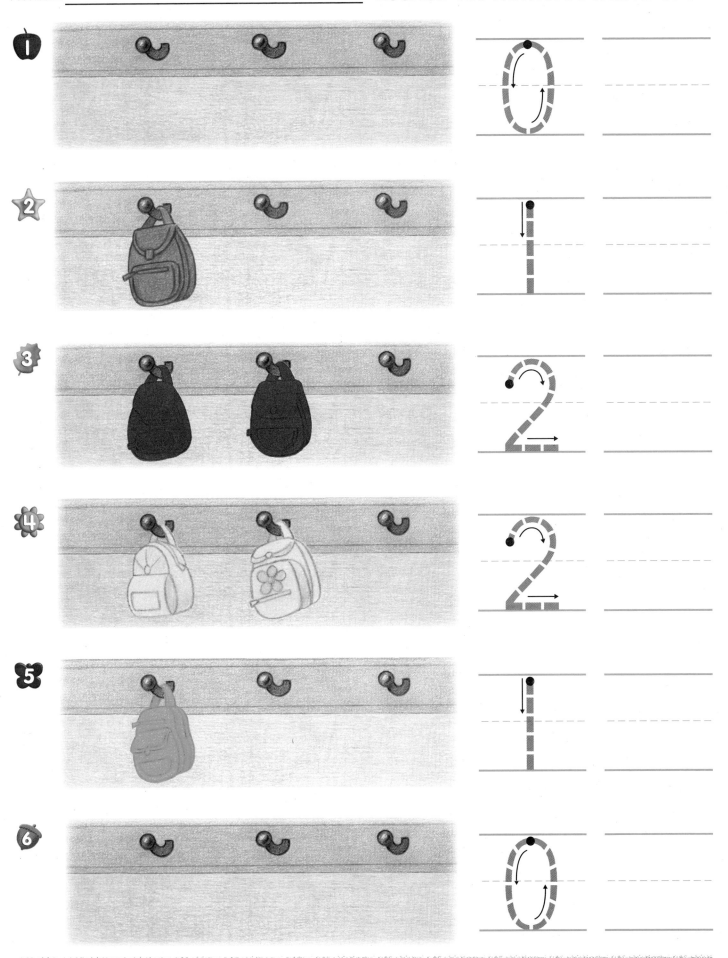

INSTRUCCIONES   1 a 6. Traza el número que muestra cuántas mochilas hay en los ganchos. Luego, escribe el número.

© Harcourt

TEKS K.1C utilice números para describir cuántos objetos hay en un conjunto (hasta el 20) utilizando descripciones verbales y simbólicas.

Capítulo 2 • Lección 7

cuarenta y tres

43

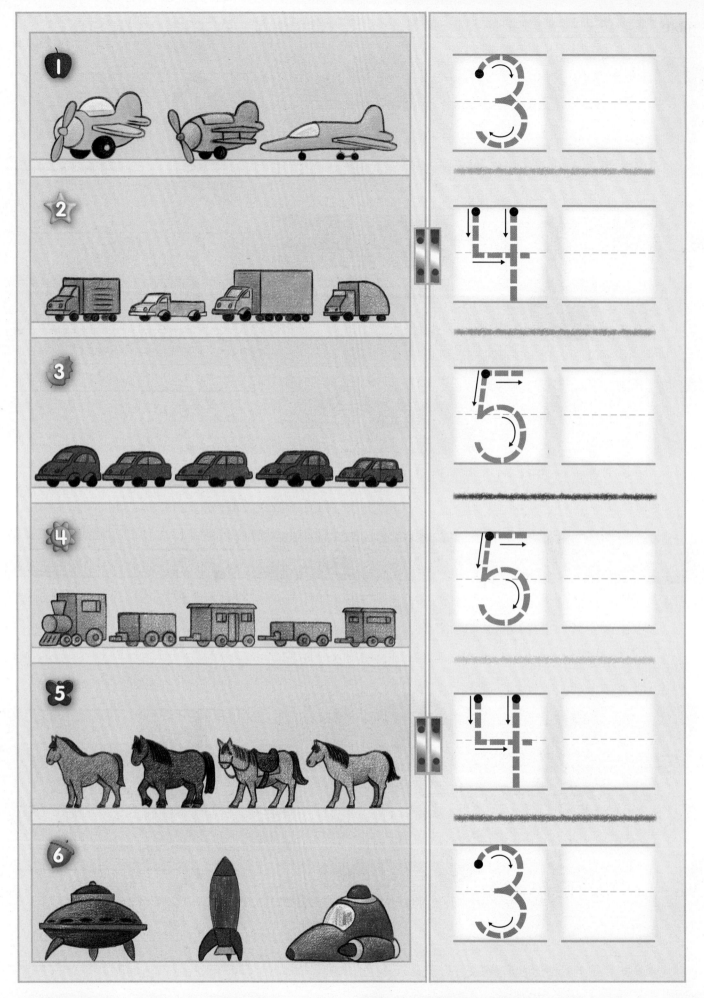

 ACTIVIDAD PARA LA CASA · Ayude a su niño a escribir los números del 0 al 5 en diferentes tiras de papel. Luego, pídale que forme un conjunto de bloques o de clips para representar cada número.

Taller de resolución de problemas
Estrategia • Hacer un dibujo

 1

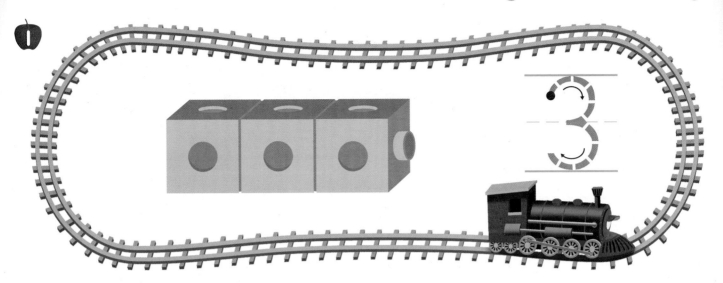

 2

 3

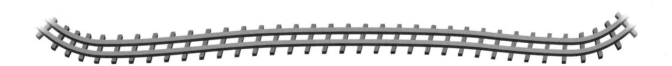

INSTRUCCIONES   **1.** Traza el número de cubos.   **2.** Arma un tren de cubos que tenga 1 cubo más que 3. Dibújalo. Escribe el número.
3. Arma un tren de cubos que tenga 2 cubos más que 3. Dibújalo. Escribe el número.

TEKS K.1B utilice conjuntos de objetos concretos para representar cantidades dadas en forma verbal o escrita (hasta el 20). **también TEKS K.1C, K.13B, K.13C, K.13D, K.14A, K.15**

Capítulo 2 • Lección 8

cuarenta y cinco

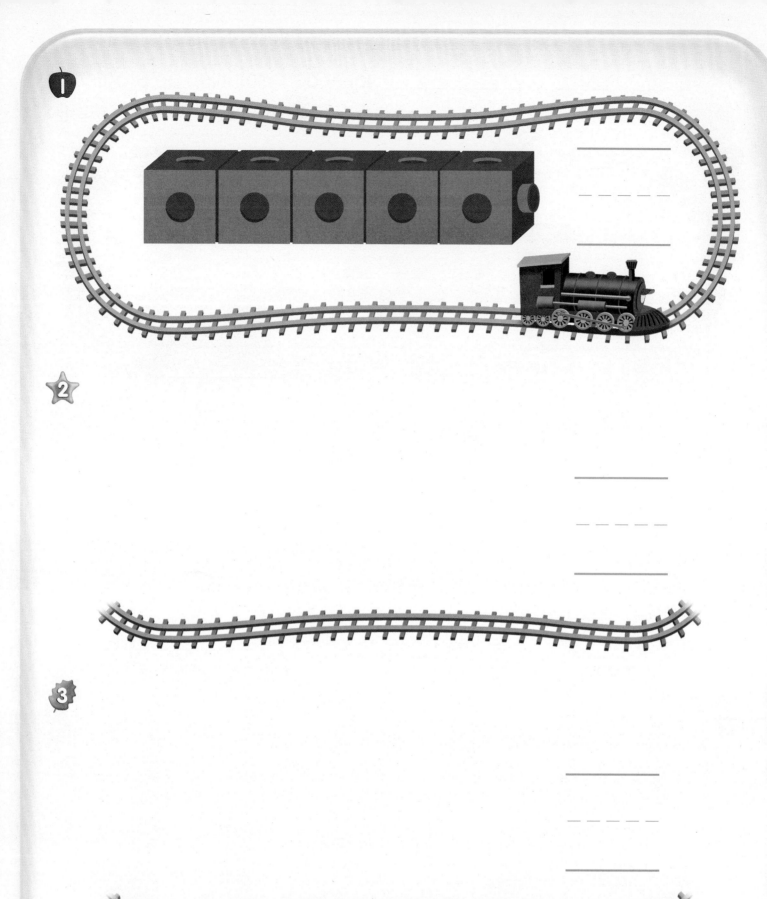

1

2

3

INSTRUCCIONES **1.** Escribe el número de cubos.
2. Arma un tren de cubos que tenga 2 cubos
menos que 5. Dibújalo. Escribe el número.
3. Arma un tren de cubos que tenga 1 cubo menos
que 5. Dibújalo. Escribe el número.

 ACTIVIDAD PARA LA CASA · Dibuje una ficha de
dominó con 3 puntos o menos en un extremo. Pida
a su niño que en el otro extremo dibuje un
conjunto que tenga más puntos que el conjunto
que usted dibujó.

© Harcourt

Nombre _____

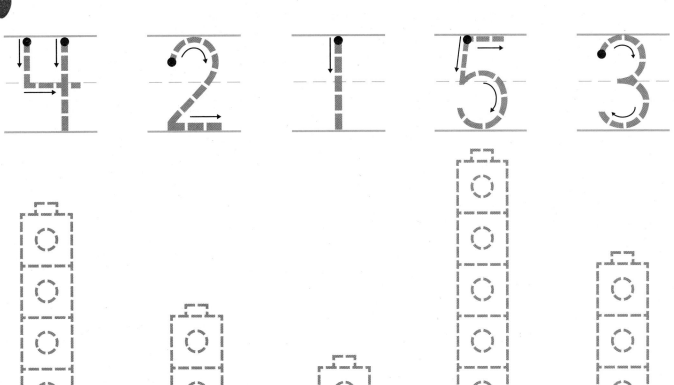

INSTRUCCIONES   1. Traza los números. Haz un tren de cubos para representar cada número.   **2.** Pon los trenes de cubos en orden. Dibújalos. Escribe el número que corresponde a cada tren.

TEKS K.2A utilice expresiones tales como antes o después para describir posición relativa en una secuencia de eventos u objetos. *también* **TEKS K.1B, K.1C**

Capítulo 2 · Lección 9

cuarenta y siete

© Harcourt

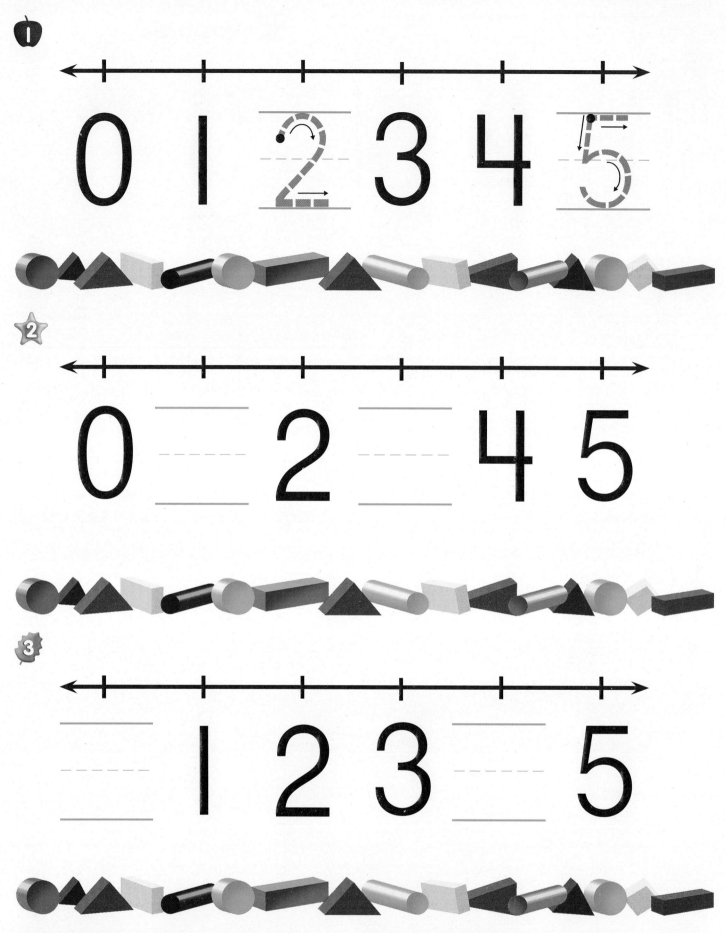

1

0 1 2 3 4 5

2

0 _ 2 _ 4 5

3

_ 1 2 3 _ 5

INSTRUCCIONES I. Traza el número que está antes del 3. Traza el número que está después del 4. 2. Escribe el número que está antes del 2. Escribe el número que está después del 2. 3. Escribe el número que está antes del I. Escribe el número que está después del 3.

 ACTIVIDAD PARA LA CASA · Escriba los números del 0 al 5 en notas adhesivas o en tiras de papel. Pida a su niño que ordene los números del 0 al 5.

48 cuarenta y ocho

© Harcourt

Nombre_____

Los números ordinales hasta el 5to

primero

primero

INSTRUCCIONES   1. Traza el círculo que encierra al primer niño. Traza la línea que está debajo del cuarto niño.   2. Encierra en un círculo el quinto carro. Dibuja una línea debajo del segundo carro.   3. Encierra en un círculo a la primera persona. Dibuja una línea debajo de la tercera persona.

Capítulo 2 · Lección 10

TEKS K.2B diga las posiciones de los números ordinales en secuencia, tales como primero, segundo, tercero, etc.

INSTRUCCIONES Encierra en un círculo al primer niño de la pista azul. Encierra en un círculo al tercer niño de la pista morada. Encierra en un círculo al quinto niño de la pista café. Marca con una X al último niño de la carrera.

 ACTIVIDAD PARA LA CASA · Forme una fila con cinco objetos. Pida a su niño que use las palabras *primero, segundo, tercero, cuarto y quinto* para describir la posición de cada objeto.

Repaso/Prueba del capítulo

1

_____
- - - - - - -

_____

2

cero

_____
- - - - - - -

_____

3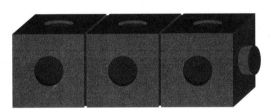

_____
- - - - - - -

_____

4

$$0 \quad 1 \quad 3 \quad 5$$

**INSTRUCCIONES 1. Coloca un cubo sobre cada animal del conjunto mientras cuentas.
Dibuja los cubos. Escribe el número.** (TEKS K. IB) **2. Escribe cuántos peces hay.**
(TEKS K. IC) **3. Arma un tren de cubos que tenga dos cubos más. Dibuja el tren de cubos.
Escribe el número.** (TEKS K. IB) **4. Escribe el número que está antes del 3. Escribe el número
que está después del 3.** (TEKS K.2A)

Repaso acumulativo

   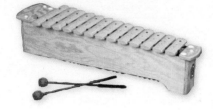

_____

__ __ __ __

_____

0   2 3 4   ___

INSTRUCCIONES   I. Marca con una X el objeto que no pertenece. (TEKS K.8C)   **2.** Tres de los objetos son parecidos. Marca con una X el objeto que no pertenece. (TEKS K.8A)   **3.** Escribe cuántos peces hay en el conjunto. (TEKS K. IC)   **4.** Escribe el número que está antes del 2. Escribe el número que está después del 4. (TEKS K.2A)

La parada de autobús

PRÁCTICA CON UN JUEGO

SALIDA

0

1

ESCUELA

3

2

ESTACIÓN DE BOMBEROS

4

CORREO

5

META

INSTRUCCIONES Cada jugador lanza el cubo numerado y representa su número con cubos. Comparen los conjuntos. El jugador que tiene el conjunto mayor avanza hasta la siguiente parada de autobús. Si los conjuntos son iguales, ningún jugador mueve su ficha. Gana el primer jugador que llega a la meta.

MATERIALES cubos interconectables; una ficha de juego para cada jugador; un cubo numerado (0-5)

Enriquecimiento • Tarjetas con números

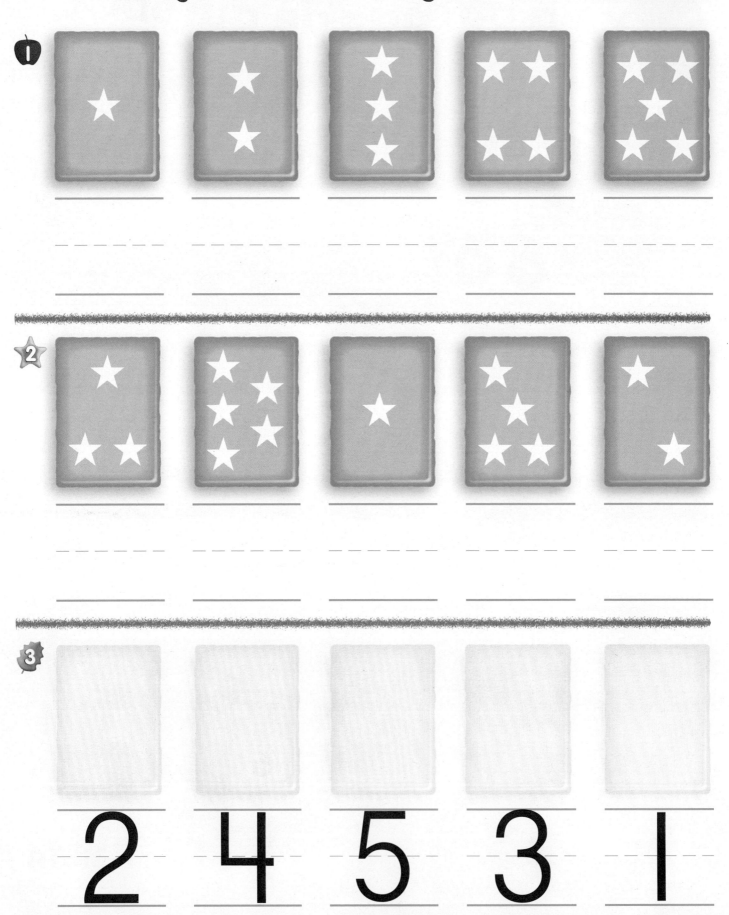

INSTRUCCIONES   I y 2. ¿Cuántas estrellas hay en cada tarjeta? Escribe el
número de estrellas de cada tarjeta. 3. Dibuja puntos en cada tarjeta para mostrar
el número.

54 cincuenta y cuatro

THE WORLD ALMANAC

ALMANAQUE MUNDIAL PARA NIÑOS

Bocadillos saludables

Dato del ALMANAQUE

Comer alimentos de cada grupo todos los días te ayudará a permanecer sano.

INSTRUCCIONES   1. Dibuja tres alimentos de la pirámide de alimentos que serían un desayuno saludable.

COMENTA Elige dos alimentos de la pirámide de alimentos que serían un bocadillo saludable.

Las granjas de Texas

La leche se obtiene de las vacas que se encuentran en las granjas. Texas es el 8vo. productor de leche más importante de Estados Unidos.

1

2

3

Leche

Yogur

Queso

INSTRUCCIONES 1 y 2. ¿Cuántos hay? Escribe el número. **3.** Conecta los puntos en orden comenzando desde el 1. Colorea de amarillo el interior del contorno. Encierra en un círculo el nombre de lo que dibujaste.

 COMENTA ¿Hay más envases de leche o más envases de yogur?

Unidad 2

¡Festival de otoño!

escrito por Alison Juliano

En este cuento, también COMENTA y ESCRIBE sobre Matemáticas.

Nota para la familia: Este cuento ayudará a su niño a repasar los números hasta el 5.

A

¡Llegó el otoño! ¿Qué ves en la granja?

Veo _____ manzano con hojas naranja.

Ciencias

¿Qué estación es esta?

© Harcourt

¡Llegó el otoño! ¿Qué ves aquí?

Hay [_____] calabazas para ti y para mí.

Ciencias

¿Qué sabes sobre el otoño?

C

¡Llegó el otoño! ¿Y aquí, qué ves?

Veo fardos de heno: ¡1, 2, _____!

Ciencias

¿Qué ropa usamos en el otoño?

¡Llegó el otoño! ¿Qué cuentas al vuelo?

Las ____ hojas que caen al suelo.

Ciencias

¿Qué cosas cambian en el otoño?

E

¡Llegó el otoño! ¿Y qué ves aquí?

plantas de maíz. ¿Tú me ves a mí?

Ciencias

¿En qué es diferente el otoño
de las otras estaciones?

F

Nombre _____

Mi relato de Matemáticas
Actividad de literatura

Palabras de Matemáticas

uno	cuatro
dos	cinco
tres	

INSTRUCCIONES Mira la ilustración de la escena otoñal. Dibuja un cuento sobre el otoño usando los números que has aprendido. Invita a un compañero de clase a contar los objetos que hay en tu cuento.

G

¿Cuántos ves?

 1

_____

- - - - - - - - - - -

_____

 2

_____

- - - - - - - - - - -

_____

3

_____

- - - - - - - - - - -

_____

 4

_____

- - - - - - - - - - -

_____

 5

_____

- - - - - - - - - - -

_____

INSTRUCCIONES **1–5.** Mira la ilustración.
Escribe cuántos ves.

H

La escuela y la casa

Queridos familiares:

Hoy en la clase comenzamos a estudiar la Unidad 2. Aprenderé a identificar patrones y a contar hasta 10 objetos. Estas son algunas palabras y actividades del vocabulario para que veamos juntos.

Con cariño, _____

Enriquece tu vocabulario

Vocabulario clave de Matemáticas

Patrón Una secuencia o un diseño que se repite.

Diez Uno más que nueve.

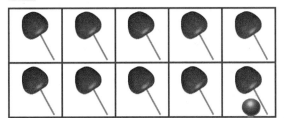

Actividad del vocabulario

Matemáticas en acción

Dé al niño la oportunidad de crear un patrón con productos de la tienda de comestibles. Pídale que elija dos tipos de objetos, como alimentos enlatados y alimentos empaquetados, y que cree un patrón usando esos objetos.

La escuela y la casa

Para recordar

Es probable que su niño ya sepa contar hasta diez objetos. Pídale que señale cada objeto a medida que cuenta.

Actividad con el calendario

Octubre

domingo	lunes	martes	miércoles	jueves	viernes	sábado
			1	2	3	4
5	6	7	8	9	10	11
12	13	14	15	16	17	18
19	20	21	22	23	24	25
26	27	28	29	30	31	

Use 10 tarjetas numeradas del 1 al 10. Pida a su niño que mire cada tarjeta y que la coloque sobre el recuadro del calendario que tenga el mismo número.

Práctica (después de leer las páginas 87 y 88)

Pida a su niño que señale los números 6 y 7 en el calendario.

Práctica (después de leer las páginas 101 y 102)

Pida a su niño que señale en el calendario el número que sea uno más que 8.

Literatura

Busquen libros en una biblioteca. A medida que lean cada libro, pida a su niño que señale las palabras del vocabulario de Matemáticas.

Snowflakes and Ice Skates: A Winter Counting Book.
Davis, Rebecca Fjelland.
Capstone, 2006.

Pattern Bugs.
Harris, Trudy.
Millbrook, 2001.

Mortimer's Math: Patterns.
Bryant-Mole, Karen.
Gareth Stevens, 2000.

Posiciones y patrones

Tema: Un montón de calabazas

Nombre _____

✓ **Muestra lo que sabes**

INSTRUCCIONES Separa las hojas según su color. Dibuja las hojas dentro de los aros para agrupar. Por cada hoja amarilla, colorea de amarillo un recuadro en la fila superior. Por cada hoja verde, colorea de verde un recuadro en la fila inferior.

NOTA PARA LA FAMILIA: Esta página sirve para comprobar si su niño comprende los conceptos y las destrezas importantes que se necesitan para tener éxito en el Capítulo 3.

60 sesenta

© Harcourt

Nombre _____

INSTRUCCIONES Coloca una ficha de oso roja sobre la nube. Coloca una ficha de oso roja sobre el arbusto. Usa el color rojo para dibujar las fichas. Coloca una ficha de oso azul debajo del árbol. Coloca una ficha de oso azul debajo de la mesa para la merienda campestre. Usa el color azul para dibujar las fichas.

TEKS K.7B coloque un objeto en una posición determinada. *también* TEKS K.7A

ACTIVIDAD PARA LA CASA · Coloque un objeto, como un oso de juguete, sobre o debajo de otro objeto, como una silla o una mesa. Pida a su niño que diga si el juguete está *sobre* o *debajo* del objeto.

Nombre _____

INSTRUCCIONES Coloca un cubo rojo bajo el agua. Coloca un cubo rojo bajo la escalera. Usa el color rojo para dibujar los cubos. Coloca un cubo azul arriba de la ventana. Coloca un cubo azul arriba de los caballos. Usa el color azul para dibujar los cubos.

© Harcourt

TEKS K.7B coloque un objeto en una posición determinada. *también* TEKS K.7A

Capítulo 3 • Lección 2

sesenta y tres **63**

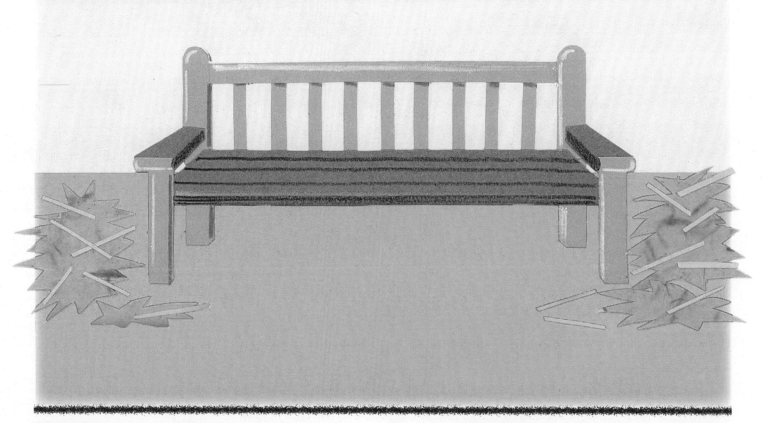

INSTRUCCIONES 1. Dibuja una mariposa arriba de la cerca. 2. Dibuja un poco de heno bajo la banca.

ACTIVIDAD PARA LA CASA • Diga a su niño que usted está pensando en un objeto de la habitación que está arriba de otro objeto o bajo otro objeto. Pídale que le diga cuál es el objeto.

64 sesenta y cuatro

© Harcourt

INSTRUCCIONES Usa las palabras *sobre* o *debajo* para describir dónde está la pintura comparada con la repisa. Describe dónde está la planta comparada con la repisa. Dibuja una pintura de un ave roja arriba de la repisa. Dibuja otra planta bajo la repisa.

TEKS K.7A describa un objeto en relación con otro utilizando lenguaje informal tal como sobre, debajo, arriba de y debajo de. *también* **TEKS K.14B**

Capítulo 3 · Lección 3

INSTRUCCIONES **1.** Usa las palabras *sobre* o *debajo* para describir la posición del avión comparado con el río. Dibuja un ave sobre el puente. Describe la posición de la balsa comparada con el puente. Dibuja un barco de juguete debajo del puente. **2.** Describe la posición de la pelota comparada con la red. Dibuja un ave arriba de la red. Describe la posición de la botella comparada con la red. Dibuja una pelota bajo la red.

ACTIVIDAD PARA LA CASA · Pida a su niño que oculte un objeto *sobre* o *debajo* de otro objeto de la casa. Luego, pídale que diga dónde está el objeto dando instrucciones para encontrarlo con las palabras *sobre* o *debajo*.

66 sesenta y seis

Taller de resolución de problemas
Destreza • Usar una ilustración

INSTRUCCIONES Marca con una X el ave que está sobre las plantas de maíz. Encierra en un círculo el maíz que está bajo el suelo. Marca con una X el zorro que está arriba del suelo.

TEKS K.7A describa un objeto en relación con otro utilizando lenguaje informal tal como sobre, debajo, arriba de y debajo de. *también* **TEKS K.13B, K14A, K14B, K.15**

INSTRUCCIONES **I.** Dibuja un regalo debajo de la mesa. Dibuja un globo sobre la mesa. **2.** Dibuja una cometa arriba del árbol. Dibuja un pato bajo el puente.

ACTIVIDAD PARA LA CASA · Coloque un bloque u otro juguete arriba de o bajo otro objeto, como una mesa. Pida a su niño que diga si el juguete está arriba de o bajo la mesa. Repita la actividad usando las palabras *debajo* y *sobre*.

Repaso de la mitad del capítulo

1

2

INSTRUCCIONES   1. Dibuja una manzana debajo del árbol. Dibuja un sol sobre la casa. (TEKS K.7B)   **2.** Dibuja un avión arriba del árbol. Dibuja un pato bajo el puente. (TEKS K.7B)

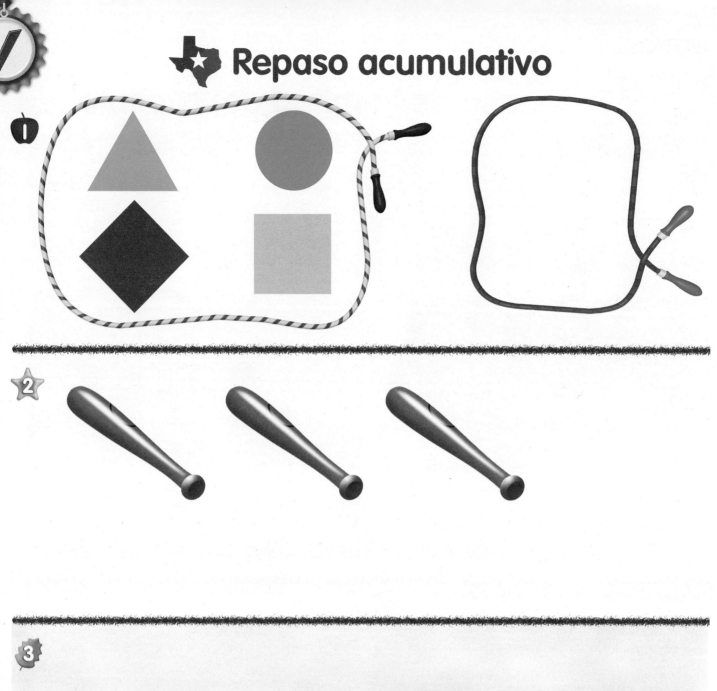

INSTRUCCIONES **I.** Usa figuras para emparejar con cada una de las figuras. Encierra en un círculo las dos figuras que son parecidas. Dibuja esa figura en el área de trabajo. Di lo que sabes sobre esa figura. (TEKS K.8C) **2.** Dibuja una pelota bajo cada bate para mostrar conjuntos iguales. (TEKS K.7B) **3.** Dibuja un ave arriba de la cerca. (TEKS K. IA)

Identificar patrones

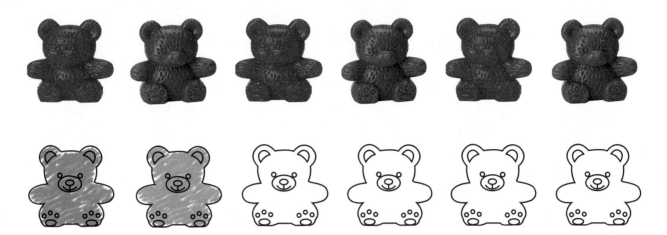

INSTRUCCIONES   1 A 3. Lee el patrón. Coloca fichas de oso para identificar el patrón. Colorea el patrón.

TEKS K.5 Se espera que el estudiante identifique, extienda y genere patrones de sonidos, de movimientos físicos y de objetos concretos.

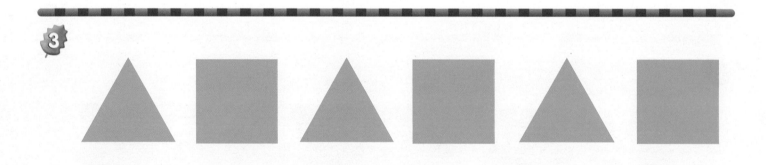

INSTRUCCIONES   I A 3. Lee el patrón. Coloca
figuras planas para identificar el patrón. Dibuja el
contorno del patrón y coloréalo.

 ACTIVIDAD PARA LA CASA · Cree un patrón
usando dos tipos de objetos diferentes, como flor ∕
hoja, flor ∕ hoja, flor ∕ hoja. Pida a su niño que use
algunas flores y hojas para copiar el patrón.

Identificar y extender patrones

1

2

3

4

INSTRUCCIONES   I A 4. Usa figuras planas para identificar el patrón. Halla las dos figuras que es más probable que sigan. Dibuja y colorea las figuras planas.

TEKS K.5 Se espera que el estudiante identifique, extienda y genere patrones de sonidos, de movimientos físicos y de objetos concretos. *también* **TEKS K.6A**

Capítulo 3 · Lección 6

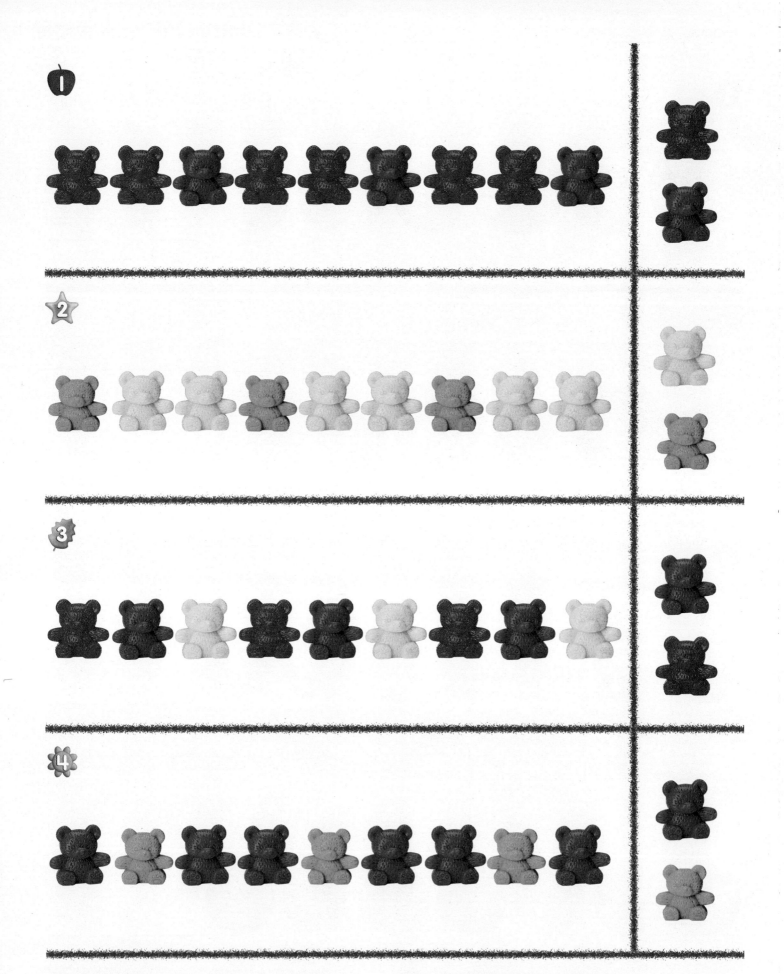

INSTRUCCIONES   I A 4. Encierra en un círculo el oso que es más probable que siga en el patrón.

ACTIVIDAD PARA LA CASA · Cree un patrón con dos tipos de objetos diferentes, como cuchara/tenedor, cuchara/tenedor, cuchara/tenedor. Pida a su niño que extienda el patrón usando más cucharas y tenedores.

© Harcourt

Taller de resolución de problemas
Estrategia • Hacer una dramatización

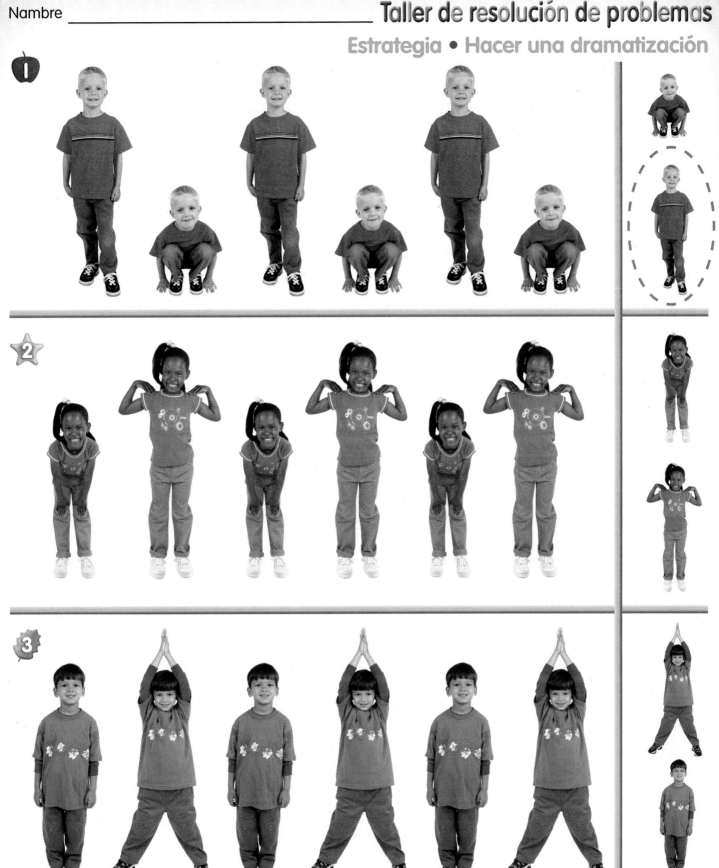

INSTRUCCIONES   1 A 3. Haz una dramatización del patrón. Di el patrón
mientras haces la dramatización de cada parte. Encierra en un círculo la acción
que más probablemente harías a continuación.

TEKS K.5 Se espera que el estudiante identifique, extienda y genere patrones de sonidos, de
movimientos físicos y de objetos concretos.

INSTRUCCIONES   1 A 3. Haz una dramatización del patrón. Di el patrón mientras haces la dramatización de cada parte. Encierra en un círculo la acción que más probablemente harías a continuación.

 ACTIVIDAD PARA LA CASA · Pida a su niño que siga un patrón de movimientos que usted le muestre, como brazos a los costados/brazos sobre la cabeza. Repita el patrón de movimientos hasta que su niño pueda decirle cuál es el movimiento que más probablemente sigue.

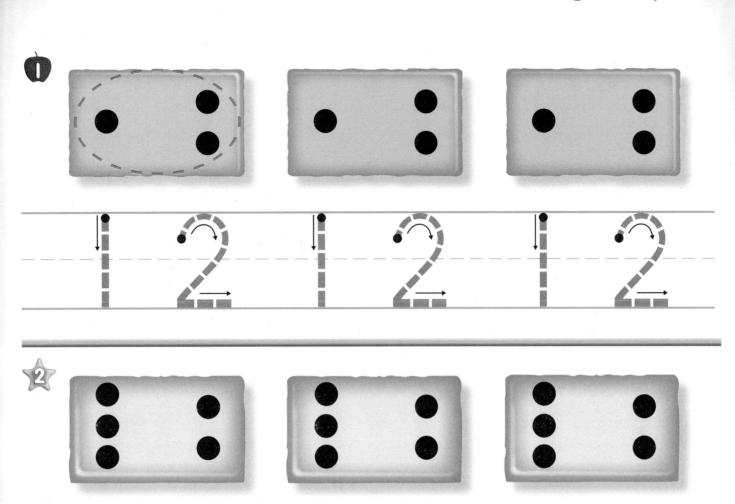

INSTRUCCIONES   I A 3. Mira el patrón. Escribe los números bajo las tarjetas
con puntos. Encierra en un círculo la parte que se repite una y otra vez.

TEKS K.5A Se espera que el estudiante identifique, extienda y genere patrones de sonidos,
de movimientos físicos y de objetos concretos; también **TEKS K.14A**, **K.15**

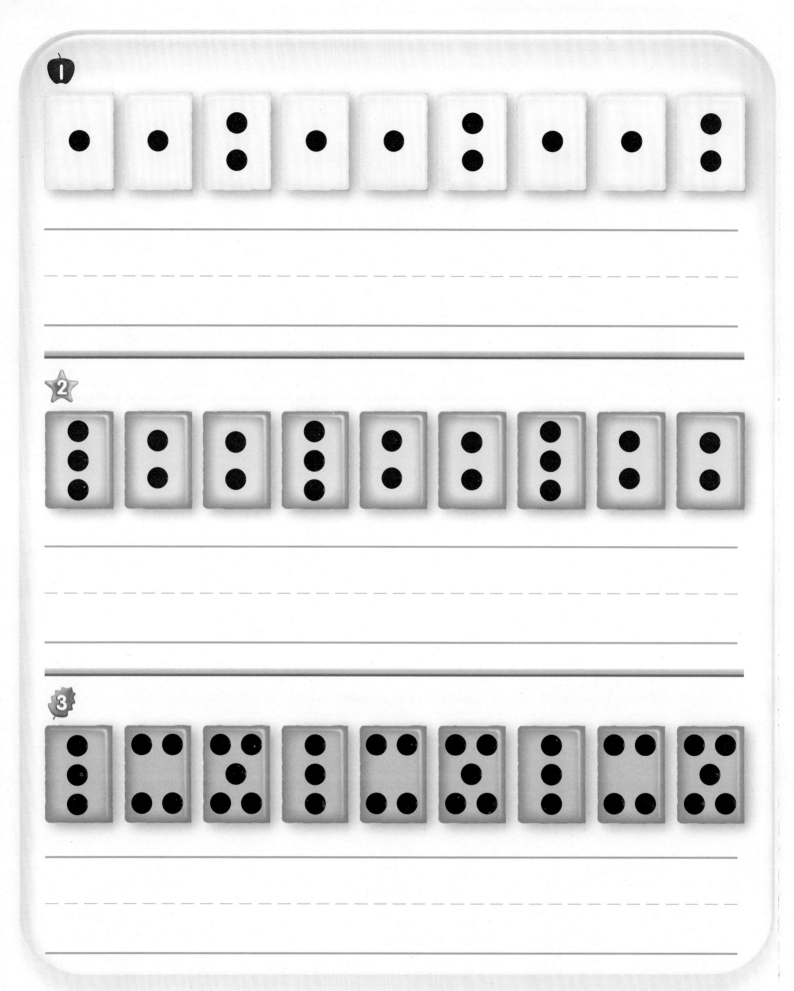

INSTRUCCIONES   I A 3. Mira el patrón. Escribe los números bajo las tarjetas con puntos. Encierra en un círculo la parte que se repite una y otra vez.

 ACTIVIDAD PARA LA CASA · Recorte algunos pedazos de papel de color para formar un patrón rojo/azul/amarillo. Repita el patrón tres veces. Pida a su niño que diga cuál es la parte del patrón que se repite una y otra vez.

MANOS A LA OBRA

Identificar y crear un patrón

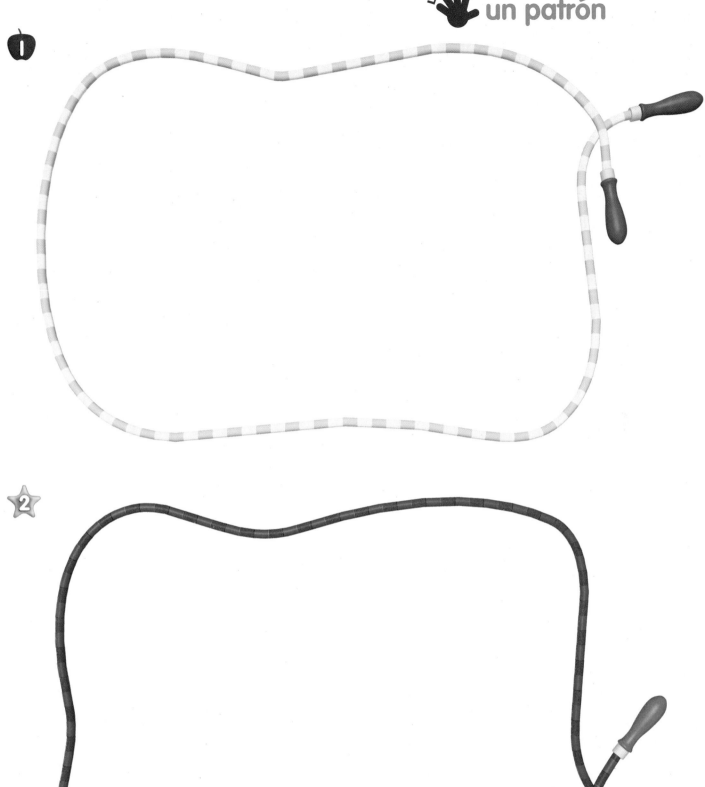

1

2

INSTRUCCIONES **1.** Usa dos colores de fichas para formar un patrón. Dibuja y colorea tu patrón. Encierra en un círculo la parte que se repite una y otra vez. **2.** Usa dos colores de bloques de patrones para formar un patrón. Dibuja y colorea tu patrón. Encierra en un círculo la parte que se repite una y otra vez.

© Harcourt

TEKS K.5 Se espera que el estudiante identifique, extienda y genere patrones de sonidos, de movimientos físicos y de objetos concretos. *también* TEKS K.6A, K.7B

Capítulo 3 · Lección 9

setenta y nueve **79**

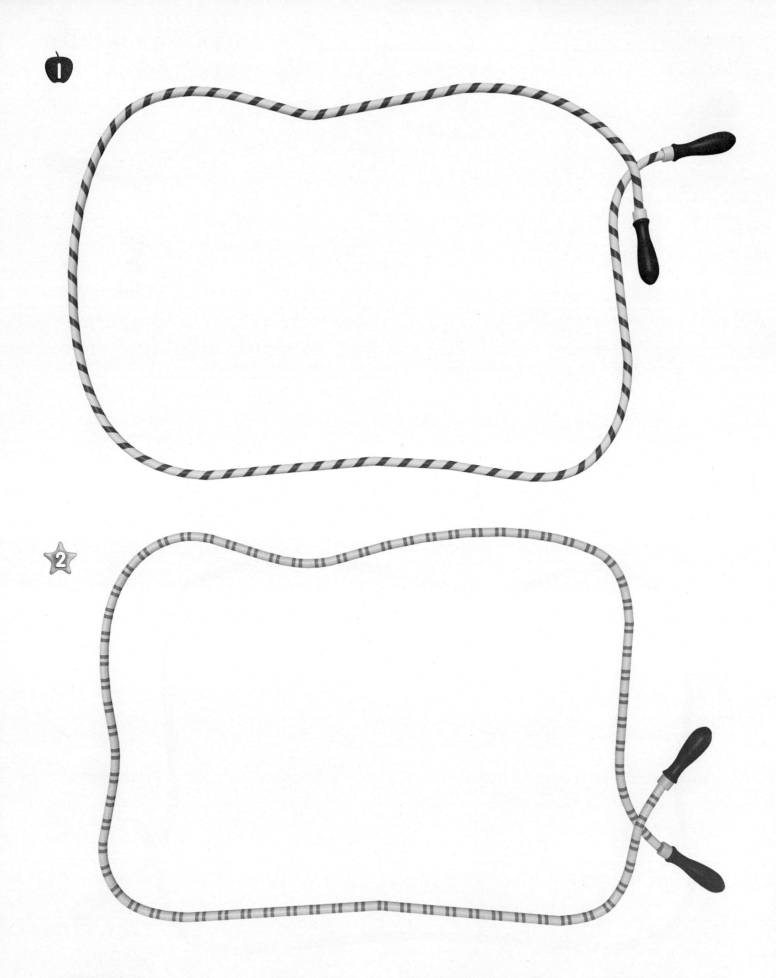

INSTRUCCIONES 1 y 2. Usa *Attribute Links* para formar un patrón de color, forma o tamaño. Dibuja y colorea tu patrón. Describe tu patrón a otra persona.

 ACTIVIDAD PARA LA CASA · Pida a su niño que use dos o tres objetos del mismo tipo, como hojas de árboles y piedras, para crear un patrón. Pídale que le diga cuál es la parte del patrón que se repite.

80 ochenta

Repaso/Prueba del capítulo

1

2

3

INSTRUCCIONES **1.** Lee el patrón. Coloca fichas de oso para formar el patrón. Colorea el patrón. (TEKS K.5) **2.** Usa figuras para identificar el patrón. Halla las dos figuras que es más probable que sigan. Dibuja y colorea las figuras. (TEKS K.5) **3.** Haz una dramatización del patrón. Di el patrón mientras haces la dramatización de cada parte. Encierra en un círculo la acción que es más probable que hagas después. (TEKS K.5)

Capítulo 3

Repaso acumulativo

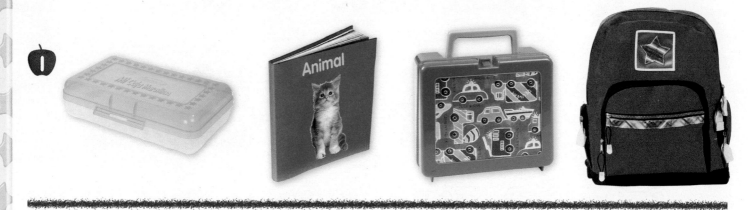

2

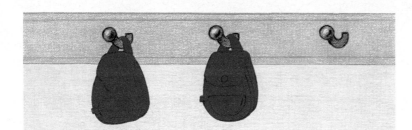
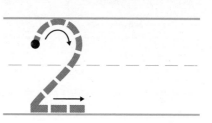

3

0   1   _____   3   _____   5

4

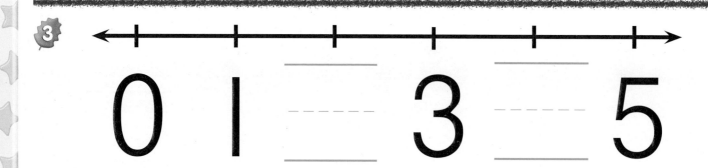

_____

- - - - - - - - - - - - - - - - -

_____

INSTRUCCIONES 1. Tres de los objetos son parecidos. Marca con una X el objeto que no pertenece. (TEKS K.8A) **2.** ¿Cuántas mochilas hay? Escribe el número de mochilas del conjunto. (TEKS K.1C) **3.** Escribe el número que está antes del 3. Escribe el número que está después del 3. (TEKS K.2A) **4.** Mira el patrón. Escribe los números bajo las tarjetas con puntos. Encierra en un círculo la parte que se repite una y otra vez. (TEKS K.6A)

82 ochenta y dos

© Harcourt

Camino de patrones

PRÁCTICA CON UN JUEGO

SALIDA →

META

INSTRUCCIONES: Juega con un compañero. Decidan quién mueve primero. Pon tu ficha en la Salida. Lanza el cubo numerado. Avanza el número de espacios que el cubo indique. Toma algunas figuras de cada tipo que se muestren en ese espacio. Usa esas figuras para formar un patrón en el área de trabajo. Lee el patrón a tu compañero. Túrnense hasta que ambos lleguen a la Meta.

MATERIALES: fichas de oso, un cubo numerado, figuras planas

© Harcourt

Enriquecimiento • Transfiere un patrón

1

2

INSTRUCCIONES 1 y 2. Lee el patrón. Usa figuras para mostrar el mismo patrón. Dibuja el patrón.

Los números del 6 al 10

Tema: En el parque de diversiones

Nombre _____

 **Muestra lo que sabes**

0 1 2 3 4 5

0   3   5

1   2   4

_ _ _ _ _ _ _

_ _ _ _ _ _ _

_ _ _ _ _ _ _

_ _ _ _ _ _ _

INSTRUCCIONES 1. Encierra en un círculo el número que es 1 más que 2. 2. Encierra en un círculo el número que es 1 menos que 5. 3. Escribe el número que es 2 más que 1. 4. Escribe el número que es 1 menos que 2.

 NOTA PARA LA FAMILIA: Esta página sirve para comprobar si su niño comprende los conceptos y las destrezas importantes que se necesitan para tener éxito en el Capítulo 4.

86 ochenta y seis

© Harcourt

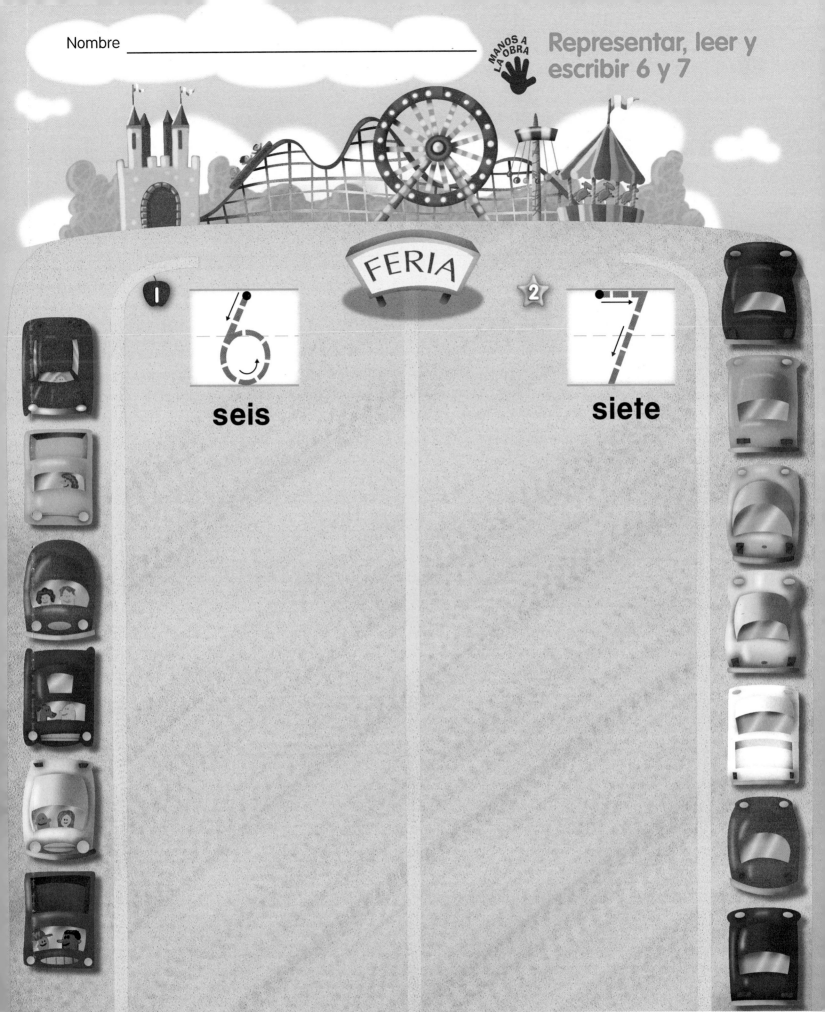

FERIA

1

6

seis

2

7

siete

INSTRUCCIONES   1–2 Coloca fichas en el estacionamiento para mostrar cuántos carros hay en la calle. Dibuja las fichas. Di el número mientras lo trazas.

© Harcourt

TEKS K.1B utilice conjuntos de objetos concretos para representar cantidades dadas en forma verbal o escrita (hasta el 20). *también* **TEKS K.1C**

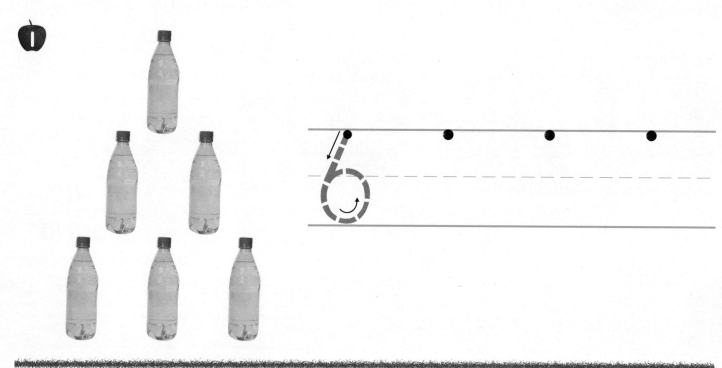

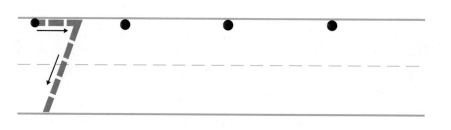

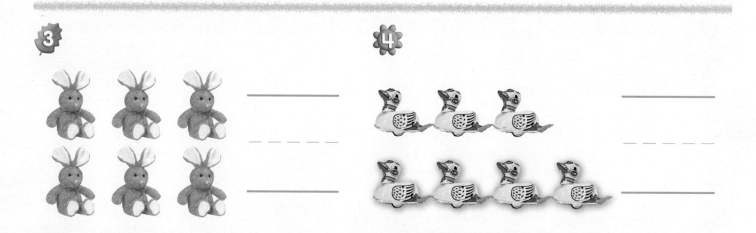

INSTRUCCIONES **1–2.** Cuenta los objetos del conjunto. Traza y escribe el número. **3 a 4.** ¿Cuántos objetos hay en el conjunto? Escribe el número.

ACTIVIDAD PARA LA CASA • Pida a su niño que busque un conjunto de seis objetos en la casa. Escriba el número 6 en un pedazo de papel y colóquelo al lado del conjunto. Repita la actividad con el siete.

Nombre _____

Representar, leer y escribir 8 y 9

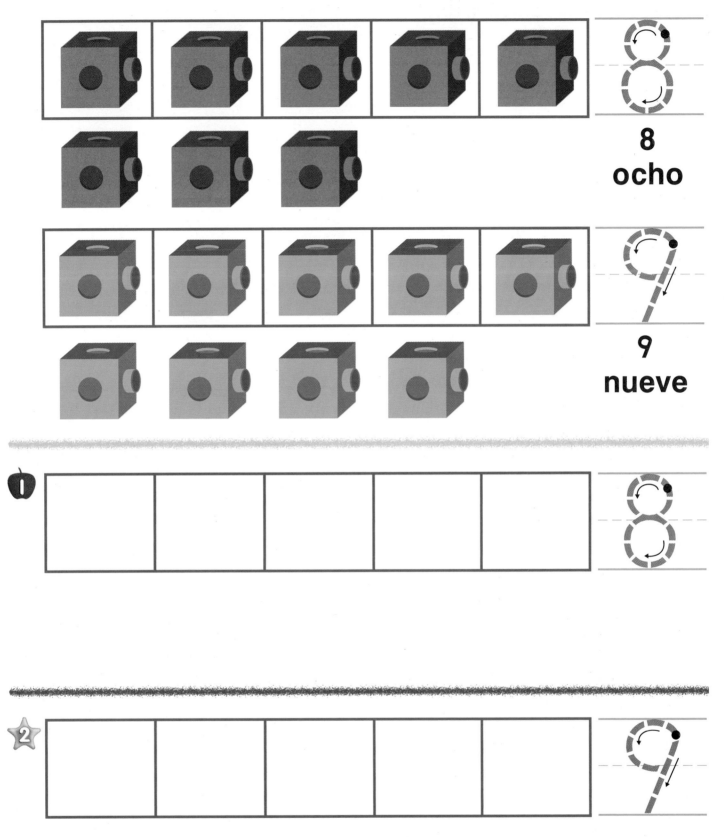

8
ocho

9
nueve

⭐ 2

INSTRUCCIONES 1 y 2. Usa cubos para representar el número. Dibuja los cubos. Traza el número.

© Harcourt

TEKS K.1B utilice conjuntos de objetos concretos para representar cantidades dadas en forma verbal o escrita (hasta el 20). también TEKS K.1C

Capítulo 4 · Lección 2
ochenta y nueve 89

8    •   •   •

9    •   •   •

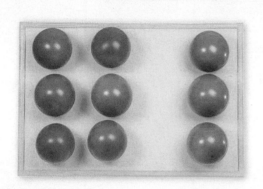

_____

- - - - - - - - -

_____

_____

- - - - - - - - -

_____

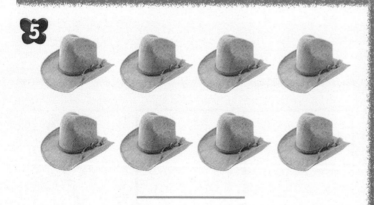

_____

- - - - - - - - -

_____

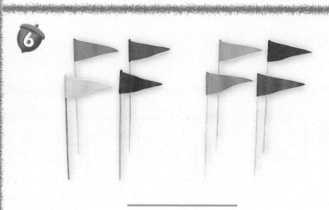

_____

- - - - - - - - -

_____

INSTRUCCIONES **1–2.** Di el número. Traza y escribe el número. **3 a 6.** ¿Cuántos objetos hay en el conjunto? Escribe el número.

 ACTIVIDAD PARA LA CASA · Pida a su niño que cuente un conjunto de nueve objetos. Luego, pídale que le muestre un conjunto que tenga un objeto menos que el que acaba de contar. Pregunte cuántos objetos hay en el segundo conjunto.

© Harcourt

Nombre _____

Representar
números en un
cuadro de diez

1

2

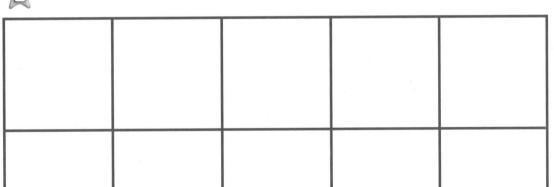

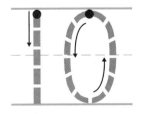

diez

INSTRUCCIONES **1.** Coloca una ficha sobre cada globo. **2.** Mueve las fichas al cuadro de diez. Dibújalas. Señala cada ficha mientras la cuentas. Traza el número.

© Harcourt

TEKS K.1B utilice conjuntos de objetos concretos para representar cantidades dadas en forma verbal o escrita (hasta el 20). *también* **TEKS K.1C**

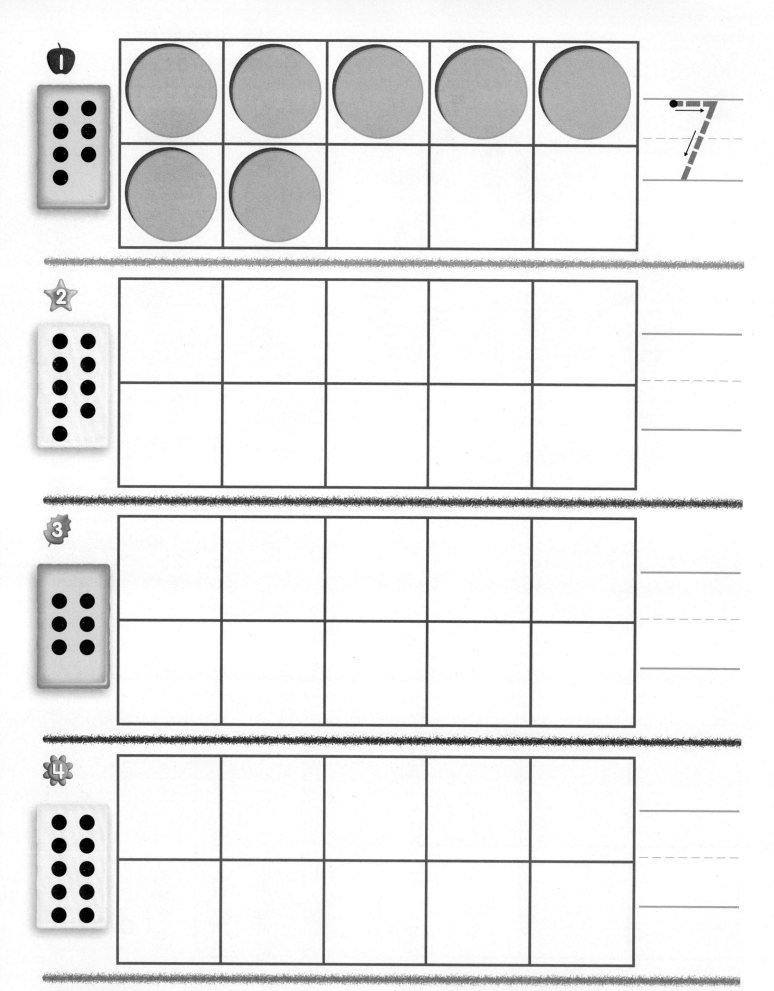

INSTRUCCIONES 1. ¿Cuántos puntos hay? Traza el contorno de las fichas en el cuadro de diez. Traza el número. 2 a 4. ¿Cuántos puntos hay? Coloca fichas en el cuadro de diez para representar ese número. Dibuja las fichas en el cuadro de diez. Escribe el número.

 ACTIVIDAD PARA LA CASA · Trace el contorno de las manos de su niño. Pida al niño que coloque una moneda de 1¢ sobre el dibujo de cada dedo mientras cuenta hasta diez. Luego, pídale que escriba el número.

10
diez

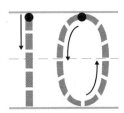

_____

- - - - - - -

_____

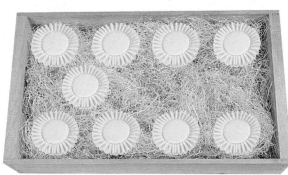

_____

- - - - - - -

_____

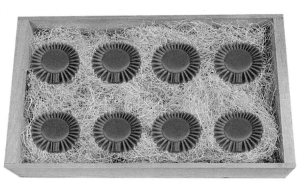

_____

- - - - - - -

_____

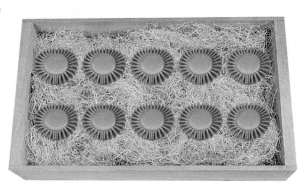

_____

- - - - - - -

_____

INSTRUCCIONES   1. ¿Cuántos objetos hay? Traza el número.
2 a 5. ¿Cuántos objetos hay? Escribe el número. Encierra en un círculo
los conjuntos que tienen diez objetos.

© Harcourt

TEKS K.1C utilice números para describir cuántos objetos hay en un conjunto (hasta el 20)
utilizando descripciones verbales y simbólicas.

10

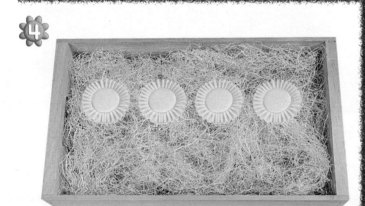

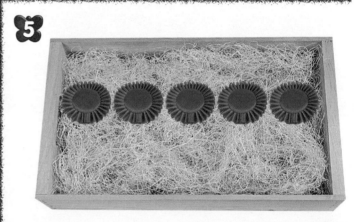

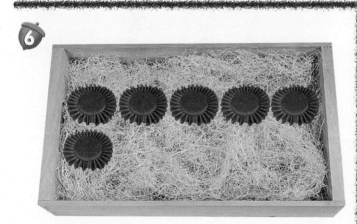

INSTRUCCIONES I. Traza y escribe el número 10. **2 a 7.** ¿Cuántos objetos hay? Dibuja más para formar un conjunto de diez.

 ACTIVIDAD PARA LA CASA • Pida a su niño que use adhesivos o pedacitos de papel para formar un conjunto de diez y un conjunto con uno menos que diez. Pídale que cuente los adhesivos de ambos conjuntos y que señale el conjunto que tenga diez.

Nombre _____

 1

_____

- - - - - - - - - - - - - - -

_____

2

_____

- - - - - - - - - - - - - - -

_____

3

_____

- - - - - - - - - - - - - - -

_____

4

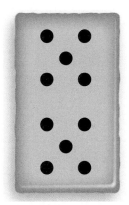

_____

- - - - - - - - - - - - - - -

_____

INSTRUCCIONES   I a 3. ¿Cuántos objetos hay en el conjunto?
Escribe el número. (TEKS: K. IB)   **4.** ¿Cuántos puntos hay? Dibuja las
fichas en el cuadro de diez. Escribe el número.   (TEKS: K. IB)

 Repaso acumulativo

1

2

3    ____ ____

4

_____

- - - - - - - - - - -

5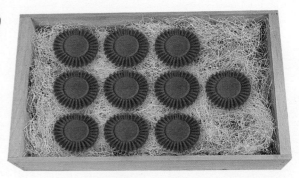

_____

- - - - - - - - - - -

INSTRUCCIONES **1.** Encierra en un círculo los objetos que son parecidos. (TEKS: K.8A) **2.** Dibuja fichas de oso para mostrar un conjunto con más osos. (TEKS: K.1A) **3.** Usa figuras para identificar el patrón. Dibuja y colorea las dos figuras que es más probable que sigan. (TEKS: K.5A) **4 y 5.** Escribe cuántos objetos hay. Encierra en un círculo el conjunto que tiene diez objetos. (TEKS: K.1C)

96 noventa y seis

© Harcourt

Nombre _____

Escribir los números hasta el 10

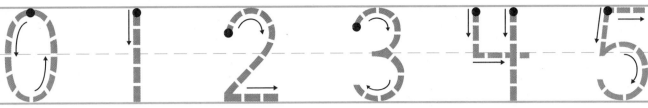

1   0 1 2 3 4 5

2   0

3

4

5

6

7

INSTRUCCIONES   1. Di el número mientras lo trazas.   **2–7.** ¿Cuántos animales hay? Escribe el número.

© Harcourt

TEKS K.1C utilice números para describir cuántos objetos hay en un conjunto (hasta el 20) utilizando descripciones verbales y simbólicas.

Capítulo 4 · Lección 5
noventa y siete **97**

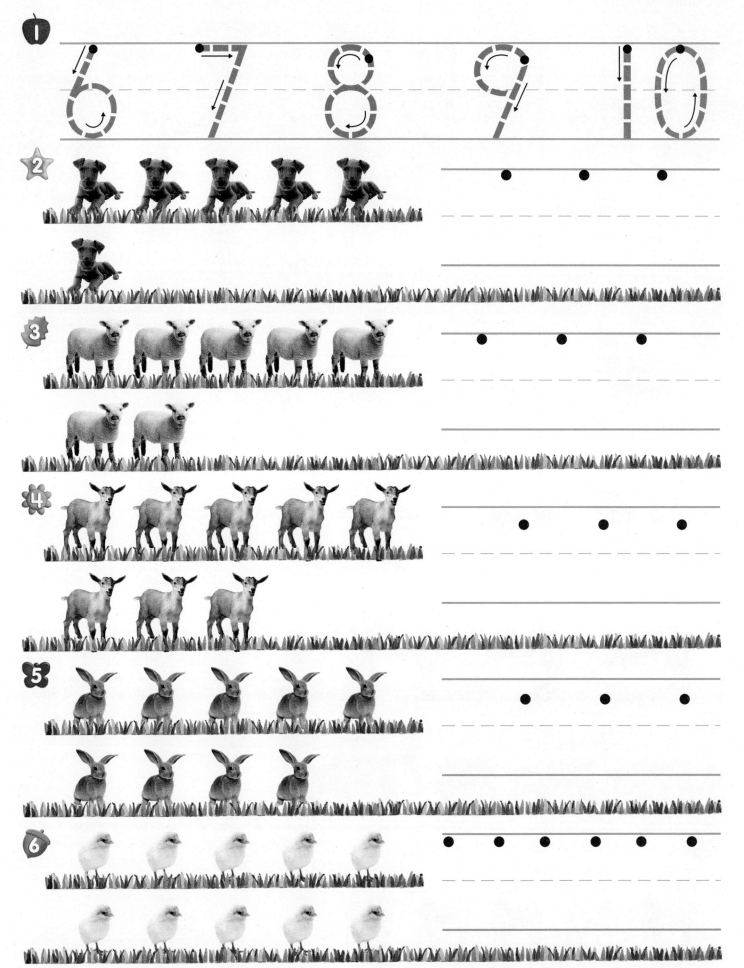

INSTRUCCIONES **1.** Di el número mientras lo trazas. **2 a 6.** ¿Cuántos animales hay? Escribe el número.

 ACTIVIDAD PARA LA CASA • Muestre los dedos de la mano en alto de a uno hasta llegar al 10. Pida a su niño que diga el número de dedos que usted está mostrando y que escriba el número.

© Harcourt

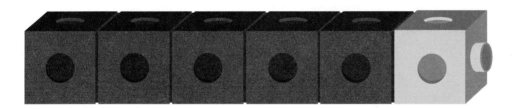 

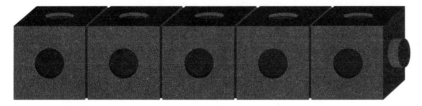 

INSTRUCCIONES **1.** ¿Cuántos cubos hay? Traza el número.
2 a 4. ¿Cuántos cubos hay? Escribe el número. Usa el color rojo para
encerrar en un círculo el número que es uno más que seis. Usa el color azul
para encerrar en un círculo el número que es uno menos que seis. Usa el
color anaranjado para encerrar en un círculo el número que es igual a seis.

TEKS K.1A utilice relaciones tales como correspondencia uno a uno y lenguaje tal
como más que, mismo número que o dos menos que para describir el tamaño relativo de
conjuntos de objetos concretos. *también* **TEKS K.1C, K14A, K15**

© Harcourt

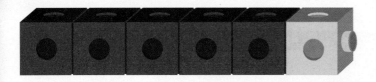

INSTRUCCIONES 1 a 4 ¿Cuántos cubos hay? Escribe el número. Usa el color rojo para encerrar en un círculo el número que es dos más que ocho. Usa el color azul para encerrar en un círculo el número que es dos menos que ocho. Usa el color anaranjado para encerrar en un círculo el número que es igual a ocho.

ACTIVIDAD PARA LA CASA · Dibuje una planta que tenga siete flores. Pida a su niño que cuente las flores y que escriba el número debajo de la planta. Luego, pídale que dibuje otra planta que tenga dos flores más que la planta que usted dibujó. Pida al niño que escriba cuántas flores hay.

100 cien

1

2

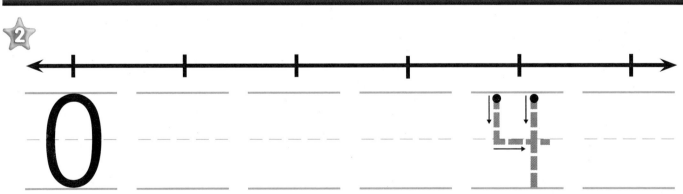

INSTRUCCIONES   1. ¿Cuántas ventanas hay en cada cohete? Escribe el
número.   **2.** Escribe los números en orden en la recta numérica.

TEKS K.2A utilice expresiones tales como antes o después para describir posición
relativa en una secuencia de eventos u objetos. también **TEKS K.1B, K.1C**

Capítulo 4 · Lección 7
ciento uno   **101**

© Harcourt

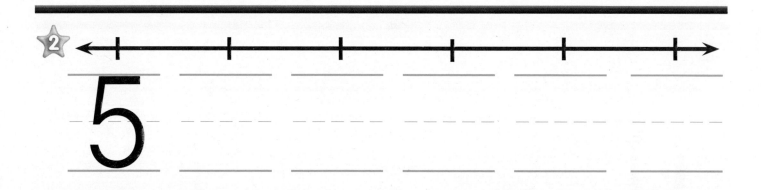

5

INSTRUCCIONES 1. ¿Cuántas ventanas hay en cada cohete? Escribe el número.
2. Escribe los números en orden en la recta numérica. Usa *antes* y *después* para describir el número 8.

ACTIVIDAD PARA LA CASA · Escriba los números del 0 al 10 en cuadrados de papel. Mezcle los números y pida a su niño que los coloque en el orden correcto comenzando desde el 0. Cuando las tarjetas estén en orden, diga un número y pida a su niño que diga cuál es el número que viene antes o después.

Los números ordinales hasta el 10mo.

1

primero

2

primero

3

primero

4

primero

INSTRUCCIONES **1.** Traza el círculo sobre el sexto pato. Traza la X sobre el décimo pato. **2.** Encierra en un círculo el octavo pato. Marca con una X el segundo pato. **3.** Encierra en un círculo el quinto pato. Marca con una X el noveno pato. **4.** Encierra en un círculo el séptimo pato. Marca con una X el último pato.

© Harcourt

TEKS K.2B diga las posiciones de los números ordinales en secuencia, tales como primero, segundo, tercero, etc.

primero

primero

primero

primero

INSTRUCCIONES Encierra en un círculo la cuarta ave. Marca con una X la séptima ave. Encierra en un círculo el octavo carrito del juego. Marca con una X el quinto carrito del juego. Encierra en un círculo al tercer niño de la fila. Marca con una X al décimo niño de la fila. Encierra en un círculo el noveno pato. Marca con una X el sexto pato.

ACTIVIDAD PARA LA CASA · Pida a su niño que alinee diez objetos. Señale los objetos en orden y pídale que use las palabras *primero, segundo, tercero, cuarto, quinto, sexto, séptimo, octavo, noveno* y *décimo* para describir la posición de cada objeto. Luego, pida a su niño que señale el tercer objeto, el último objeto, el séptimo objeto, y así sucesivamente.

104 ciento cuatro

Taller de resolución de problemas
Estrategia • Buscar un patrón

INSTRUCCIONES Busca un patrón. Explica lo que observas acerca de las fichas del juego en cada columna. Dibuja las fichas para seguir el patrón.

TEKS K.6A utilice patrones para predecir lo que sigue, incluyendo relaciones de causa y efecto. *también* **TEKS K.13B, K.13C, K.14A, K.15**

Capítulo 4 • Lección 9

ciento cinco **105**

© Harcourt

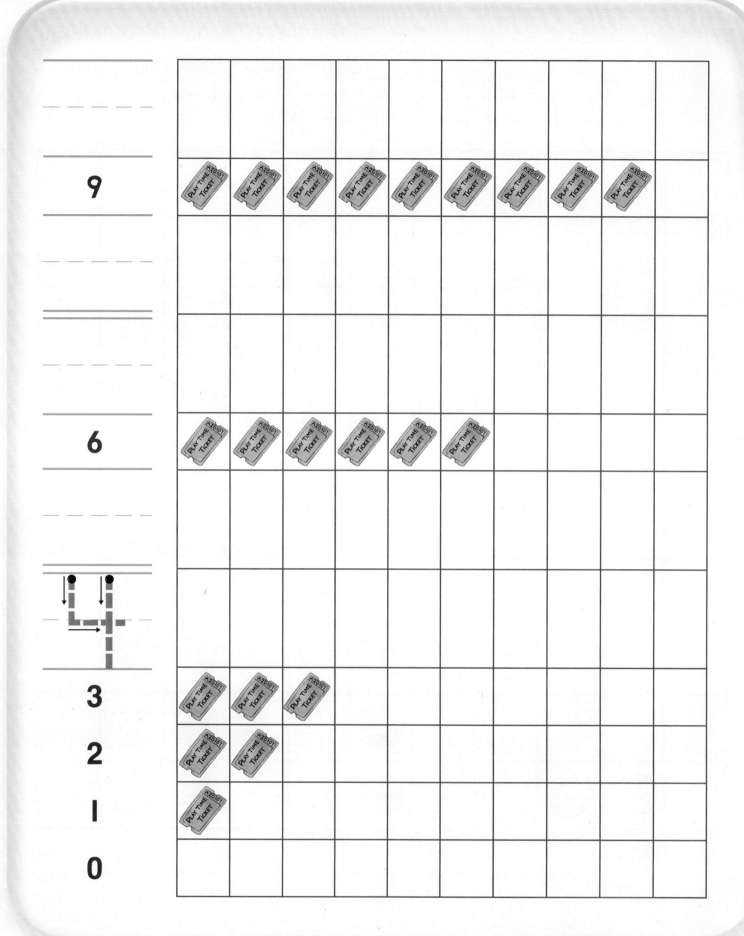

INSTRUCCIONES Busca un patrón. Explica lo que observas acerca de los boletos de cada fila. Dibuja los boletos para seguir el patrón. Luego, escribe el número que corresponda al patrón.

 ACTIVIDAD PARA LA CASA · Pida a su niño que use frijoles secos o clips para formar un patrón. Sugiérale que haga una fila con uno, una fila con dos y una fila con tres. Pida a su niño que explique el patrón y que luego muestre la manera de continuarlo.

© Harcourt

Nombre _____

 Repaso/Prueba del capítulo

1

ciento siete

_____

_____

2

primero

3

5

___

3

2

1

0

INSTRUCCIONES   1. ¿Cuántos cubos hay? Escribe el número. (TEKS K. IA)   **2.** Encierra en un círculo el cuarto pato. Marca con una X el octavo pato. (TEKS K.2B)   **3.** Busca un patrón. Dibuja los boletos para seguir el patrón. Luego, escribe el número que corresponda al patrón. (TEKS K.6A)

© Harcourt

Capítulo 4   ciento siete **107**

⭐ Repaso acumulativo

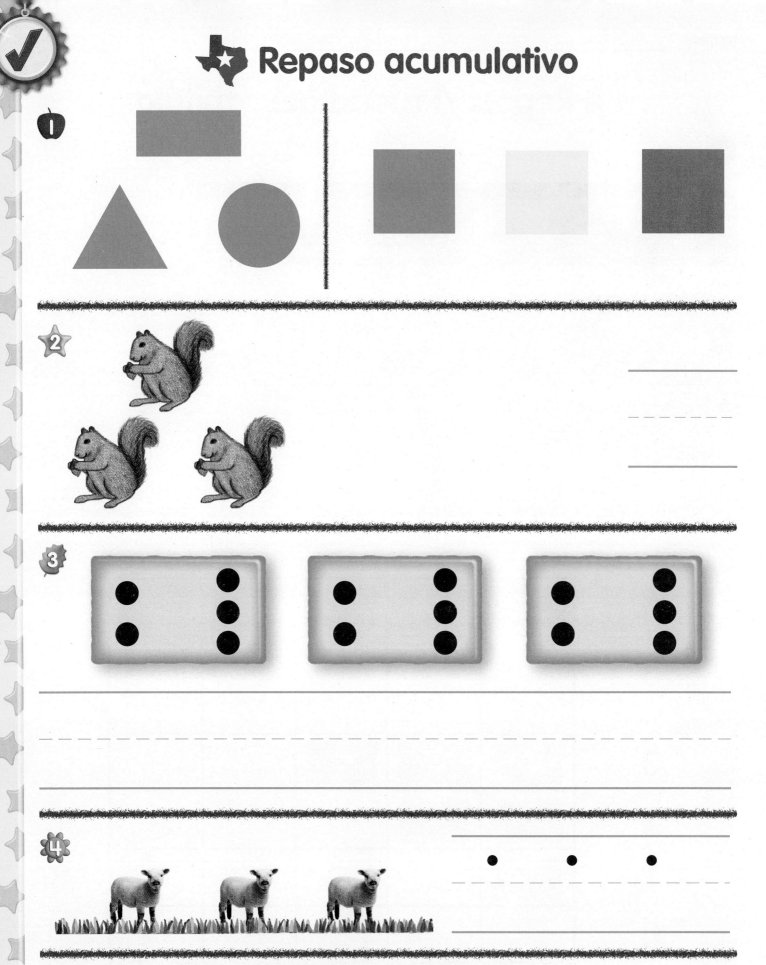

INSTRUCCIONES **I.** Mira el grupo de figuras que están al comienzo de la fila. Describe la manera como las figuras son parecidas. Encierra en un círculo la figura que pertenece al grupo. (TEKS K.8C) **2.** Coloca un cubo sobre cada animal del conjunto mientras cuentas. Dibuja los cubos. Escribe el número. (TEKS K. IB) **3.** Mira el patrón. Escribe los números debajo de las fichas de dominó. Encierra en un círculo la parte que se repite una y otra vez. (TEKS K.6A) **4.** ¿Cuántos animales hay? Escribe el número. (TEKS K. IC)

Nombre _____

PRÁCTICA CON UN JUEGO

Números alineados

5

5

INSTRUCCIONES Juega con un compañero. Coloca las tarjetas con el número 5 sobre el tablero. Mezcla el resto de las tarjetas. Coloca 9 tarjetas boca arriba delante de cada jugador. Los jugadores deben turnarse para formar una recta numérica colocando una tarjeta por vez a la derecha o a la izquierda de cada 5 sin saltearse ningún número. Si un jugador no puede añadir una tarjeta, pierde el turno. Gana el primer jugador que logra usar todas sus tarjetas.

MATERIALES 2 conjuntos de tarjetas numeradas del 1 al 10

Capítulo 4

© Harcourt

Enriquecimiento • El mayor y el menor número

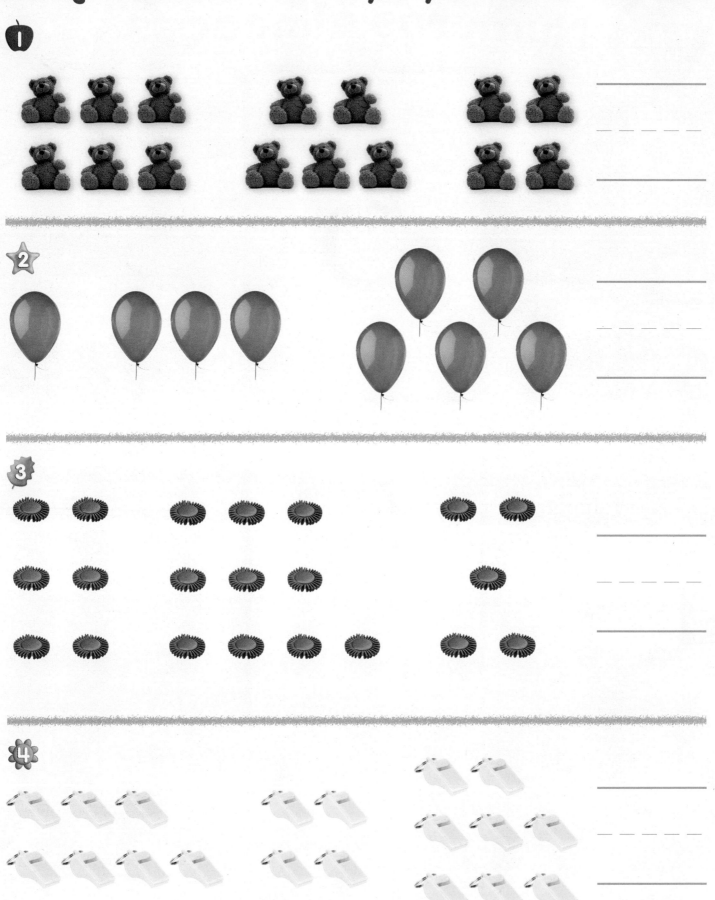

INSTRUCCIONES 1 y 2. Encierra en un círculo el grupo que tiene el mayor número de objetos. Escribe ese número. **3 y 4.** Encierra en un círculo el grupo que tiene el menor número de objetos. Escribe ese número.

110 ciento diez

© Harcourt

Nombre _____

Taller de resolución de problemas

Destreza • Usar una ilustración

1

2

3

4

INSTRUCCIONES   **1.** ¿Cuántos cubos hay? Traza el número.
2 a 4. ¿Cuántos cubos hay? Escribe el número. Usa el color rojo para
encerrar en un círculo el número que es uno más que seis. Usa el color azul
para encerrar en un círculo el número que es uno menos que seis. Usa el
color anaranjado para encerrar en un círculo el número que es igual a seis.

© Harcourt

TEKS K.1A utilice relaciones tales como correspondencia uno a uno y lenguaje tal
como más que, mismo número que o dos menos que para describir el tamaño relativo de
conjuntos de objetos concretos. *también* **TEKS K.1C, K14A, K15**

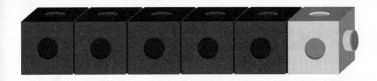

INSTRUCCIONES 1 a 4 ¿Cuántos cubos hay? Escribe el número. Usa el color rojo para encerrar en un círculo el número que es dos más que ocho. Usa el color azul para encerrar en un círculo el número que es dos menos que ocho. Usa el color anaranjado para encerrar en un círculo el número que es igual a ocho.

ACTIVIDAD PARA LA CASA · Dibuje una planta que tenga siete flores. Pida a su niño que cuente las flores y que escriba el número debajo de la planta. Luego, pídale que dibuje otra planta que tenga dos flores más que la planta que usted dibujó. Pida al niño que escriba cuántas flores hay.

100 cien

Nombre _____

THE WORLD ALMANAC

ALMANAQUE MUNDIAL

P A R A N I Ñ O S

La cosecha de otoño en Texas

Dato del ALMANAQUE

La mayor parte del maíz que se cultiva en Texas se usa como alimento para el ganado.

Texas
Resolución de problemas

INSTRUCCIONES 1. Dibuja un ave arriba de la planta de maíz que tiene una mazorca. 2. Encierra en un círculo el animal que está entre las calabazas. 3. Marca con una X el animal que está debajo de la carretilla.

COMENTA Usa las palabras *arriba*, *bajo*, *sobre* y *debajo* para describir esta ilustración.

Unidad 2 • Capítulos 3 y 4

ciento once 111

Muñecas de hojas de maíz

Dato del ALMANAQUE

Los primeros habitantes de Texas aprendieron de los indígenas la manera de hacer muñecas con hojas de maíz. La hoja de maíz es la cubierta externa del maíz que suele pelarse.

INSTRUCCIONES   1. Dibuja 4 mazorcas de maíz.   **2.** Dibuja 7 mazorcas de maíz.   **3.** Dibuja un conjunto de mazorcas de maíz que tenga más que 4 y menos que 7.

 ¿Cuántas mazorcas de maíz dibujaste?

Habla sobre los números que están entre el 4 y el 7.

Unidad 3

Los animales

escrito por Ann Dickson

LEE
Taller

En este cuento, también COMENTA y ESCRIBE sobre Matemáticas.

Nota para la familia: Este cuento ayudará a su niño a repasar los grupos con más y con menos objetos.

A

© Harcourt

Mira los patos allá lejos.

¿Qué grupo tiene menos?

Ciencias

¿Puedes encontrar el pico
de un pato?

B

© Harcourt

Estos leoncitos son muy pequeños.

¿Qué grupo tiene menos?

Ciencias

¿Ves las garras de los leoncitos?

C

Los aligátores quieren descansar.

¿Qué grupo tiene más?

Ciencias

¿Dónde está la cola de los aligátores?

D

© Harcourt

Los aguiluchos pronto volarán.

¿Qué grupo tiene más?

Ciencias

Busca las alas de
las águilas.

E

Y estos animalitos,

¿cómo se llamarán?

¿Qué grupo tiene más?

Ciencias

Busca el hocico de los erizos.

F

Nombre _____

Mi relato de Matemáticas
Actividad de literatura

Repaso del vocabulario

más

menos

INSTRUCCIONES Mira los patitos que están en el nido.
Dibuja un nido con otro grupo de patitos. Relata un cuento.
Usa las palabras *más* o *menos* para describir tu grupo.

G

¿Cuál tiene más?
¿Cuál tiene menos?

INSTRUCCIONES 1. Mira las ilustraciones. Encierra en un círculo la familia que tiene más leones. 2. Mira las ilustraciones. Encierra en un círculo la familia que tiene menos aligátores. 3. Inventa un cuento sobre dos aligátores madres y sus crías. Cuenta el cuento a un compañero.

H

UNIDAD 3

La escuela y la casa

Queridos familiares:

Hoy en la clase comenzamos a estudiar la Unidad 3. Aprenderé a hacer una gráfica y a identificar figuras geométricas. Estas son algunas palabras y actividades del vocabulario para que veamos juntos.

Con cariño, _____

Enriquece tu vocabulario

Vocabulario clave de Matemáticas

Cuerpos geométricos: **esfera, cubo, cilindro, cono**

esfera   cubo   cilindro   cono

Figuras planas: **círculo, cuadrado, triángulo, rectángulo**

círculo   cuadrado

triángulo   rectángulo

Actividad del vocabulario

Matemáticas en acción

Dé a su niño pajitas o mondadientes y pídale que forme figuras planas, como un cuadrado, un rectángulo o un triángulo.

La escuela y la casa

ciento trece **113**

La escuela y la casa

Para recordar Es probable que su niño ya sepa identificar algunos cuerpos geométricos de su casa, como bloques, pelotas y conos.

Actividad con el calendario

Diciembre

domingo	lunes	martes	miércoles	jueves	viernes	sábado
		1	2	3	4	5
6	7	8	9	10	11	12
13	14	15	16	17	18	19
20	21	22	23	24	25	26
27	28	29	30	31		

Pida a su niño que coloque un objeto, como un botón, sobre todos los lunes y que coloque otro objeto, como un clip, sobre todos los viernes. Luego, pídale que haga una gráfica y que la explique.

Práctica (después de leer las páginas 117 y 118)

En tu gráfica, ¿hay más botones o más clips?

Práctica (después de leer las páginas 127 y 128)

Pida a su niño que lleve un registro del clima en el calendario y que luego dibuje una gráfica para mostrar los datos.

Literatura

Busquen libros en una biblioteca. A medida que lean cada libro, pida a su niño que señale las palabras del vocabulario de Matemáticas.

Cubes, Cones, Cylinders, & Spheres.
Hoban, Tana.
Greenwillow, 2000.

How Many Snails? A Counting Book.
Giganti, Paul Jr.
Greenwillow, 1994.

So Many Circles, So Many Squares.
Hoban, Tana.
Greenwillow, 1998.

Gráficas

Tema: Los animales

© Harcourt

Nombre _____

Muestra lo que sabes

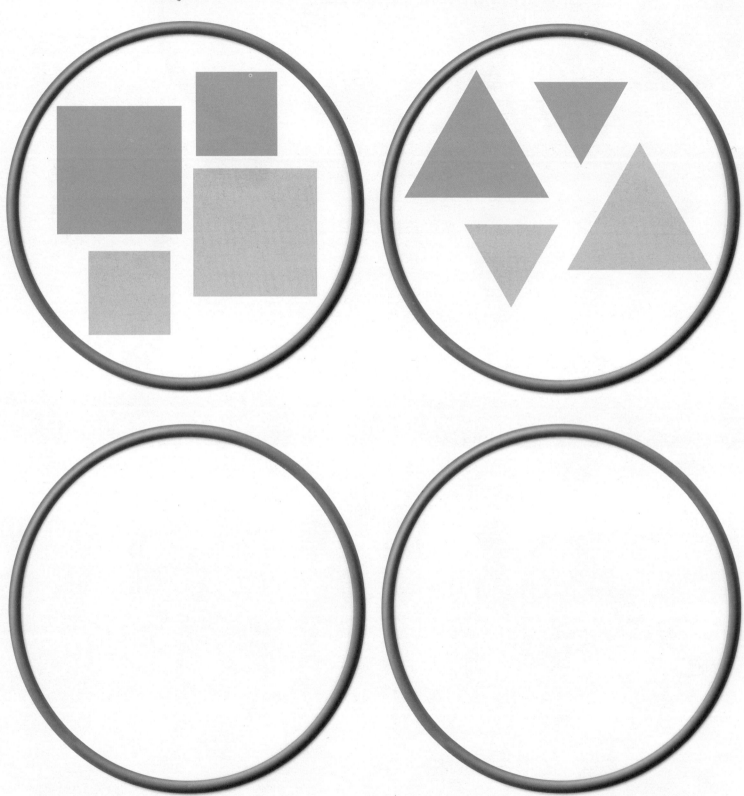

INSTRUCCIONES Coloca figuras planas sobre las figuras que están dentro de los aros para agrupar en la parte superior de la página. Habla sobre cómo están separadas las figuras. Mueve las figuras a los aros para agrupar de abajo y muestra otra manera de separar estas figuras. Dibuja la manera como las figuras están separadas.

NOTA PARA LA FAMILIA: Esta página sirve para comprobar si su niño comprende los conceptos y las destrezas importantes que se necesitan para tener éxito en el Capítulo 5.

© Harcourt

Hacer gráficas con objetos concretos

¿Hay más osos azules o verdes?

INSTRUCCIONES **1.** Haz una gráfica con osos azules y verdes. Colorea los osos. **2.** Cuenta los osos. Escribe cuántos hay de cada color. Encierra en un círculo el número mayor. **3.** Encierra en un círculo el tipo de oso que más aparece en la gráfica.

© Harcourt

TEKS K.12A genere gráficas utilizando objetos reales o dibujos para contestar preguntas. *también* **TEKS K.1A**, **K.1B**, **K.1C**, **K.12B**, **K.14A**, **K.15**

Capítulo 5 · Lección 1

¿De qué color hay menos?

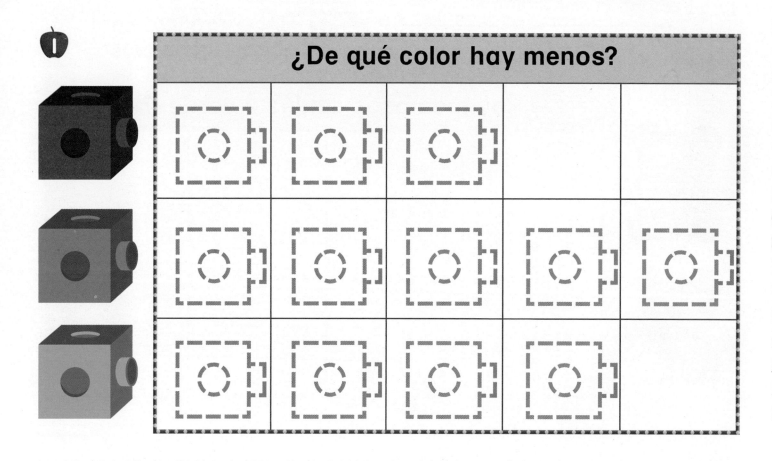

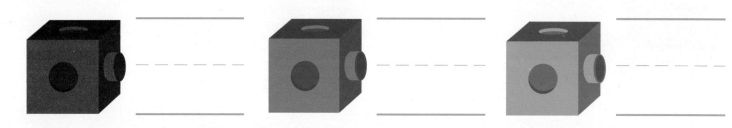

**INSTRUCCIONES   1. Haz una gráfica con cubos rojos, azules y verdes. Colorea los cubos.
2. Cuenta los cubos. Escribe cuántos hay de cada color. Encierra en un círculo el número menor.
3. Encierra en un círculo el tipo de cubo que menos aparece en la gráfica.**

 ACTIVIDAD PARA LA CASA · Pida a su niño que explique cómo sería diferente esta gráfica si hubiera dos cubos verdes menos.

© Harcourt

Nombre _____

1

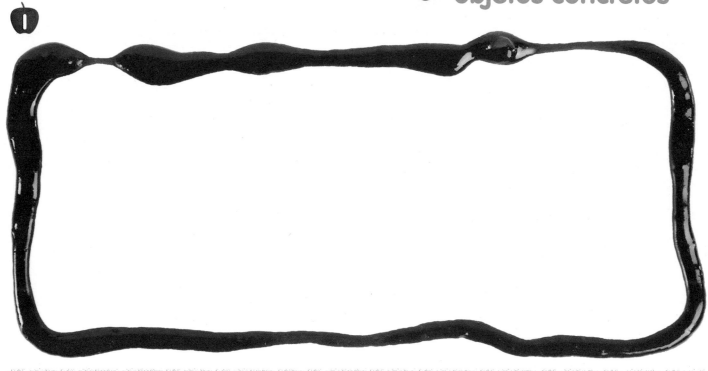

2

¿Cuántos hay de cada color?					

3

_____
_ _ _ _ _ _ _ _ _ _ _ _ _
_____

INSTRUCCIONES   1. Coloca 6 figuras pequeñas de color rojo y azul en el espacio de trabajo. Sepáralas según el color.   2. Haz una gráfica con las figuras. Dibuja y colorea las figuras en la gráfica.   3. Lee la gráfica. Escribe cuántas figuras de cada color hay.

TEKS K.12B utilice información de una gráfica de objetos reales o dibujos para contestar preguntas. *también* **TEKS K.1A, K.1B, K.1C, K.12A, K.14A, K.15**

© Harcourt

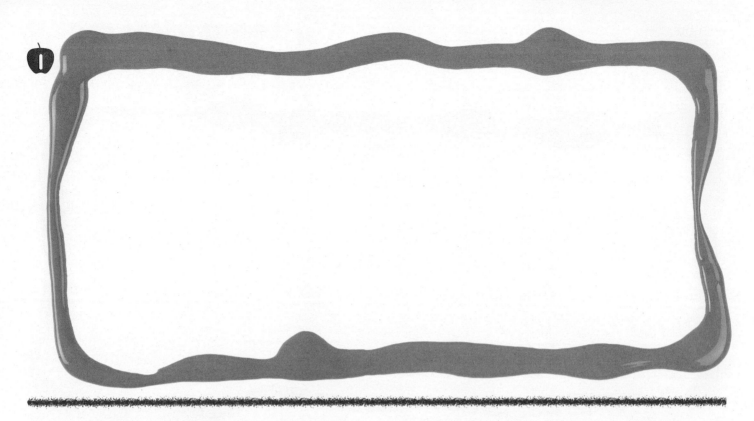

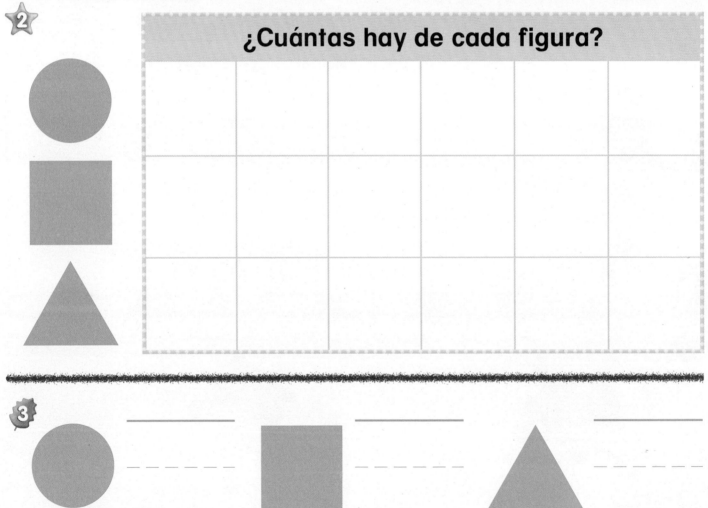

¿Cuántas hay de cada figura?

INSTRUCCIONES **1.** Coloca 6 figuras pequeñas de color verde en el espacio de trabajo. Sepáralas según la forma. **2.** Haz una gráfica con tus figuras. Dibuja las figuras en la gráfica. **3.** Lee la gráfica. Escribe cuántas hay de cada figura.

ACTIVIDAD PARA LA CASA · Dibuje una cuadrícula de dos filas y coloque allí varios objetos de dos tipos, como monedas de 1¢ y 10¢. Pida a su niño que explique cuál de las filas tiene más objetos.

120 ciento veinte

© Harcourt

Taller de resolución de problemas

Destreza • Usar un dibujo

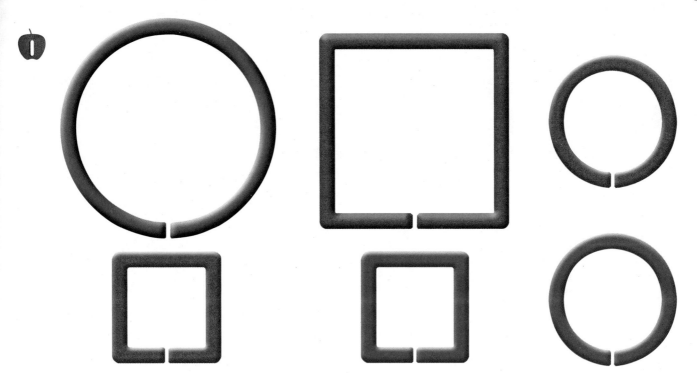

Mi gráfica			

_____

_____

- - - - - - - - - - -

_____

_____

- - - - - - - - - - -

_____

_____

_____

INSTRUCCIONES **1. Coloca** *Attribute Links* **sobre las figuras que aparecen en la ilustración. Separa las figuras según tu propia regla.** **2. Haz una gráfica con las figuras. Escribe cuántas hay de cada figura.**

TEKS K.12A genere gráficas utilizando objetos reales o dibujos para contestar preguntas. *también* **TEKS K.1A, K.1B, K.1C, K.8C, K.12B, K.13D, K.14A, K.15**

© Harcourt

Mi gráfica

INSTRUCCIONES **1.** Coloca *Attribute Links* sobre las figuras que aparecen en la ilustración. Separa las figuras según tu propia regla. **2.** Haz una gráfica con las figuras. Escribe cuántas hay de cada figura.

 ACTIVIDAD PARA LA CASA • Muestre a su niño algunos productos de la tienda de comestibles, como alimentos enlatados y empaquetados, o artículos líquidos y secos. Pídale que separe esos productos y haga una gráfica.

122 ciento veintidós

© Harcourt

Nombre _____

1

2

Mi gráfica		

INSTRUCCIONES **1.** Coloca *Attribute Links* sobre las figuras de la ilustración.
Separa las figuras según tu propia regla. (TEKS K. 8C) **2.** Haz una gráfica con las
figuras. Escribe cuántas figuras hay de cada tipo. (TEKS K.12A)

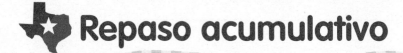

Repaso acumulativo

1

2

_ _ _ _ _ _ _ _ _

3

☐ ○ △ ☐ ○ △ ☐ △ △ ☐ ○ ○

¿Cuántas hay de cada color?

_ _ _ _ _ _ _ _ _

_ _ _ _ _ _ _ _ _

INSTRUCCIONES   1. Usa dos colores de fichas para formar un patrón.
Dibuja y colorea tu patrón. Encierra en un círculo la parte que se repite una
y otra vez. (TEKS K.5)   **2.** Escribe cuántos objetos hay en el conjunto.
(TEKS K.1B)   **3.** Dibuja y colorea las figuras en la gráfica. Lee la gráfica.
Escribe cuántas figuras hay de cada color. (TEKS K.12B)

124 ciento veinticuatro

© Harcourt

¿Qué animal les gusta a más niños?

  _____

 _____

INSTRUCCIONES **1.** Lee la gráfica. Escribe a cuántos niños les gusta cada tipo de animal. **2.** Encierra en un círculo el animal que les gusta a más niños.

© Harcourt

TEKS K.12B utilice información de una gráfica de objetos reales o dibujos para contestar preguntas. *también* **TEKS K.1C, K.14A, K.14B, K.15**

¿Qué animal le gusta al menor número de niños?

	😊	😊	😊	😊	😊	😊	😊
🐘	😊	😊	😊	😊			
🦒	😊	😊					

1

 _____  _ _ _ _ _ _  _ _ _ _ _

2

INSTRUCCIONES   1. Leé la gráfica. Escribe a cuántos niños les gusta cada tipo de animal.
2. Encierra en un círculo el animal que le gusta al menor número de niños.

 ACTIVIDAD PARA LA CASA · Pida a su niño que explique la manera como la gráfica de esta página también muestra qué tipo de animal le gusta al mayor número de niños.

126 ciento veintiséis

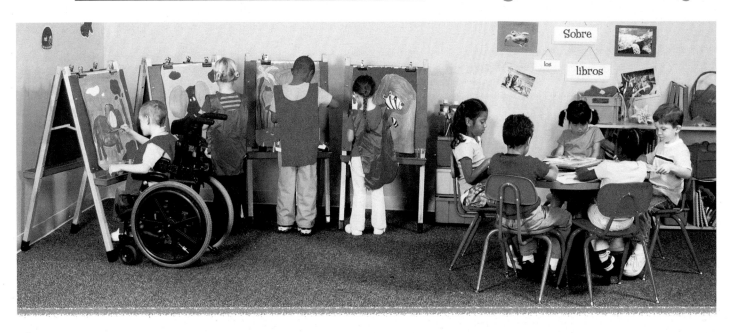

1

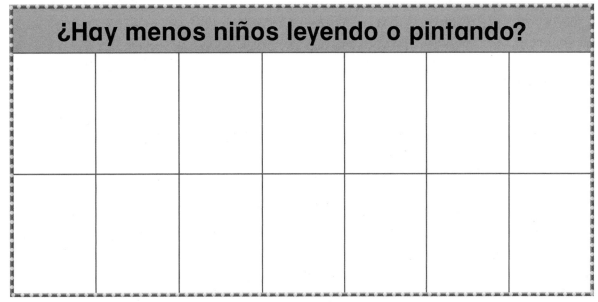

¿Hay menos niños leyendo o pintando?					

2

 _____

 _____

INSTRUCCIONES   1. Mira los centros de trabajo. Haz una gráfica con dibujos sobre los niños que están leyendo y pintando. Encierra en un círculo la fila que tiene menos niños.   **2.** Escribe cuántos son. Encierra en un círculo el número menor.

© Harcourt

TEKS K.12A genere gráficas utilizando objetos reales o dibujos para contestar preguntas. *también* TEKS K.1A, K.1C, K.14A, K.14B, K.15

Capítulo 5 · Lección 5

ciento veintisiete 127

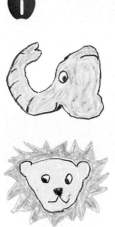

¿Qué tipo de animal pintó el mayor número de niños?					

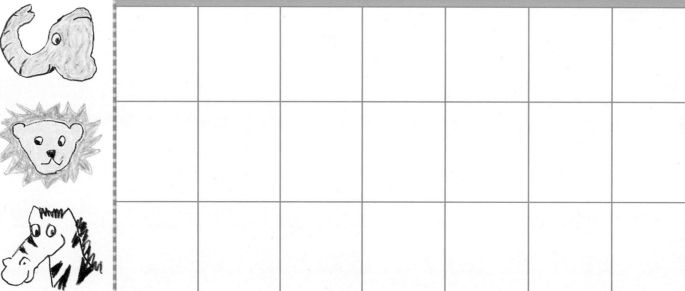

INSTRUCCIONES   1. Mira las pinturas. Haz una gráfica con dibujos para mostrar cuántos niños pintaron cada animal. Encierra en un círculo la fila que tiene la mayor cantidad de niños.   **2.** Escribe cuántos son. Encierra en un círculo el número mayor.

 ACTIVIDAD PARA LA CASA · Pida a su niño que use la gráfica de esta página para contestar la siguiente pregunta: ¿Qué animal pintó el menor número de niños?

128 ciento veintiocho

Taller de resolución de problemas
Destreza • Hacer un dibujo

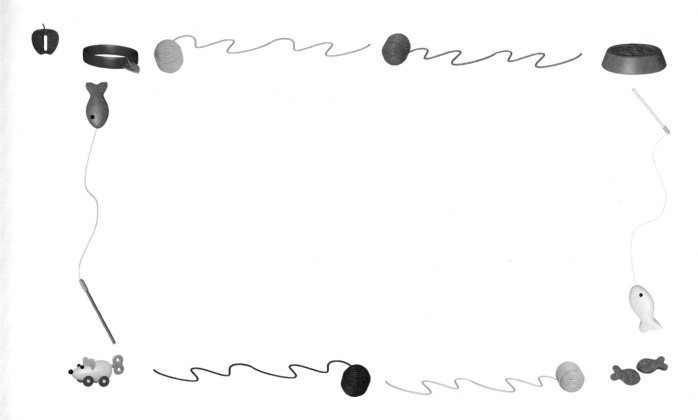

⭐2

Gatos negros y gatos listados					

INSTRUCCIONES **1.** Haz un dibujo. Hay 3 gatos negros. Hay 2 gatos listados más que gatos negros. **2.** Muestra los datos en la gráfica.

TEKS K.12A genere gráficas utilizando objetos reales o dibujos para contestar preguntas. *también* **TEKS K.1C, K.12B, K.13B, K.13C, K.14A, K.14B, K.15**

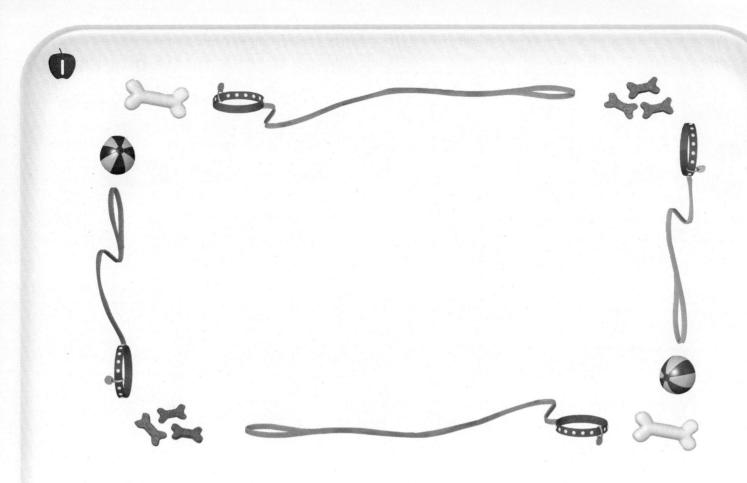

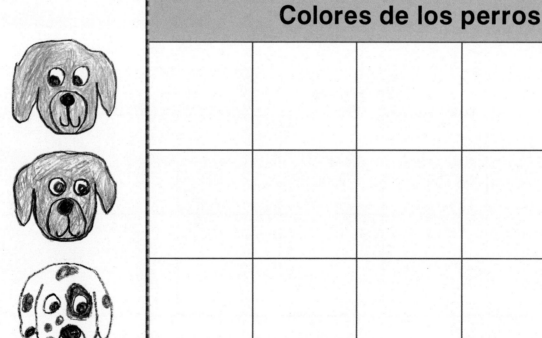

Colores de los perros

ACTIVIDAD PARA LA CASA · Dé a su niño instrucciones como "Tengo 2 cuadrados y 3 círculos más que cuadrados". Pídale que haga el dibujo y que luego haga una gráfica.

130 ciento treinta

© Harcourt

¿Qué tipo de ropa usan más niños?

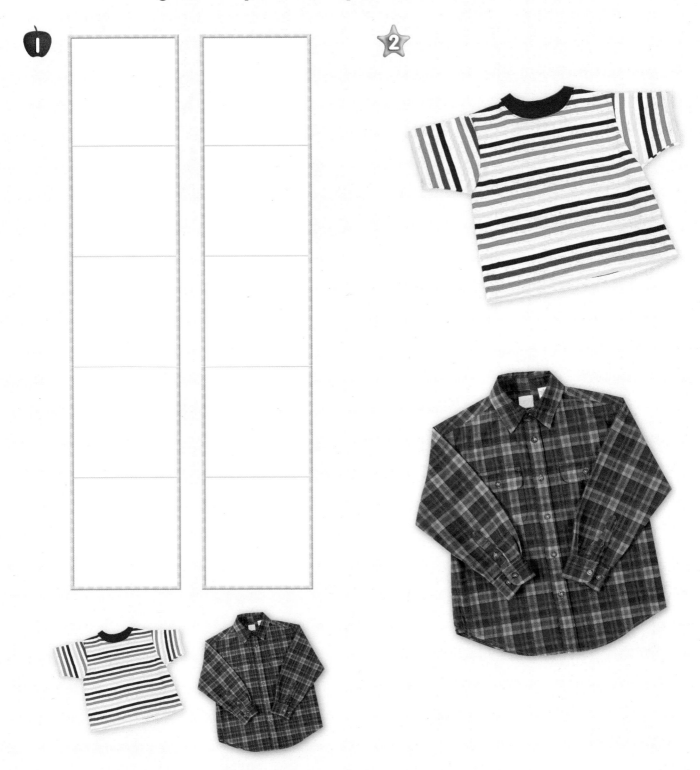

INSTRUCCIONES   1. Pregunta a cinco compañeros si su camisa o camiseta tiene mangas largas o mangas cortas. Colorea un recuadro de la gráfica por cada respuesta.   **2.** Encierra en un círculo el tipo de ropa que están usando más niños.

TEKS K.12A genere gráficas utilizando objetos reales o dibujos para contestar preguntas. *también* **TEKS K.1A, K.1C, K.14A, K.15**

Capítulo 5 · Lección 7

© Harcourt

¿Qué tipo de zapato usan menos niños?

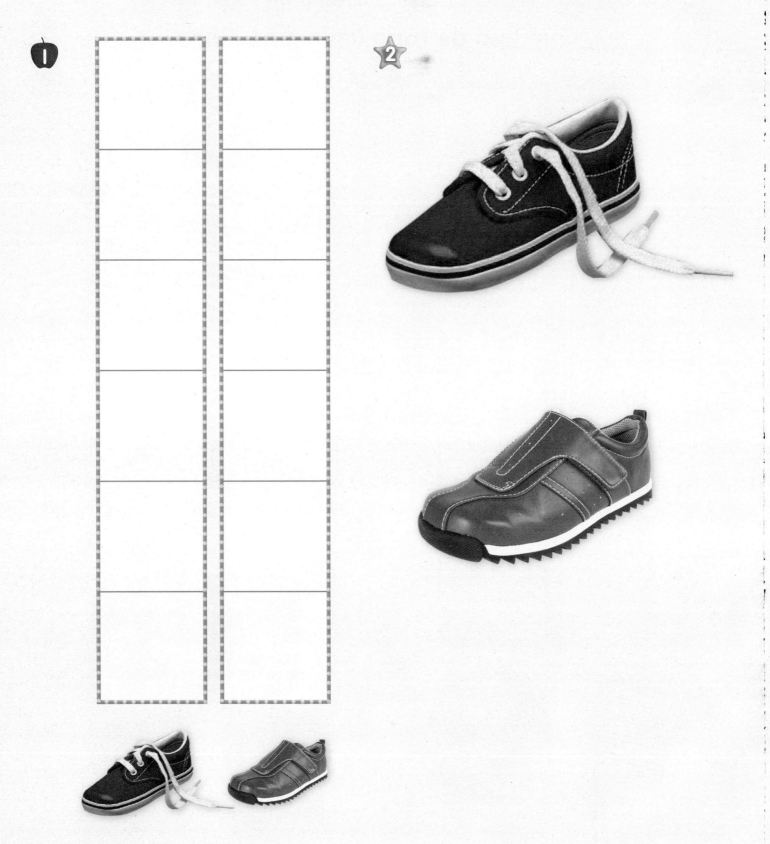

INSTRUCCIONES 1. Pregunta a cinco compañeros si sus zapatos tienen cordones o no los tienen. Colorea un recuadro de la gráfica por cada respuesta. **2.** Encierra en un círculo el tipo de zapato que están usando menos niños.

ACTIVIDAD PARA LA CASA · Pida a su niño que pregunte a cinco familiares o amigos si prefieren el verano o el invierno, y luego hagan una gráfica para mostrar esa información.

132 ciento treinta y dos

© Harcourt

Nombre _____

¿Hay más niños leyendo o pintando?				

2

3

Gatos negros y gatos listados				

INSTRUCCIONES **1.** Mira los centros de trabajo. Haz una gráfica con dibujos sobre los niños que están leyendo y pintando. Encierra en un círculo Pla fila con más niños. (TEKS K.12A) **2.** Haz un dibujo. Hay 2 gatos negros. Hay 3 gatos listados más que gatos negros. (TEKS K.12A) **3.** Muestra los datos en la gráfica. (TEKS K.12A)

Capítulo 5

★ Repaso acumulativo

1

2

					SIN VALOR
					SIN VALOR
			SIN VALOR		SIN VALOR
		SIN VALOR	SIN VALOR		SIN VALOR
	SIN VALOR	SIN VALOR	SIN VALOR		SIN VALOR

3

¿Qué animal pintaron menos niños?

INSTRUCCIONES **1.** Lee el patrón. Colorea el patrón.
(TEKS: K.5) **2.** Busca un patrón. Dibuja las fichas del juego para seguir el
patrón. (TEKS: K. IC) **3.** Mira la gráfica con dibujos. Escribe cuántos niños
pintaron cada animal. Encierra en un círculo el número menor. (TEKS: K. I2A)

© Harcourt

¡A volcar fichas!

PRÁCTICA CON UN JUEGO

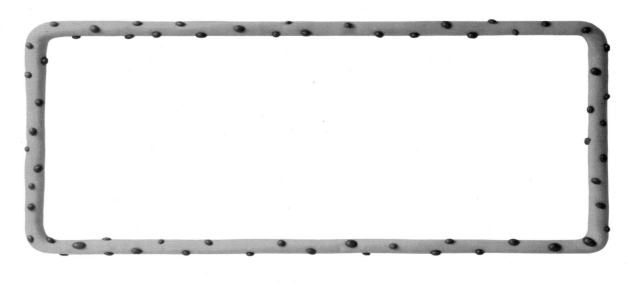

Jugador 1

Jugador 2

INSTRUCCIONES Juega con un compañero y decidan quién va primero. Vuelca las fichas sobre la página. Separa las fichas según su color. En tu tabla, dibuja una ficha para el color que tenga más fichas. Si hay una porción igual de colores, dibuja una ficha en la fila roja y una ficha en la fila amarilla de tu tabla. Gana el primer jugador que logra completar una fila en su tabla.

MATERIALES 10 fichas de dos colores

Enriquecimiento • En la tienda de mascotas

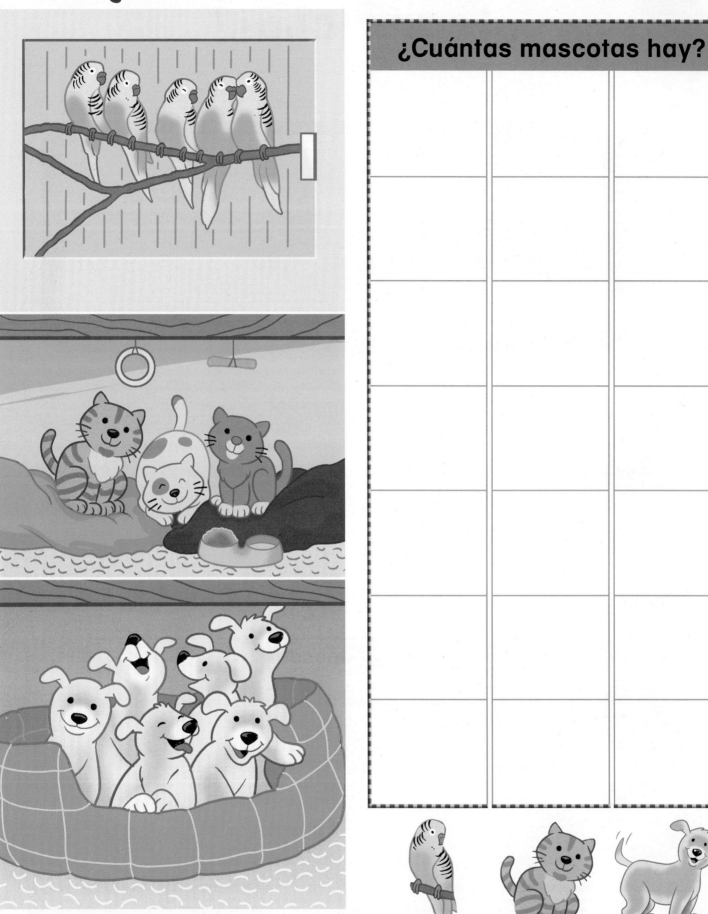

¿Cuántas mascotas hay?		

INSTRUCCIONES Mira la ilustración. Haz una gráfica sobre los animales de la tienda de mascotas. ¿Cuál es la mascota de la que hay el menor número en la tienda? Encierra en un círculo esa mascota.

Geometría y fracciones

Tema: Los animales marinos

Nombre _____

INSTRUCCIONES Mira las figuras planas que están dentro del recuadro. Busca figuras en la ilustración que sean parecidas a las del recuadro y colorea cada figura del mismo color que el de la figura del recuadro.

NOTA PARA LA FAMILIA: Esta página sirve para comprobar si su niño comprende los conceptos y las destrezas importantes que se necesitan para tener éxito en el Capítulo 6.

Identificar y describir cuerpos geométricos

Nombre _____

1 esfera

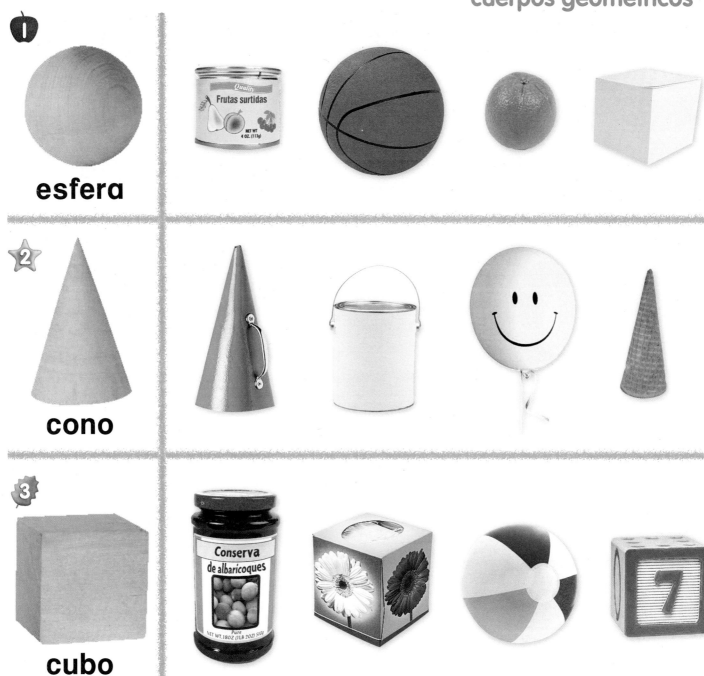

2 cono

3 cubo

4 cilindro

INSTRUCCIONES 1 a 4. Nombra y describe el cuerpo geométrico. Encierra en un círculo los objetos que tienen la forma del cuerpo geométrico.

TEKS K.9A describa y compare los atributos de objetos de la vida real tales como pelotas, cajas, latas y conos o modelos de figuras geométricas de tres dimensiones. *también* **TEKS K.8A, K.8C, K.9B, K.14B**

Capítulo 6 • Lección 1

ciento treinta y nueve 139

© Harcourt

 _ _ _ _ _ _ _ _ _ _

 _ _ _ _ _ _ _ _ _ _

 _ _ _ _ _ _ _ _ _ _

 _ _ _ _ _ _ _ _ _ _

INSTRUCCIONES **1.** Busca cuerpos geométricos en la ilustración. Encierra en un círculo anaranjado los objetos que tienen forma de cubo. Encierra en un círculo azul los objetos que tienen forma de esfera. Encierra en un círculo verde los objetos que tienen forma de cilindro. Encierra en un círculo rojo los objetos que tienen forma de cono. **2.** Escribe cuántos cuerpos geométricos de cada tipo hay.

 ACTIVIDAD PARA LA CASA · Pida a su niño que busque y nombre objetos de la casa que tengan forma de cubo, cono, cilindro y esfera.

Nombre_____

Comparar cuerpos geométricos

Ruedan

Ruedan y se apilan

Se apilan

INSTRUCCIONES Separa tus dibujos de cuerpos geométricos. Coloca los dibujos de los cuerpos geométricos que ruedan en la parte superior. Coloca los dibujos de los cuerpos geométricos que se apilan en la parte inferior. Coloca los dibujos de los cuerpos geométricos que ruedan y se apilan en el medio. Pega los dibujos.

© Harcourt

TEKS K.9A describa y compare los atributos de objetos de la vida real tales como pelotas, cajas, latas y conos o modelos de figuras geométricas de tres dimensiones. *también* **TEKS K.8A, K.8B, K.8C, K.9B, K.14B**

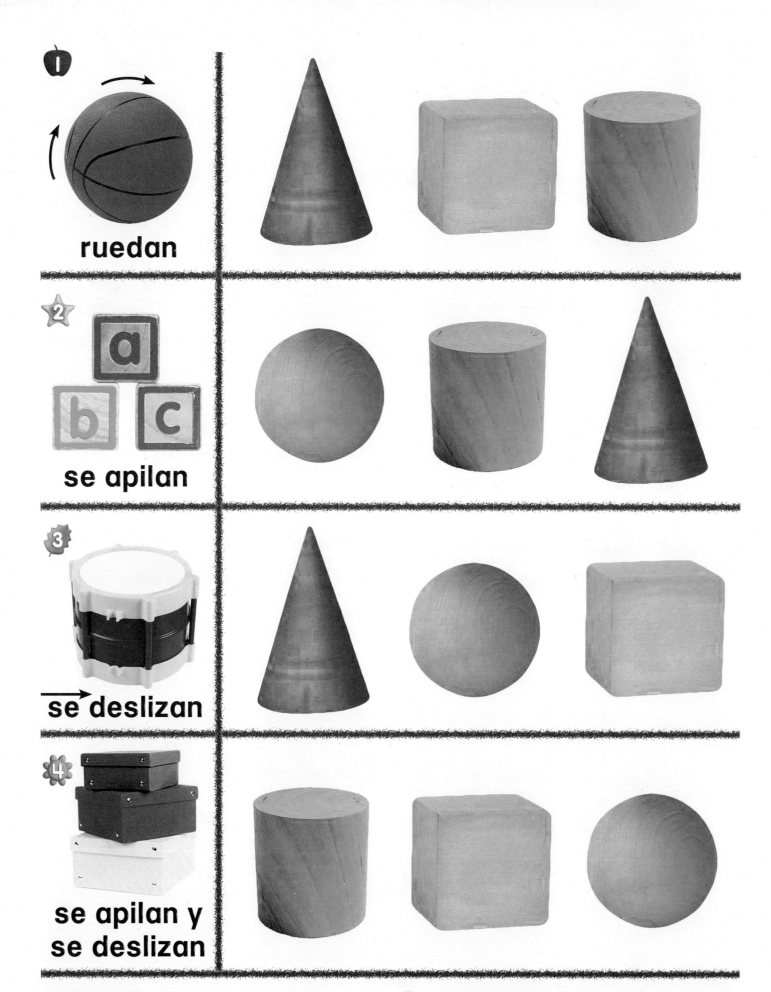

1 ruedan

2 se apilan

3 se deslizan

4 se apilan y se deslizan

 ACTIVIDAD PARA LA CASA · Pida a su niño que busque y nombre objetos de la casa que rueden, se apilen o se deslicen.

© Harcourt

Taller de resolución de problemas
Destreza • Usar la visualización

1

2

3

4

INSTRUCCIONES 1 a 4. Encierra en un círculo los cuerpos geométricos que tienen una superficie plana que podría formar la figura plana de la izquierda.

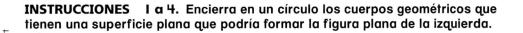

TEKS **K.9C** describa, identifique y compare círculos, triángulos, rectángulos y cuadrados (un tipo especial de rectángulo) *también* TEKS **K.8B, K.8C**

© Harcourt

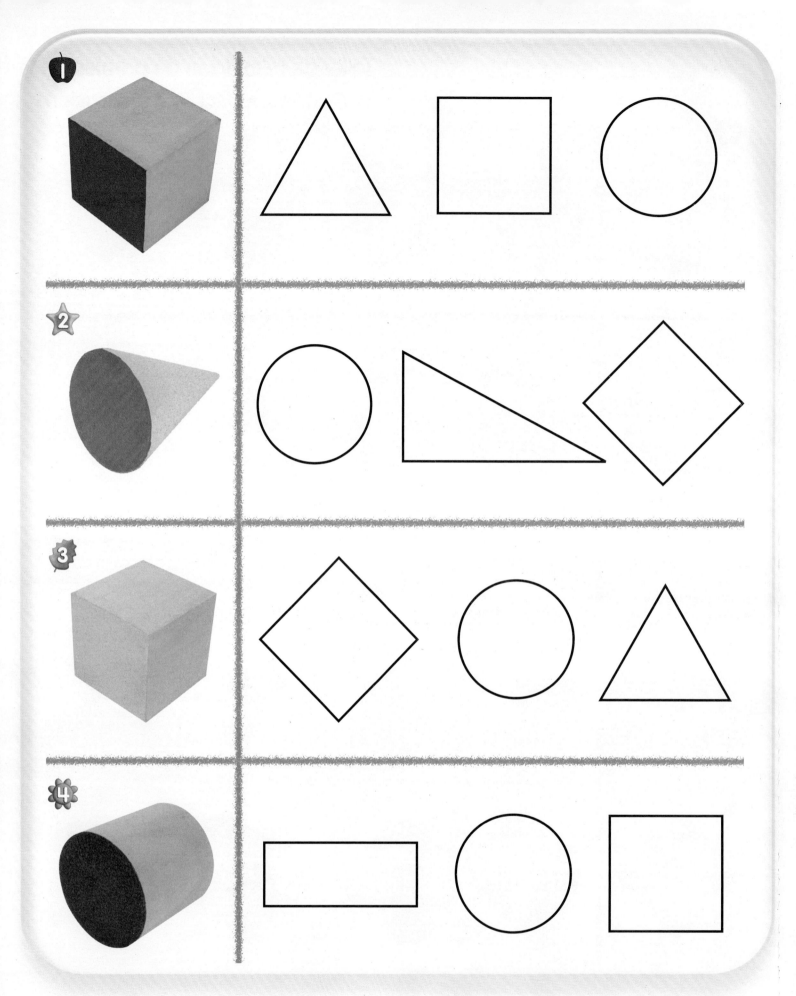

INSTRUCCIONES I a 4. Busca la figura plana que corresponde a la forma de la superficie del cuerpo geométrico. Coloréala del mismo color.

 ACTIVIDAD PARA LA CASA · Ayude a su niño a trazar el contorno de una superficie de un cuerpo geométrico, como el fondo de una lata o el lado de un bloque, para hacer una impresión de una figura plana. Pídale que nombre la figura plana.

© Harcourt

144 ciento cuarenta y cuatro

Nombre

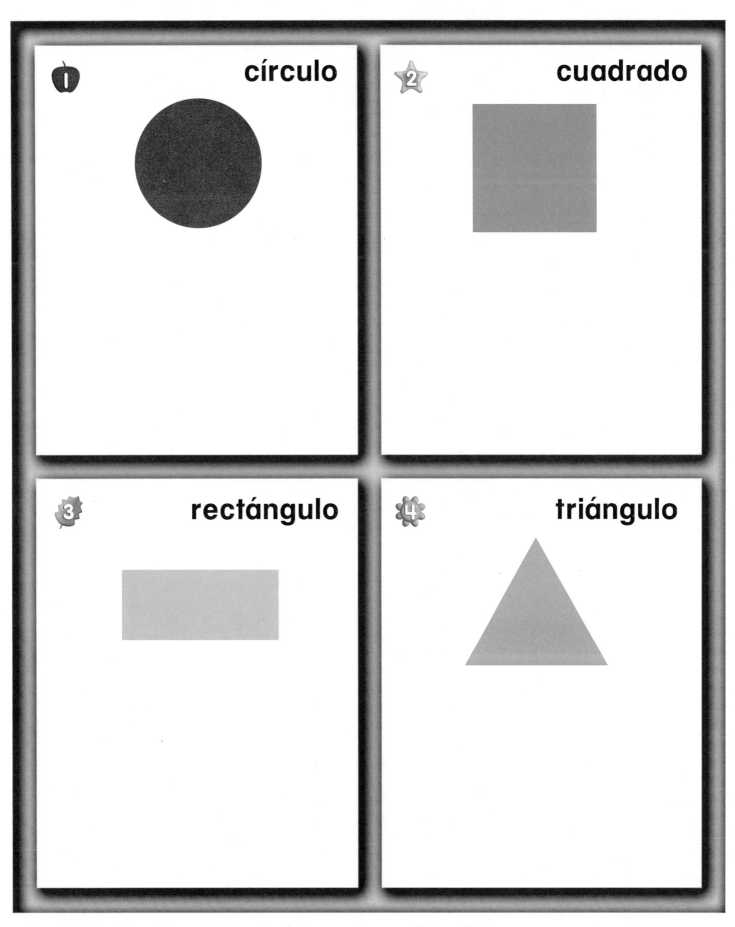

INSTRUCCIONES   1 a 4. Debajo de la figura plana, coloca otra figura plana parecida. Traza su contorno. Descríbela.

© Harcourt

TEKS K.9C describa, identifique y compare círculos, triángulos, rectángulos y cuadrados (un tipo especial de rectángulo).

Capítulo 6 · Lección 4

ciento cuarenta y cinco   145

INSTRUCCIONES 1 a 4. Mira la figura plana que está al comienzo de la fila. Encierra en un círculo el objeto que tiene la misma forma.

 ACTIVIDAD PARA LA CASA · Pida a su niño que haga un dibujo con cuadrados, círculos, triángulos y rectángulos. Pídale que coloree cada tipo de figura plana de un color diferente.

© Harcourt

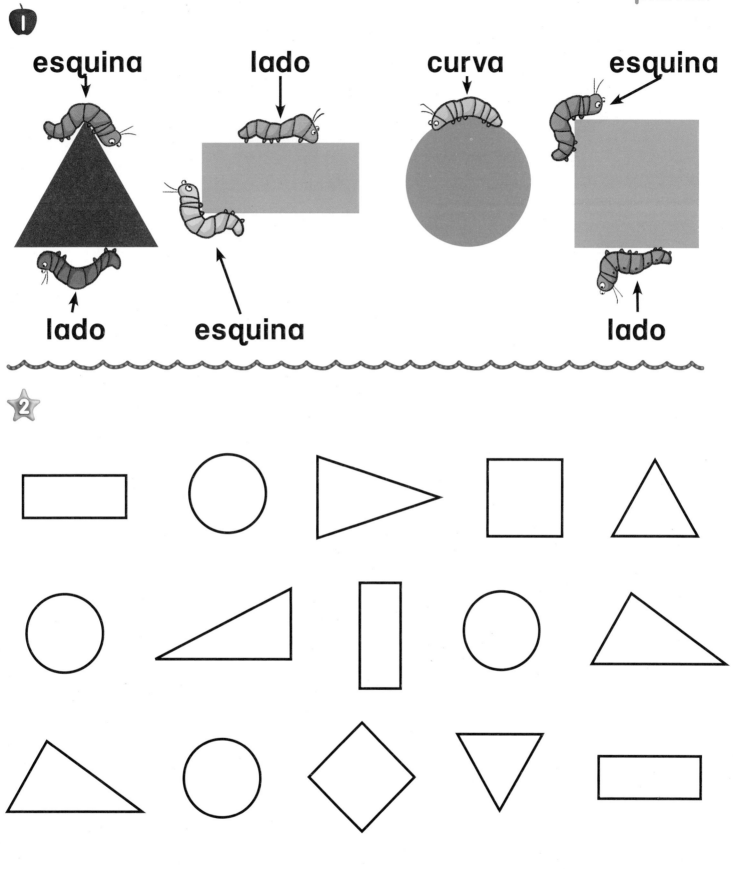

1

esquina   lado   curva   esquina

lado   esquina   lado

2

INSTRUCCIONES   **1.** Mira dónde está cada gusano en una figura. Usa las palabras *esquina*, *curva* y *lado* para comparar cada figura plana. **2.** Colorea de verde las figuras planas que tienen cuatro esquinas y cuatro lados. Colorea de azul las figuras planas que tienen curvas. Colorea de rojo las figuras planas que tienen tres esquinas y tres lados.

© Harcourt

TEKS K.9C describa, identifique y compare círculos, triángulos, rectángulos y cuadrados (un tipo especial de rectángulo). *también* **TEKS K.8B, K.8C**

1

_____

- - - - - - - **lados**

_____

_____

- - - - - - - **esquinas**

_____

2

_____

- - - - - - - **lados**

_____

_____

- - - - - - - **esquinas**

_____

3

_____

- - - - - - - **lados**

_____

_____

- - - - - - - **esquinas**

_____

INSTRUCCIONES I a 3. Traza el contorno de la figura plana. Escribe cuántos lados tiene. Escribe cuántas esquinas tiene.

 ACTIVIDAD PARA LA CASA • Describa una figura plana a su niño, como una figura con 3 lados y 3 esquinas. Luego, pídale que la dibuje.

148 ciento cuarenta y ocho

© Harcourt

Nombre_____

⭐ Repaso de la mitad del capítulo

1

cubo

2

Ruedan

3

4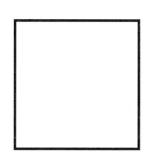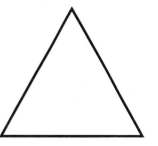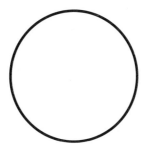

INSTRUCCIONES **1.** Nombra y describe el cuerpo geométrico. Encierra en un círculo los objetos que tienen la forma del cuerpo geométrico. (TEKS K.9A) **2.** Marca con una X el cuerpo geométrico que no rueda. (TEKS K.9A) **3.** Encierra en un círculo los cuerpos geométricos que tienen una superficie plana que podría formar la figura plana de la izquierda. (TEKS K.9C) **4.** Busca la figura plana que corresponde a la forma de la superficie del cuerpo geométrico. Coloréala del mismo color. (TEKS K.9C)

Capítulo 6

ciento cuarenta y nueve **149**

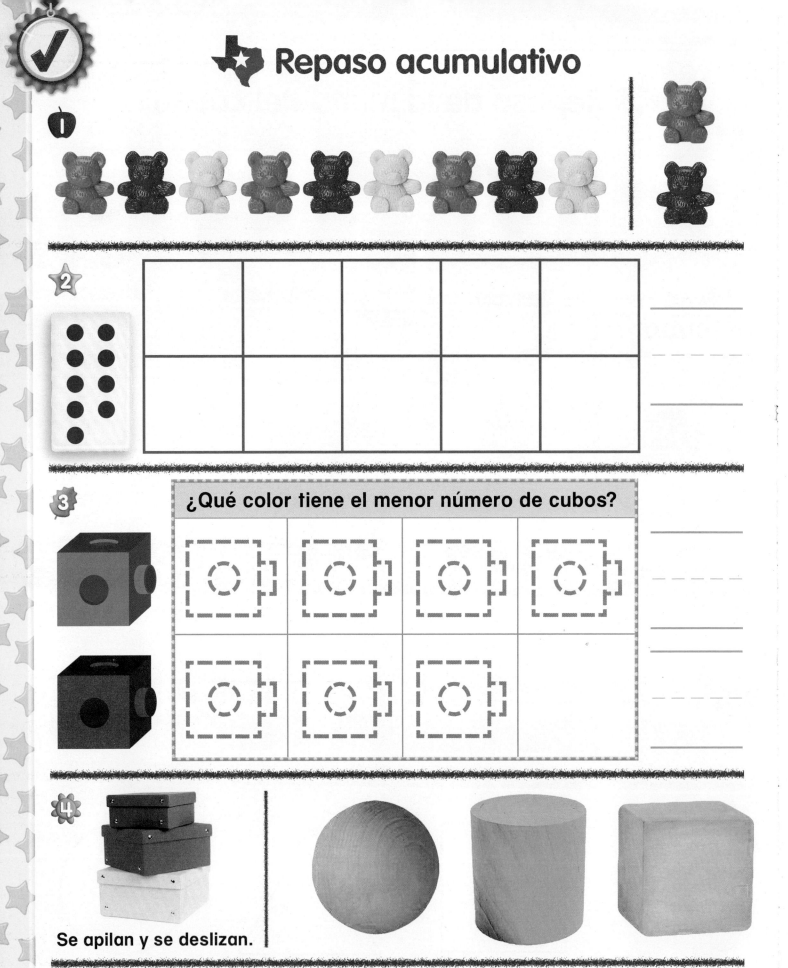

Se apilan y se deslizan.

INSTRUCCIONES 1. Encierra en un círculo el oso que es más probable que siga en el patrón. (TEKS K.5) **2. ¿Cuántos puntos hay? Dibuja cubos en el cuadro de diez para mostrar ese número. Escribe el número.** (TEKS K. IB)
3. Haz una gráfica con cubos azules y rojos. Colorea los cubos. Cuenta los cubos. Escribe cuántos hay de cada color. Encierra en un círculo el número menor. (TEKS K.12A) **4. Marca con una X el cuerpo geométrico que no se apila ni se desliza.** (TEKS K.9A)

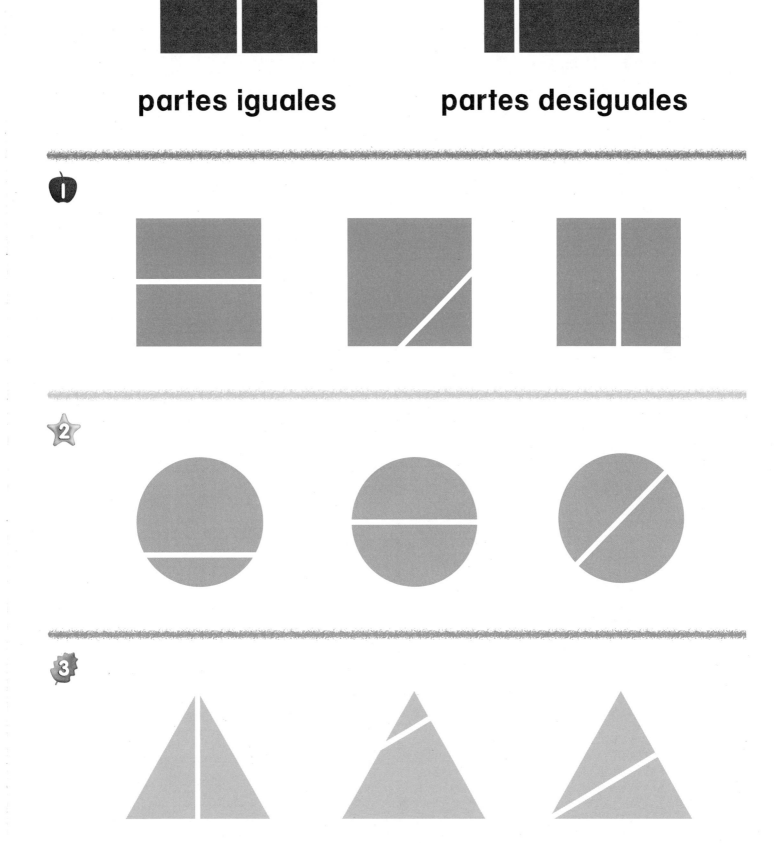

partes iguales   partes desiguales

1

2

3

INSTRUCCIONES   1 a 3. Encierra en un círculo las figuras planas que tienen
dos partes iguales.

TEKS K.3A Parta un entero separándolo en dos partes iguales. *también* **TEKS**
K.14A

_____

- - - - -

_____

_____

- - - - -

_____

_____

- - - - -

_____

_____

- - - - -

_____

INSTRUCCIONES   1 a 4. Escribe el número que muestra cuántas partes iguales hay.

ACTIVIDAD PARA LA CASA · Corte un pedazo de comida en dos o en cuatro partes iguales. Pida a su niño que diga cuántas partes iguales de comida hay.

152 ciento cincuenta y dos

© Harcourt

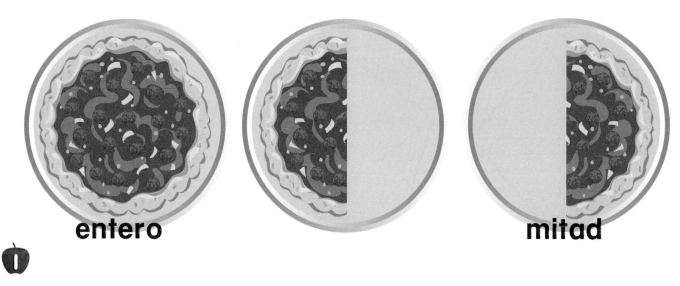

entero   **mitad**

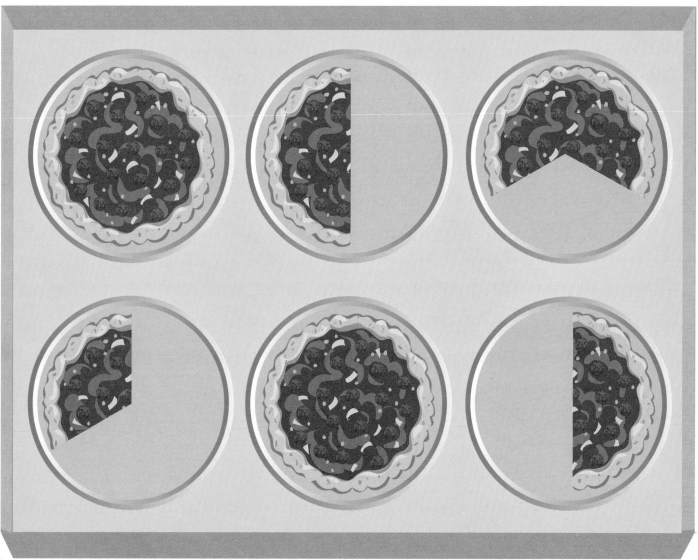

INSTRUCCIONES Usa tus porciones de pizza para formar las pizzas. Encierra en un círculo las pizzas enteras. Marca con una X las pizzas que están por la mitad.

TEKS K.3B explique por qué una determinada parte es la mitad de un entero. *también* TEKS K.3A, K.14A

Capítulo 6 • Lección 7

© Harcourt

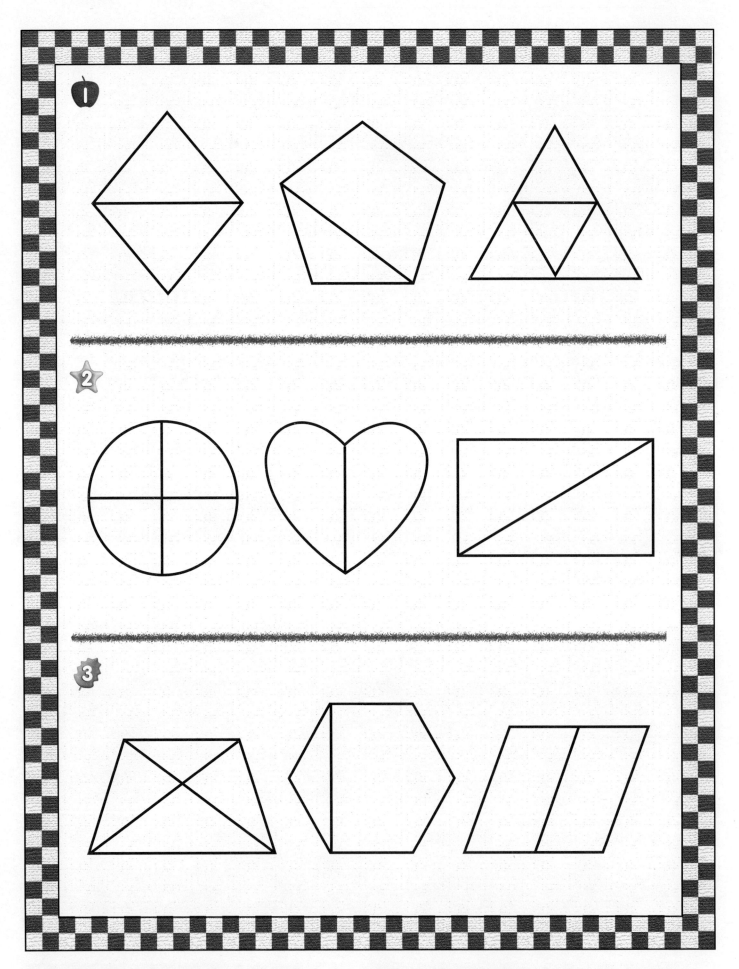

ACTIVIDAD PARA LA CASA · Pida a su niño que le muestre por dónde se debe cortar un alimento entero, como un sándwich, para dividirlo en dos mitades.

© Harcourt

Nombre_____

Taller de resolución de problemas
Estrategia • Usar el razonamiento lógico

1

2

3

4

INSTRUCCIONES   1 a 4. Mira la figura plana entera que está al comienzo de la
fila. Encierra en un círculo la figura plana que muestra una mitad de esa figura.
Explica cómo lo sabes.

TEKS K.3B explique por qué una determinada parte es la mitad de un entero. *también* TEKS K.3A, K.13B, K.14A, K.15

Capítulo 6 • Lección 8

ciento cincuenta y cinco 155

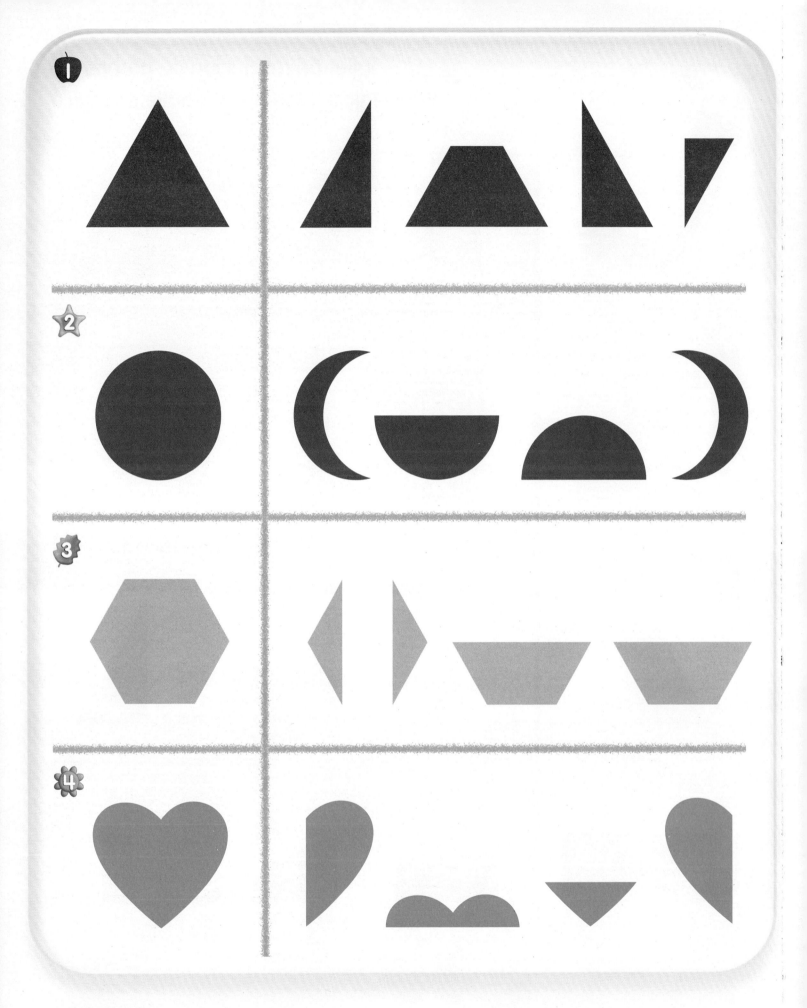

INSTRUCCIONES   I a 4. Mira la figura plana entera que está al comienzo de la fila. Encierra en un círculo las dos mitades que forman el entero. Explica cómo lo sabes.

ACTIVIDAD PARA LA CASA · Corte un cuadrado y un círculo por la mitad y dé las partes a su niño. Pídale que junte las mitades para formar cada figura plana.

156 ciento cincuenta y seis

© Harcourt

⭐ Repaso/Prueba del capítulo

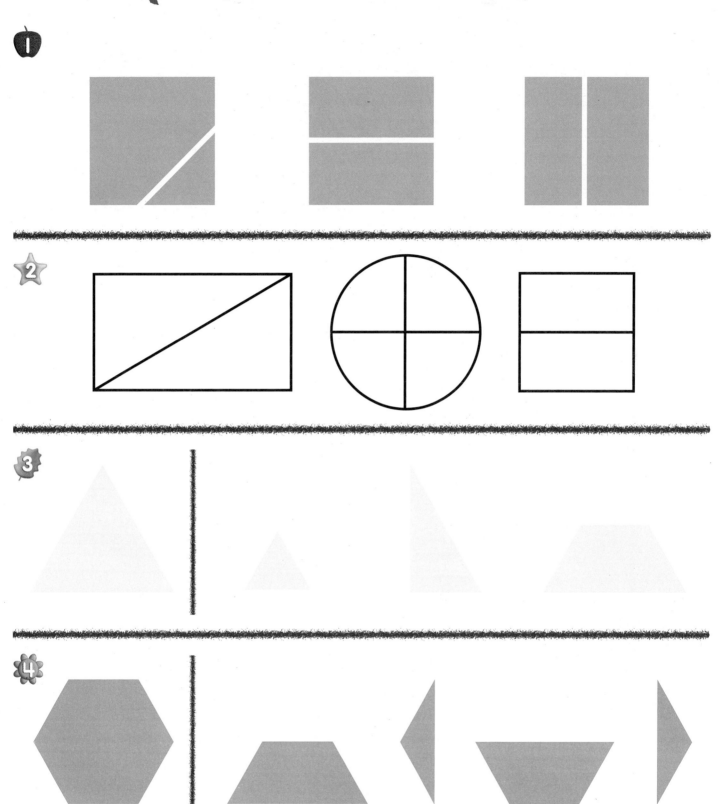

INSTRUCCIONES **1.** Encierra en un círculo las figuras planas que tienen dos partes iguales. (TEKS K.3A) **2.** Colorea una parte de cada figura. Encierra en un círculo las figuras planas que tienen una mitad coloreada. (TEKS K.3B) **3.** Mira la figura entera que está al comienzo de la fila. Encierra en un círculo l*a* figura plana que muestra una mitad de la figura entera. (TEKS K.3B) **4.** Mira la figura entera que está al comienzo de la fila. Encierra en un círculo las dos mitades que forman el entero. (TEKS K.3B)

Capítulo 6

⭐ Repaso acumulativo

primero

¿Qué animal le gusta al mayor número de niños?							
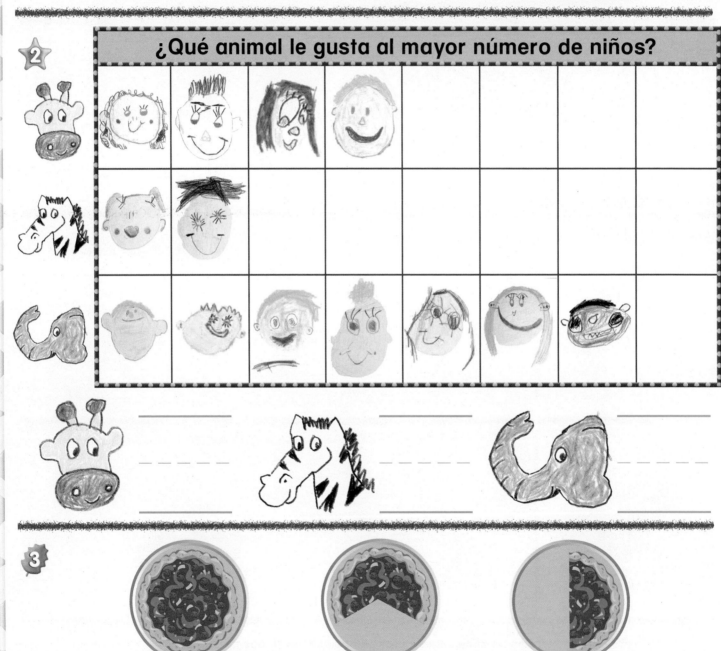							

INSTRUCCIONES **I.** Encierra en un círculo el noveno carrito del juego. Marca con una X el tercer carrito del juego. (TEKS K.2B) **2.** Lee la gráfica. Escribe a cuántos niños les gusta cada tipo de animal. Encierra en un círculo el animal que le gusta al mayor número de niños. (TEKS K.12B) **3.** Encierra en un círculo la pizza entera. Marca con una X la pizza que está por la mitad. (TEKS K.3B)

Ilustración numérica

INSTRUCCIONES Juega con un compañero. Decidan quién comienza. Lanza el cubo numerado. Colorea una figura plana de la ilustración que tenga el número del cubo numerado. Los jugadores pierden su turno si sale un número y todas las figuras con ese número están coloreadas. Continúa hasta que todas las figuras de la ilustración estén coloreadas.

MATERIALES: cubo numerado del 1 al 4, crayolas

círculo _____	cubo _____
triángulo _____	esfera _____
rectángulo _____	cono _____

INSTRUCCIONES   1. Mira la ilustración. Usa el color azul para encerrar en un círculo las figuras que son planas. Usa el color rojo para encerrar en un círculo las figuras que no son planas.   **2.** Escribe cuántas figuras y cuerpos geométricos de cada tipo hay.

THE WORLD ALMANAC
ALMANAQUE MUNDIAL
PARA NIÑOS
En la laguna

Dato del ALMANAQUE

Algunos animales, como la rana chirriadora del Río Grande, tienen columna vertebral. Otros animales, como el caracol lobo rosado, no tienen columna vertebral.

Animales en la laguna

1

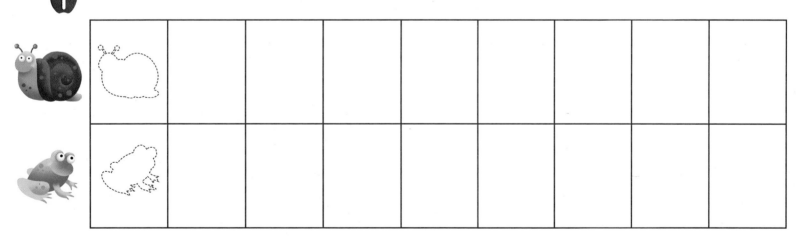

2

 _____

 _____

INSTRUCCIONES **1.** Mira la ilustración. Haz una gráfica sobre los caracoles y las ranas **2.** Escribe cuántas ranas y cuántos caracoles hay. Encierra en un círculo el número que muestra más.

 Explica la manera como una gráfica muestra más y menos.

Peces coloridos

Dato del ALMANAQUE

Las carpas koi son animales con columna vertebral. En los Jardines Japoneses de Fort Worth, en Texas, las carpas koi permiten que los visitantes las toquen cuando las alimentan.

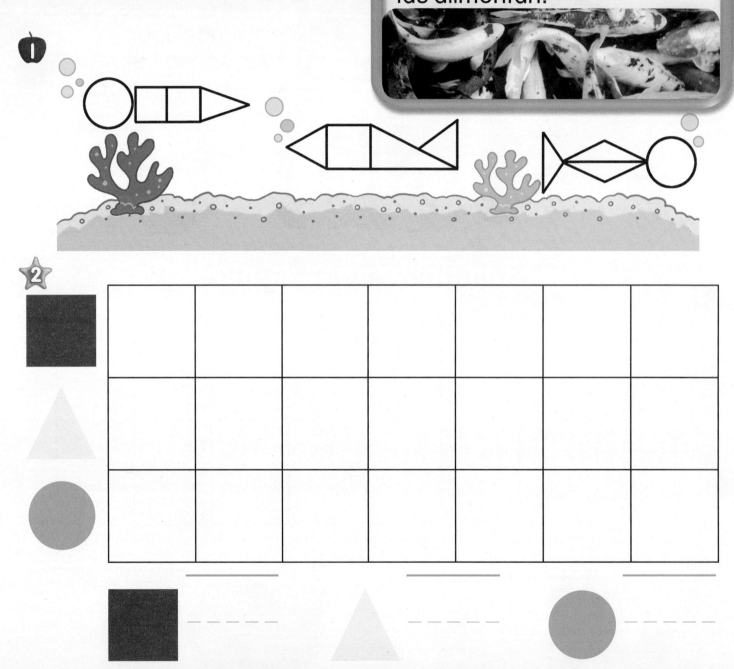

INSTRUCCIONES 1. Puedes usar figuras planas de colores para hacer peces. Colorea de rojo los cuadrados. Colorea de amarillo los triángulos. Colorea de verde los círculos. 2. Haz una gráfica sobre las figuras planas. ¿Cuántas figuras de cada tipo ves?

 COMENTA Las gráficas necesitan un título.
¿Qué título le pondrías a esta gráfica?

Unidad 4

En el mercado

escrito por Ann Dickson

LEE
Taller

En este cuento, también COMENTA y ESCRIBE sobre Matemáticas.

Nota para la familia: Este cuento ayudará a su niño a repasar los números del 6 al 10.

A

© Harcourt

Verduras de muchos tipos
vinimos a comprar.

Me pregunto cuántas
podremos encontrar.

Ciencias

Las verduras son partes de las
plantas que podemos comer.

B

Cuento los tomates que hay
en el estante.

¿Cuántos pimientos
ves allí adelante? _____

_____

Ciencias

¿Qué verduras son frutos de plantas?

C

¡Mira las cebollas que hay en el mercado!

¿Cuántas zanahorias hay en ese atado? _____

_ _ _ _ _ _ _

_____

Ciencias

D   ¿Qué verduras son raíces de plantas?

Cuentas las verduras: una, dos y tres.

Dime, en total ¿cuántas coles ves?

_____

_____

_____

Ciencias

¿Qué verduras son hojas de plantas?

E

Aquí está el apio. ¡No lo pierdas de vista! ¿Cuántas verduras tenemos en la lista?

Ciencias

¿Qué verduras son tallos de plantas?

© Harcourt

Nombre _____

Mi relato de Matemáticas
Actividad de literatura

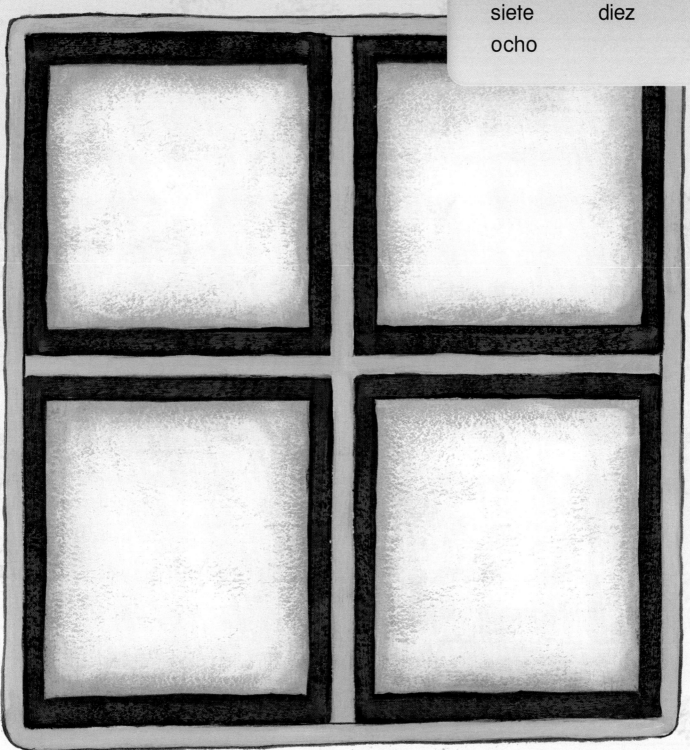

Repaso del vocabulario

seis	nueve
siete	diez
ocho	

INSTRUCCIONES Inventa un cuento sobre cómo es trabajar en un mercado. Usa los números del 6 al 10. Dibuja las verduras que quieras vender.

G

Nombre _____

Lista de compras

Verduras	¿Cuántas hay?
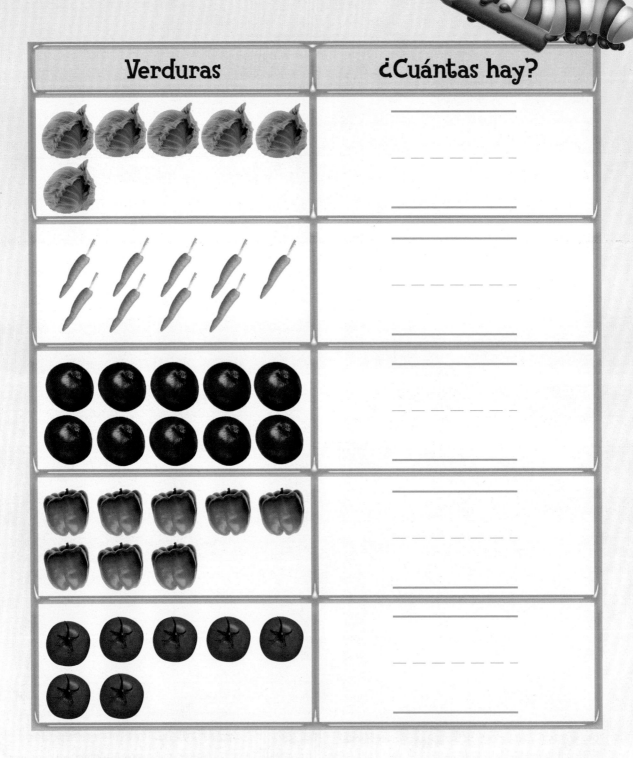	_____
	_____
	_____
	_____
	_____

INSTRUCCIONES Completa la lista de compras para
mostrar cuántas verduras comprarás.

H

UNIDAD 4

La escuela y la casa

Queridos familiares:

Hoy en la clase comenzamos a estudiar la Unidad 4. Aprenderé a contar del 11 al 30. Estas son algunas palabras y actividades del vocabulario para que veamos juntos.

Con cariño, _____

Enriquece tu vocabulario

Vocabulario clave de Matemáticas

Once Uno más que 10.

Veintinueve Uno menos que 30.

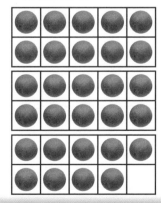

Actividad del vocabulario

Matemáticas en acción

Escriba los números del 11 al 30 en tarjetas. Muestre cada tarjeta al azar y pida a su niño que identifique cada número.

La escuela y la casa

Para recordar
Es probable que su niño ya sepa reconocer algunos números de su entorno.

Actividad con el calendario

Noviembre

domingo	Monday	martes	miércoles	jueves	viernes	sábado
1	2	3	4	5	6	7
8	9	10	11	12	13	14
15	16	17	18	19	20	21
22	23	24	25	26	27	28
29	30					

Pida a su niño que cubra los números del calendario con tarjetas que tengan el mismo número.

Práctica (después de leer las páginas 167 y 168)

Pida a su niño que señale el número que está justo después del 12.

Práctica (después de leer las páginas 197 y 198)

Pida a su niño que señale el número que está justo antes del 30.

Literatura

Busquen libros en una biblioteca. A medida que lean cada libro, pida a su niño que señale las palabras del vocabulario de Matemáticas.

One Moose, Twenty Mice.
Beaton, Clare.
Barefoot Books, 2000.

Sixteen Runaway Pumpkins.
Ochiltree, Dianne.
Margaret K. McElderry, 2004.

Just Enough and Not Too Much.
Zemach, Kaethe.
Scholastic, 2003.

Los números del 11 al 20

Tema: Frutas y vegetales

✓ Muestra lo que sabes

_ _ _ _ _ _ _ _

_ _ _ _ _ _ _ _

_ _ _ _ _ _ _ _

_ _ _ _ _ _ _ _

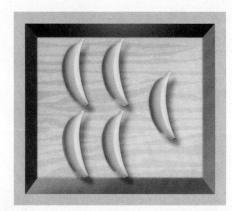

_ _ _ _ _ _ _ _

INSTRUCCIONES ¿Cuántas frutas hay en cada cajón? Escribe el número.

 NOTA PARA LA FAMILIA: Esta página sirve para comprobar si su niño comprende los conceptos y las destrezas importantes que se necesitan para tener éxito en el Capítulo 7.

© Harcourt

Representar, leer y
escribir 11, 12 y 13

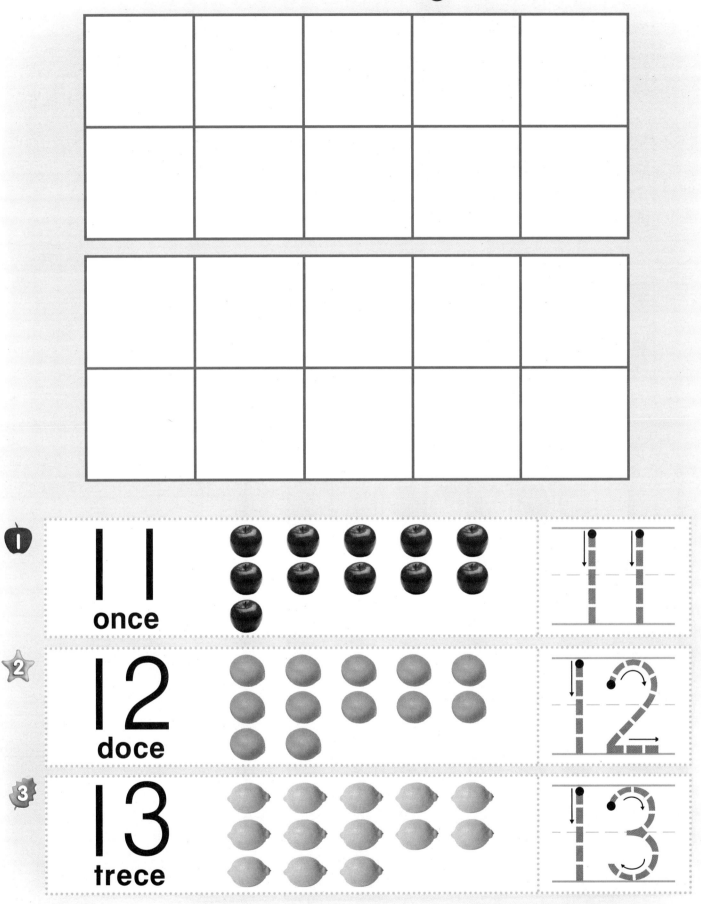

1	11 once
2	12 doce
3	13 trece

INSTRUCCIONES   1 a 3. Usa fichas para representar el número en los cuadros de diez que están en la parte superior de la página. Di los números mientras cuentas. Traza el número.

TEKS K.1C utilice números para describir cuántos objetos hay en un conjunto (hasta el 20) utilizando descripciones verbales y simbólicas.

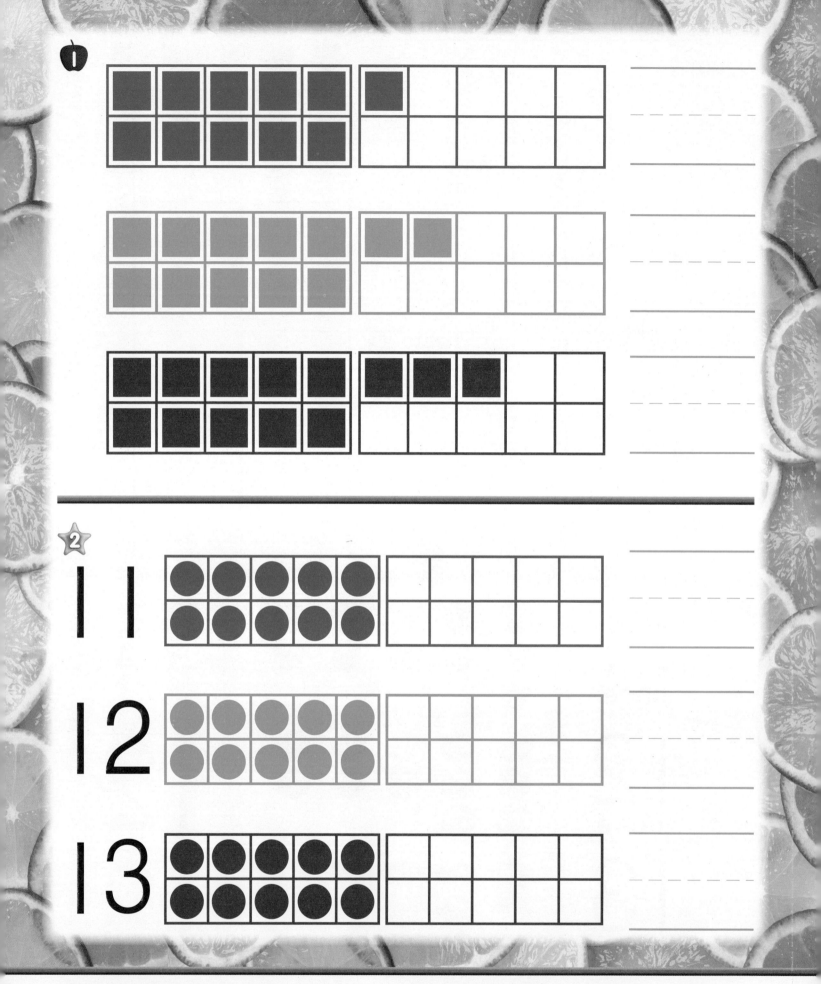

INSTRUCCIONES   1. ¿Cuántas fichas cuadradas de colores hay? Escribe los números.   **2.** Dibuja más fichas para mostrar los números. Escribe los números.

ACTIVIDAD PARA LA CASA · En una hoja de papel, dibuje dos cuadros de diez, uno junto al otro. Pida a su niño que represente los números 11, 12 y 13 con objetos pequeños, como botones, monedas de 1¢ o frijoles secos.

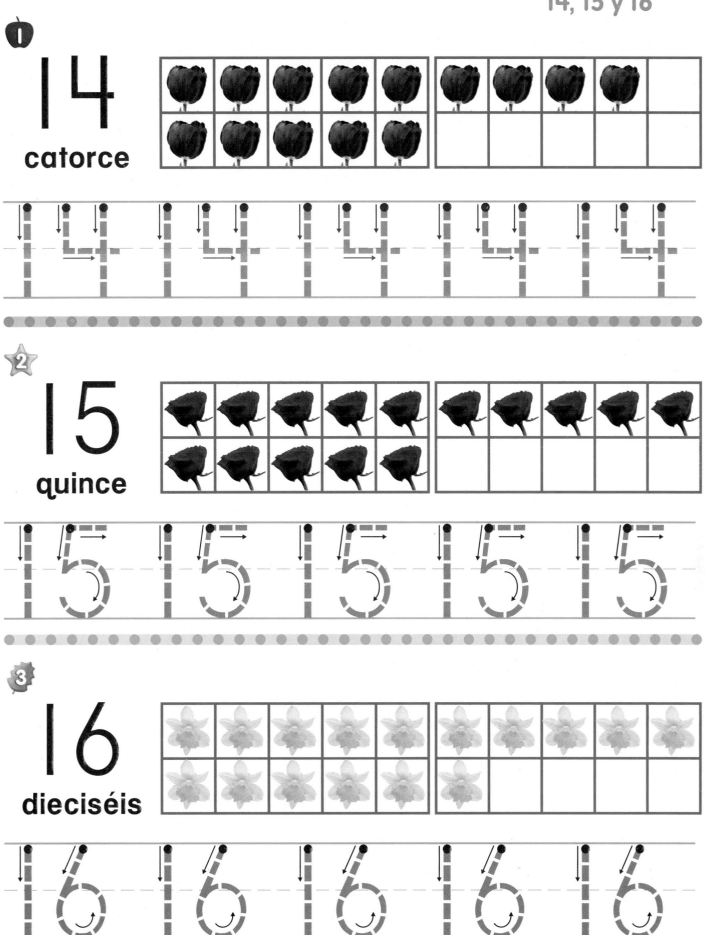

❶ 14
catorce

❷ 15
quince

❸ 16
dieciséis

INSTRUCCIONES   1 a 3. Cuenta las flores. Di el número mientras lo trazas.

© Harcourt

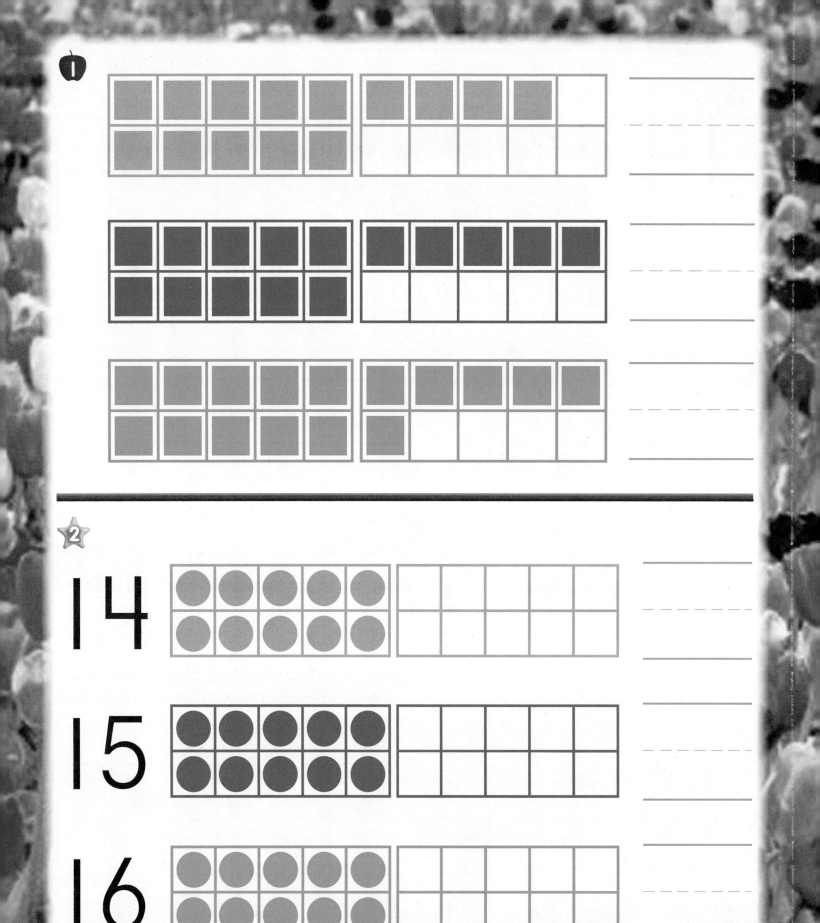

14

15

16

INSTRUCCIONES **1.** ¿Cuántas fichas cuadradas de colores hay? Escribe los números. **2.** Dibuja más fichas para mostrar los números. Escribe los números.

ACTIVIDAD PARA LA CASA • Recorte dos secciones de dos cajas de huevos vacías para hacer dos cuadros de diez. Pida a su niño que use objetos pequeños, como clips, para representar los números 14, 15 y 16 en los cuadros de diez. Guarde esos cuadros.

© Harcourt

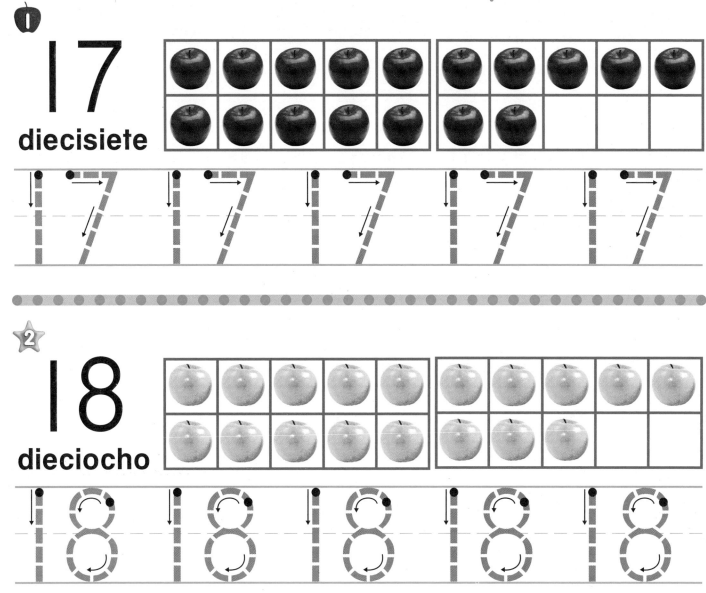

①

17
diecisiete

②

18
dieciocho

③

19
diecinueve

INSTRUCCIONES   1 a 3. Cuenta las manzanas. Di el número mientras lo trazas.

TEKS K.1C utilice números para describir cuántos objetos hay en un conjunto (hasta el 20) utilizando descripciones verbales y simbólicas.

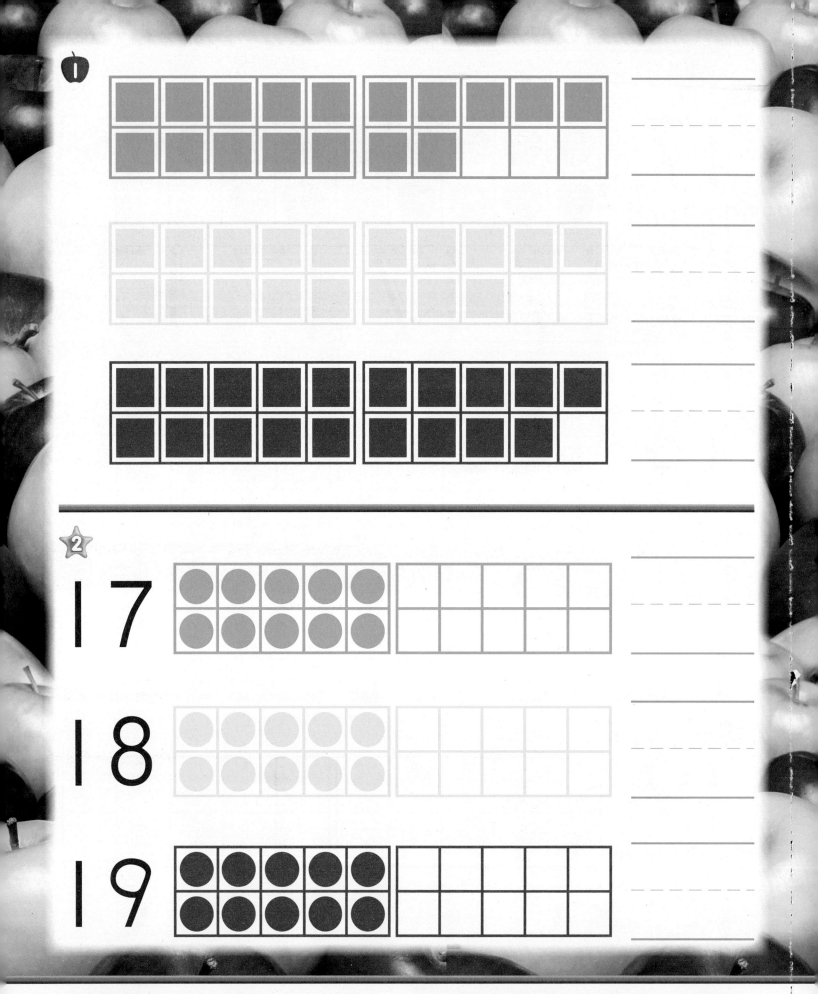

ACTIVIDAD PARA LA CASA · Dé a su niño los cuadros de diez que hizo antes con las cajas de huevos. Pídale que use objetos pequeños, como monedas de 1¢ o botones, para representar los números 17, 18 y 19 en los cuadros de diez.

© Harcourt

Estrategia • Usar el razonamiento lógico

1

20

veinte

2

INSTRUCCIONES 1. Coloca más fichas en el cuadro de diez para representar 20. Di el número. Trázalo. Traza también las fichas. **2.** Coloca más fichas para representar el número que es 2 menos que 20. Escribe ese número. Dibuja y colorea las fichas.

TEKS K.1C utilice números para describir cuántos objetos hay en un conjunto (hasta el 20) utilizando descripciones verbales y simbólicas. *también* **K.13B, K.15**

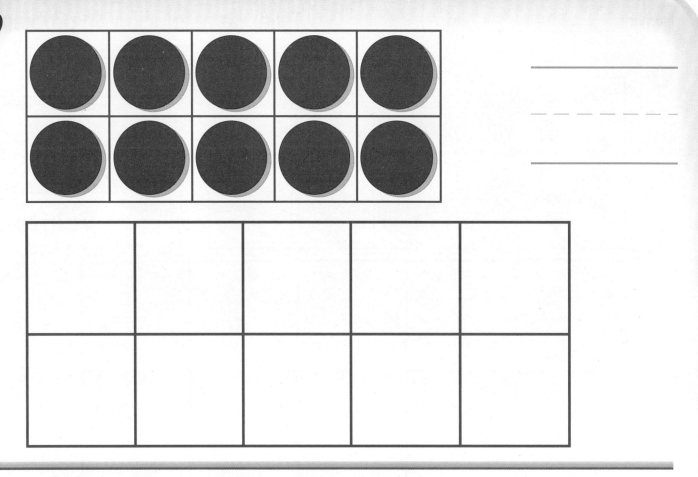

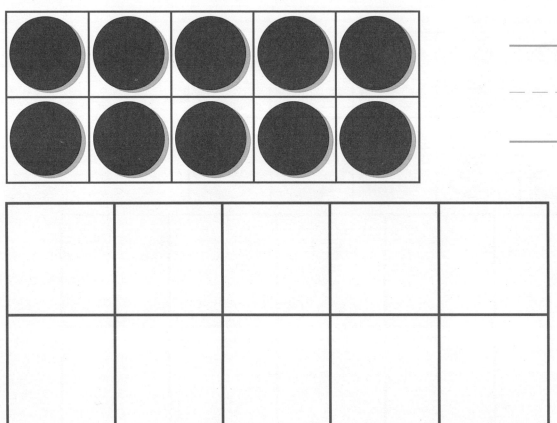

INSTRUCCIONES 1. Dibuja y colorea más fichas para representar el número que es 2 más que 18. Escribe ese número. 2. Dibuja y colorea más fichas para representar el número que es 3 menos que 20. Escribe ese número.

ACTIVIDAD PARA LA CASA · Pida a su niño que represente 20 objetos. Luego, pídale que represente 2 menos que 20. Pida al niño que diga cuántos objetos habrá.

© Harcourt

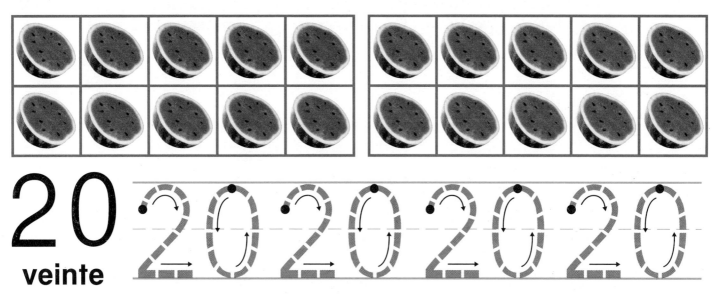

20
veinte

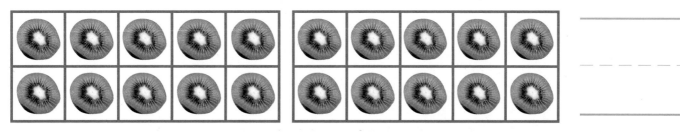

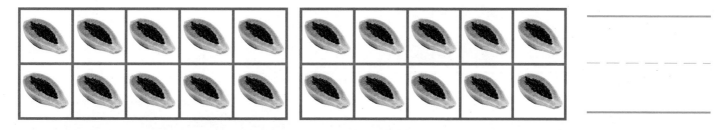

INSTRUCCIONES   1. Traza el número mientras lo dices.   2 a 4. ¿Cuántas porciones de fruta hay? Escribe el número.

© Harcourt

TEKS K.1C utilice números para describir cuántos objetos hay en un conjunto (hasta el 20) utilizando descripciones verbales y simbólicas.

Capítulo 7 · Lección 5

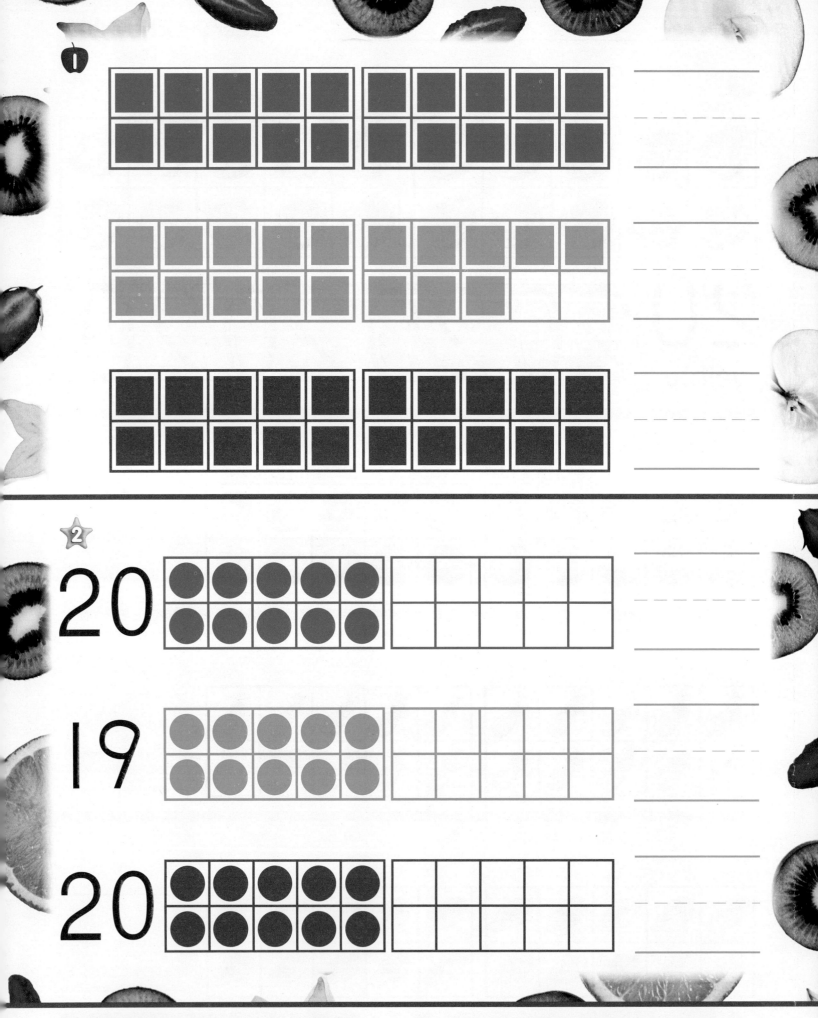

 ACTIVIDAD PARA LA CASA · Pida a su niño que use algunos objetos pequeños, como guijarros o fideos secos, para representar el número 20.

© Harcourt

Repaso de la mitad del capítulo

1

2

14
catorce

3

INSTRUCCIONES **1.** ¿Cuántas fichas cuadradas de colores hay? Escribe el
número. (TEKS K. IC) **2.** Cuenta las flores. Di el número mientras lo trazas. (TEKS
K. IC) **3.** Coloca más fichas para representar el número que es 1 menos que 20.
Escribe ese número. Dibuja y colorea las fichas. (TEKS K. IC)

Repaso acumulativo

1

0   5

2

¿Hay más osos rojos u osos azules?

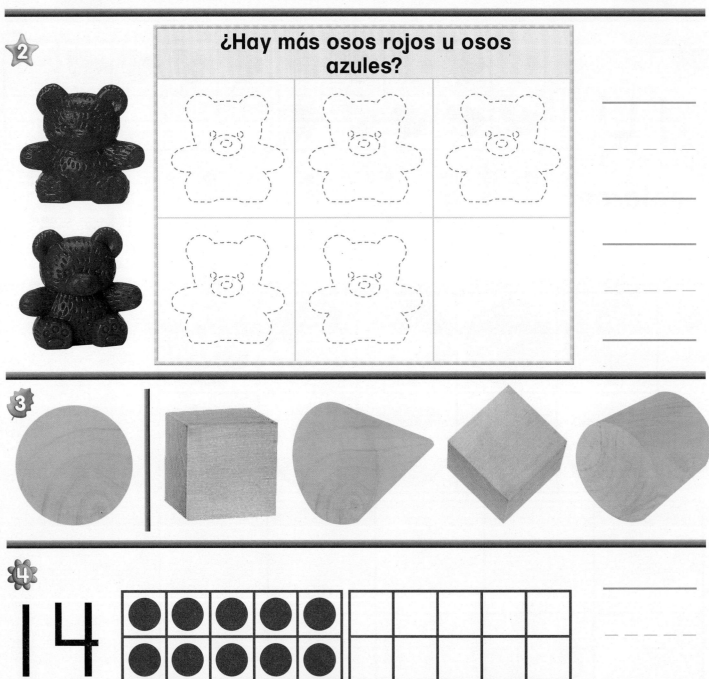

3

4

14

INSTRUCCIONES 1. Escribe los números en orden en la recta numérica. (TEKS K.2A)
2. Haz una gráfica con varios osos rojos y azules. Colorea los osos. Cuenta los osos.
Escribe cuántos hay de cada color. Encierra en un círculo el número mayor. (TEKS K.12A)
3. Encierra en un círculo los cuerpos geométricos que tienen una superficie plana que
podría formar la figura plana de la izquierda. (TEKS K.9C) 4. Dibuja más fichas para
mostrar el número. Escribe el número. (TEKS K.1C)

178 ciento setenta y ocho

© Harcourt

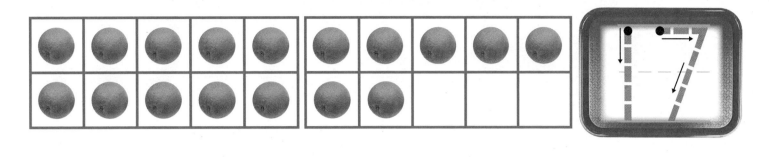

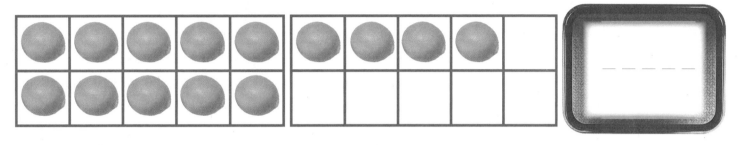

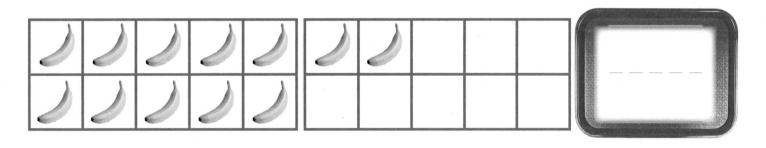

INSTRUCCIONES 1 a 4. Cuenta las frutas. Di el número. Escríbelo.

TEKS K.1C utilice números para describir cuántos objetos hay en un
conjunto (hasta el 20) utilizando descripciones verbales y simbólicas.

1

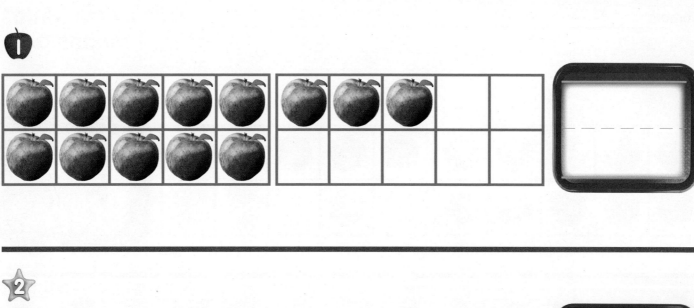

2

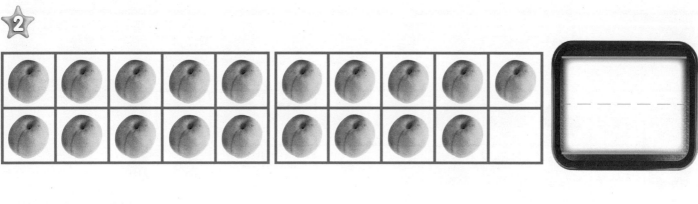

3

4

INSTRUCCIONES   1 a 4. Cuenta las frutas. Di el
número. Escríbelo.

 ACTIVIDAD PARA LA CASA · Trabaje con objetos
pequeños, como frijoles secos o monedas.
Dispóngalos en conjuntos semejantes a los de esta
lección. Pida a su niño que cuente los objetos y
diga el número.

Taller de resolución de problemas

Destreza • Usar datos de una ilustración

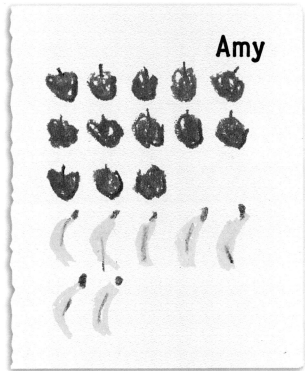

Amy

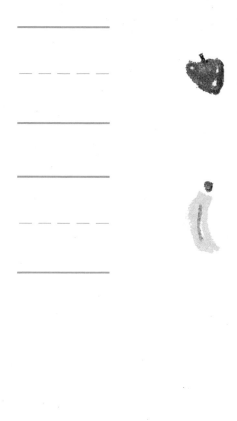

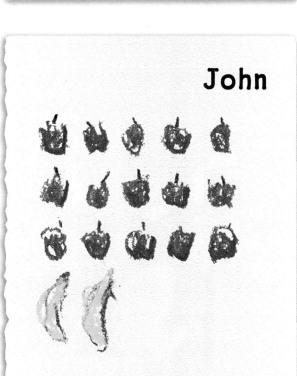

John

INSTRUCCIONES Escribe cuántas manzanas hay en cada ilustración. Escribe cuántos plátanos hay en cada ilustración. Encierra en un círculo el número que muestra más plátanos. Encierra en un círculo la fruta de la que hay 2 más en una ilustración que en la otra.

© Harcourt

TEKS K.1C utilice números para describir cuántos objetos hay en un conjunto (hasta el 20) utilizando descripciones verbales y simbólicas. *también* **K.13B, K.14A, K.15**

Capítulo 7 • Lección 7

ciento ochenta y uno 181

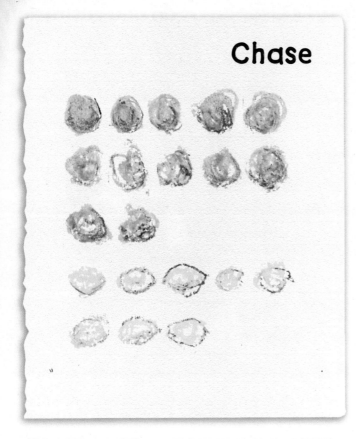

Chase

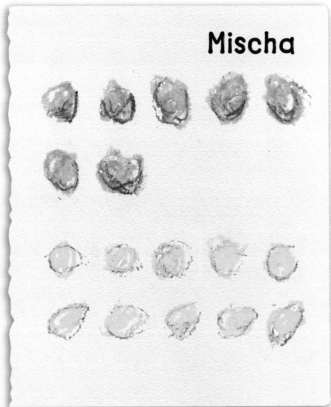

Mischa

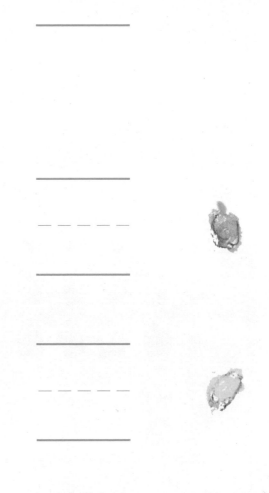

INSTRUCCIONES Escribe cuántas naranjas hay en cada ilustración. Escribe cuántos limones hay en cada ilustración. Encierra en un círculo el número que muestra menos naranjas. Encierra en un círculo la fruta de la que hay 2 menos en una ilustración que en la otra.

 ACTIVIDAD PARA LA CASA · Pida a su niño que cuente objetos de la casa, como cucharas y tenedores. Escriba cuántos hay en cada grupo. Luego, pídale que encierre en un círculo el número mayor. Repita la actividad con un número diferente de objetos.

⭐ Repaso/Prueba del capítulo

 1

_____

_____

 2

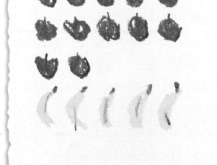

Amy

_____

_____

_____

_____

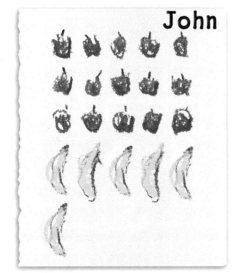

John

_____

_____

_____

_____

INSTRUCCIONES 1. Cuenta las frutas. Di el número. Escríbelo.
(TEKS K. IC) 2. ¿Cuántas manzanas hay en cada dibujo? Escribe el número.
¿Cuántos plátanos hay en cada dibujo? Escribe el número. Encierra en un
círculo el número que muestra más plátanos. Encierra en un círculo la fruta
de la que hay 1 más en un dibujo que en el otro dibujo. (TEKS K.12B)

★ Repaso acumulativo

1

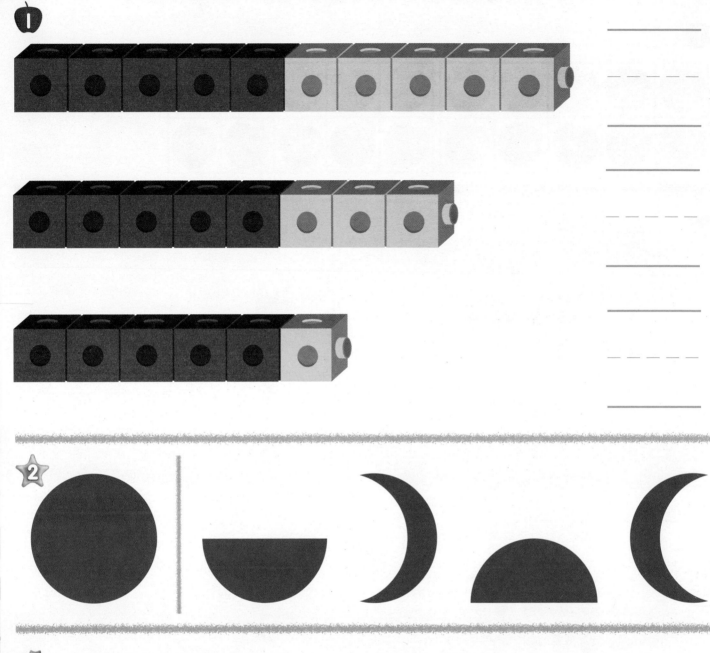

2

3

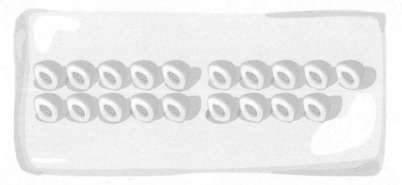

INSTRUCCIONES   1. Escribe cuántos cubos hay. Usa el color rojo para encerrar en un círculo el número que es 2 más que 8. Usa el color azul para encerrar en un círculo el número que es 2 menos que 8. Usa el color anaranjado para encerrar en un círculo el número que es igual a 8. (TEKS K. IA)   **2.** Mira la figura entera que está al comienzo de la fila. Encierra en un círculo las dos mitades que forman el entero. Di cómo sabes cuáles son. (TEKS K.3B)   **3.** Cuenta las frutas. Di el número. Escríbelo. (TEKS K. IC)

Nombre _____

PRÁCTICA CON UN JUEGO
El camino agridulce

INSTRUCCIONES   Juega con un compañero. Decidan quién mueve primero. Coloca las fichas de juego en la SALIDA. Túrnense. Lanza el cubo numerado. Avanza ese número de espacios. Si un jugador cae en un limón, debe leer el número y retroceder todos esos espacios. Si un jugador cae en una fresa, debe leer el número y avanzar todos esos espacios. Gana el primer jugador que llega a la META.

MATERIALES   2 fichas de juego, un cubo numerado del 1 al 6

Enriquecimiento • Antes, después y entre

Antes		Después
	20	
	10	
	13	

	Entre	
10		**12**
18		**20**
11		**13**

INSTRUCCIONES 1. Escribe los números que vienen justo antes y justo después del número que se muestra. 2. Escribe el número que está entre los números que se muestran.

186 ciento ochenta y seis

Los números hasta el 20 y más grandes

Tema: Cosechas extraordinarias

Nombre _____

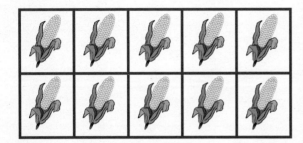 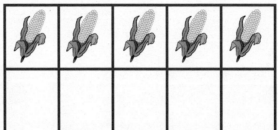

_____
- - - - - - - -
_____

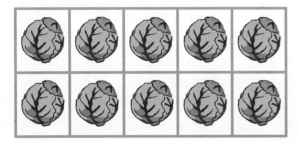 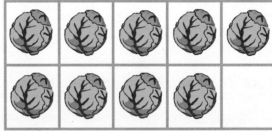

_____
- - - - - - - -
_____

_____
- - - - - - - -
_____

INSTRUCCIONES ¿Cuántas hay de cada hortaliza? Escribe el número.

 NOTA PARA LA FAMILIA: Esta página sirve para comprobar si su niño comprende los conceptos y las destrezas importantes que se necesitan para tener éxito en el Capítulo 8.

1

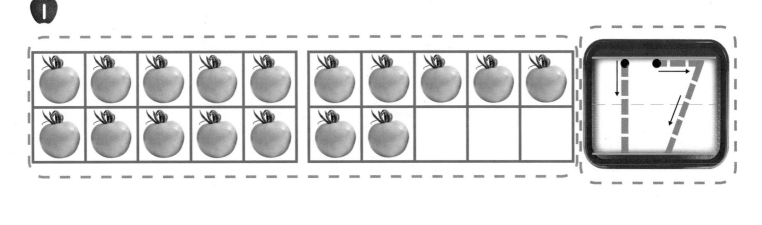

2

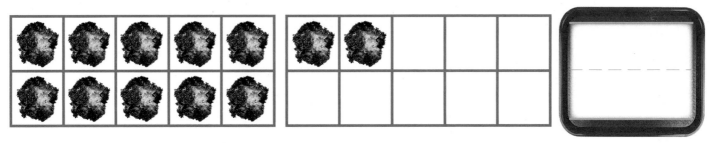

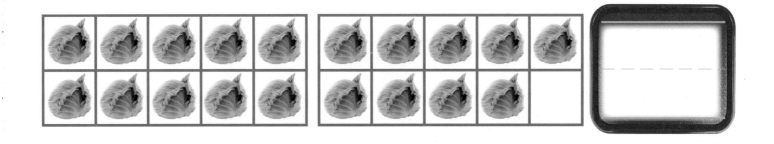

INSTRUCCIONES   1. ¿Cuántos hay en cada conjunto? Traza los números. Traza el contorno del conjunto mayor y del número mayor.   **2.** Escribe cuántos hay en cada conjunto. Encierra en un círculo el conjunto mayor y el número mayor.

© Harcourt

TEKS K.1C utilice números para describir cuántos objetos hay en un conjunto (hasta el 20) utilizando descripciones verbales y simbólicas.

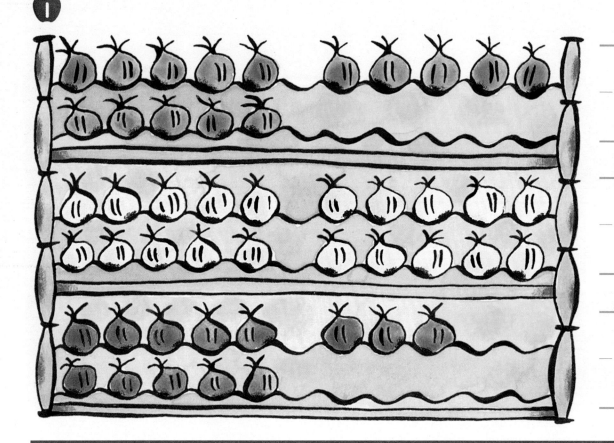

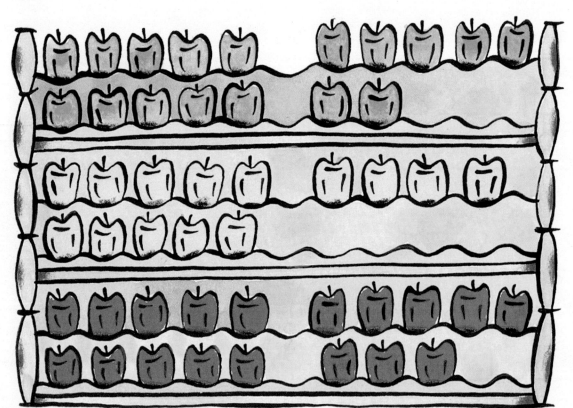

INSTRUCCIONES   1 a 2. Escribe cuántas hortalizas hay en cada conjunto. Encierra en un círculo el número menor. Encierra en un círculo el conjunto que tiene el menor número de hortalizas.

ACTIVIDAD PARA LA CASA • Muestre a su niño dos conjuntos de botones o de otros objetos pequeños que tengan hasta 20 objetos cada uno. Pídale que diga cuántos hay en cada conjunto y que señale el conjunto que tiene más objetos.

 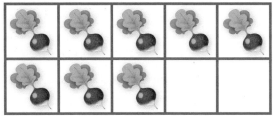 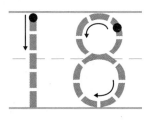

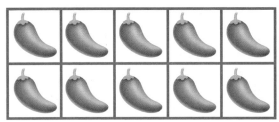 

_____

_____

15   17   19

INSTRUCCIONES   I. ¿Cuántas hortalizas hay? Traza el número. **2 a 3.** ¿Cuántas hortalizas hay? Escribe el número. **4.** Escribe esos números en orden en la recta numérica.

© Harcourt

TEKS K.2A utilice expresiones tales como antes o después para describir posición relativa en una secuencia de eventos u objetos. *también* TEKS K.1C

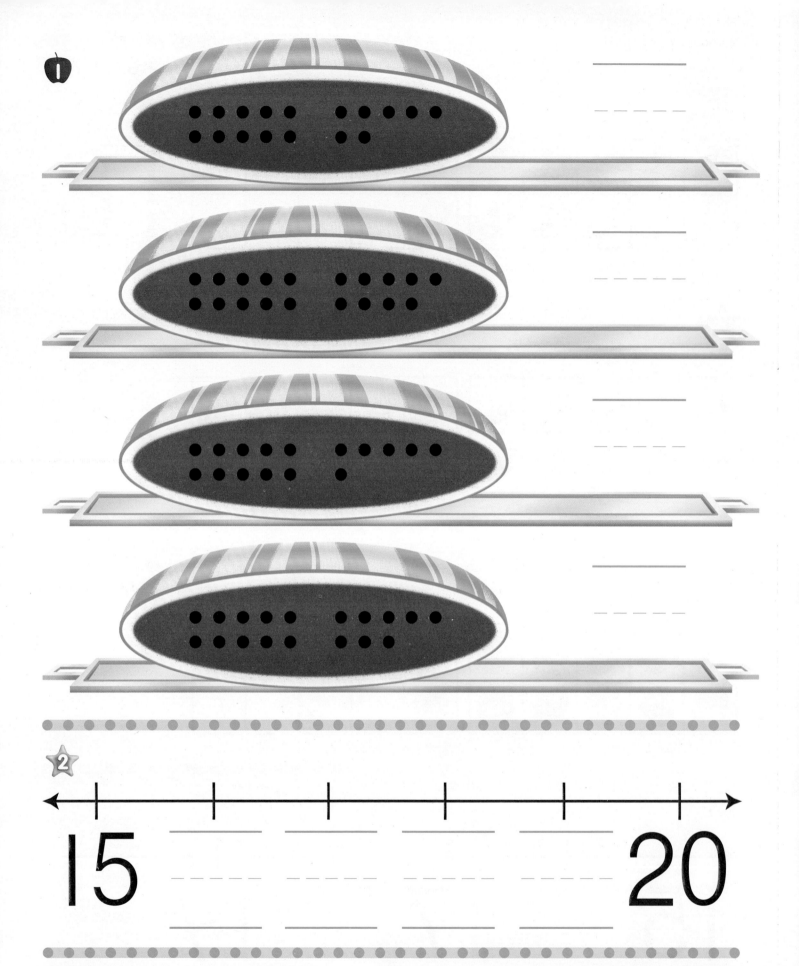

| | | | | |

15   20

INSTRUCCIONES **1.** ¿Cuántas semillas tiene cada sandía? Escribe el número. **2.** Escribe esos números en orden en la recta numérica.

ACTIVIDAD PARA LA CASA • Escriba los números del 10 al 20 en tarjetas o en cuadrados de papel. Mezcle las tarjetas y pida a su niño que coloque los números en el orden correcto comenzando desde el 10. Cuando las tarjetas estén en orden, diga un número y pida al niño que diga cuál es el número que viene antes o después.

© Harcourt

192 ciento noventa y dos

Taller de resolución de problemas

Estrategia • Adivinar y comprobar

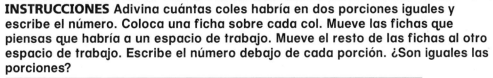

INSTRUCCIONES Adivina cuántas coles habría en dos porciones iguales y escribe el número. Coloca una ficha sobre cada col. Mueve las fichas que piensas que habría a un espacio de trabajo. Mueve el resto de las fichas al otro espacio de trabajo. Escribe el número debajo de cada porción. ¿Son iguales las porciones?

TEKS K.1C Utilice números para describir cuántos objetos hay en un conjunto (hasta el 20) utilizando descripciones verbales y simbólicas. *también* **TEKS K.1B, K.3A, K.13B, K.13C, K.13D, K.14A, K.15**

Capítulo 8 • Lección 3

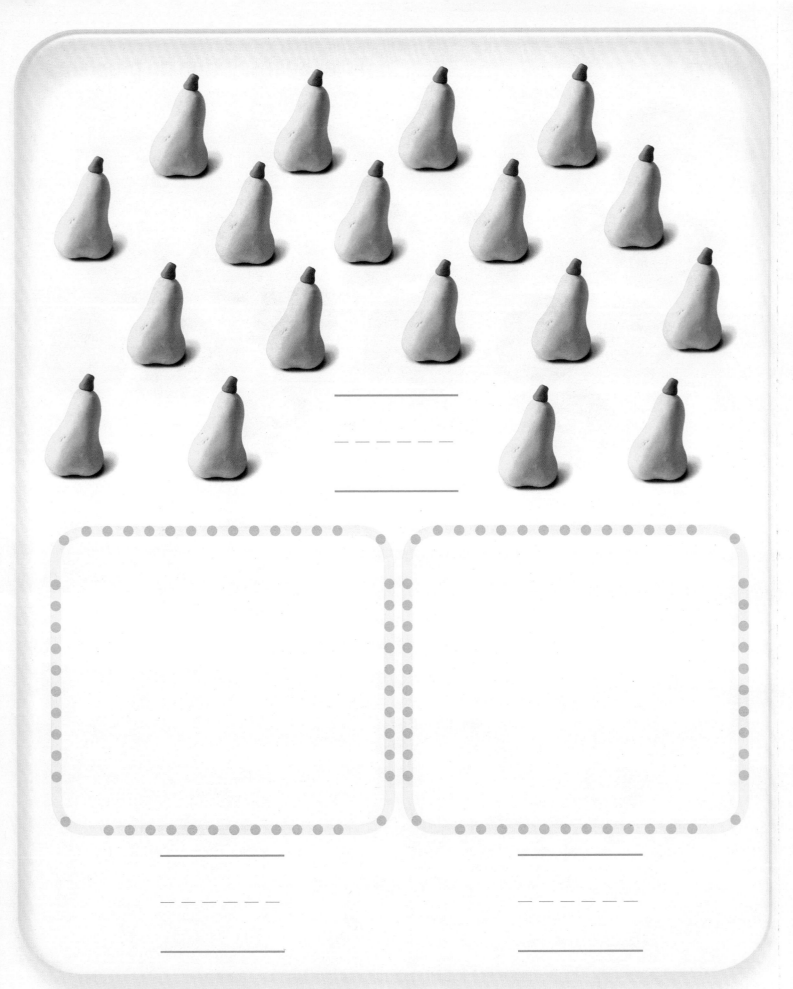

_____

_____
- - - - - - - - -
_____

_____
_____
- - - - - - - - -
_____

_____
_____
- - - - - - - - -
_____

INSTRUCCIONES Adivina cuántas calabazas habría en dos porciones iguales y escribe el número. Coloca una ficha sobre cada calabaza. Mueve las fichas a los espacios de trabajo. Escribe el número debajo de cada porción. ¿Son iguales las porciones?

ACTIVIDAD PARA LA CASA · Coloque un número par de objetos sobre una mesa y pida a su niño que adivine cuántos objetos habría en dos porciones iguales. Pídale que forme los conjuntos y que cuente para comprobar que las porciones sean iguales.

★ Repaso de la mitad del capítulo

1

2

INSTRUCCIONES **1.** Escribe cuántas hortalizas hay en cada conjunto. Encierra en un círculo el conjunto mayor y el número mayor. (TEKS K. IC) **2.** Adivina cuántas coles habría en dos porciones iguales y escribe el número. Coloca una ficha sobre cada col. Mueve las fichas al espacio de trabajo. Escribe el número debajo de cada porción. ¿Son iguales las porciones? (TEKS K. IC)

❶

Mi gráfica

❷

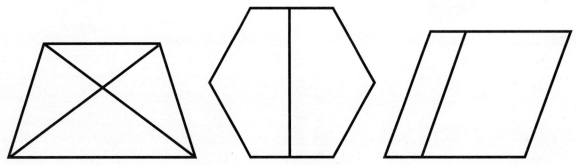

❸

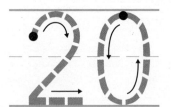

INSTRUCCIONES **1.** Clasifica las figuras según tu propia regla. Haz una gráfica con las figuras. Escribe cuántas hay de cada figura. (TEKS K.12A) **2.** Colorea una parte de cada figura. Encierra en un círculo la figura que tiene una mitad coloreada. (TEKS K.3B) **3.** ¿Cuántas fichas hay? Traza el número. (TEKS K.6B)

Nombre _____

1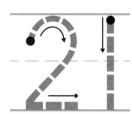

2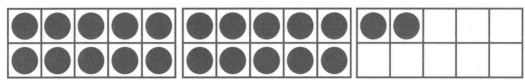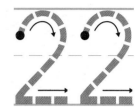

3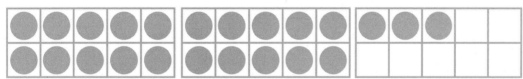

4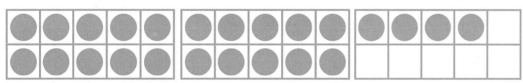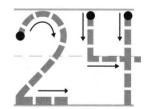

5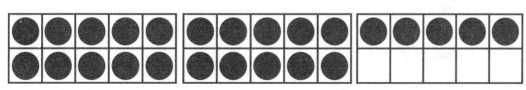

INSTRUCCIONES 1 a 5. ¿Cuántas fichas hay? Traza el número.

TEKS K.6B cuente de uno en uno hasta el 100.

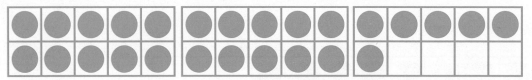 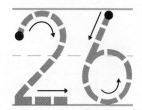

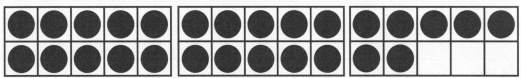 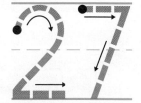

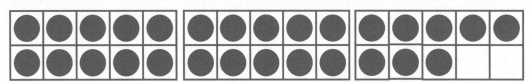 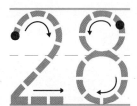

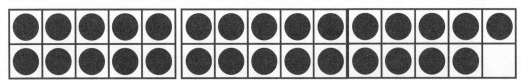 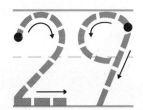

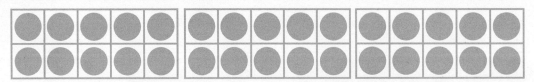 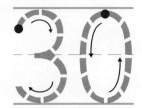

INSTRUCCIONES   I a 5. ¿Cuántas fichas hay?
Traza el número.

 ACTIVIDAD PARA LA CASA · Dé a su niño un
puñado de frijoles. Pídale que represente el
número 21 moviendo los frijoles a tres cuadros de
diez hechos con cajas de huevos vacías. Luego,
pida al niño que añada uno más y que diga el
número. Repita la actividad añadiendo frijoles de a
uno hasta que haya 30 frijoles en total.

			🌱 **Abril** 🌸			
domingo	lunes	martes	miércoles	jueves	viernes	sábado
			1	2	3	4
5	6	7	8	9	10	11
12	13	14	15	16	17	18
19	20	21	22	23	24	25
26	27	28	29	30		

INSTRUCCIONES Traza los números. Señala cada número mientras cuentas hasta el 30.

© Harcourt

Septiembre

domingo	lunes	martes	miércoles	jueves	viernes	sábado
		1	2			5
6						12
13						19
20						26
27			30			

INSTRUCCIONES Escribe los números hasta el 30. Señala cada número mientras cuentas.

ACTIVIDAD PARA LA CASA • Ayude a su niño a pasar las hojas de un calendario anual para encontrar un mes que tenga 30 días. Pídale que toque cada fecha del calendario mientras cuenta los días.

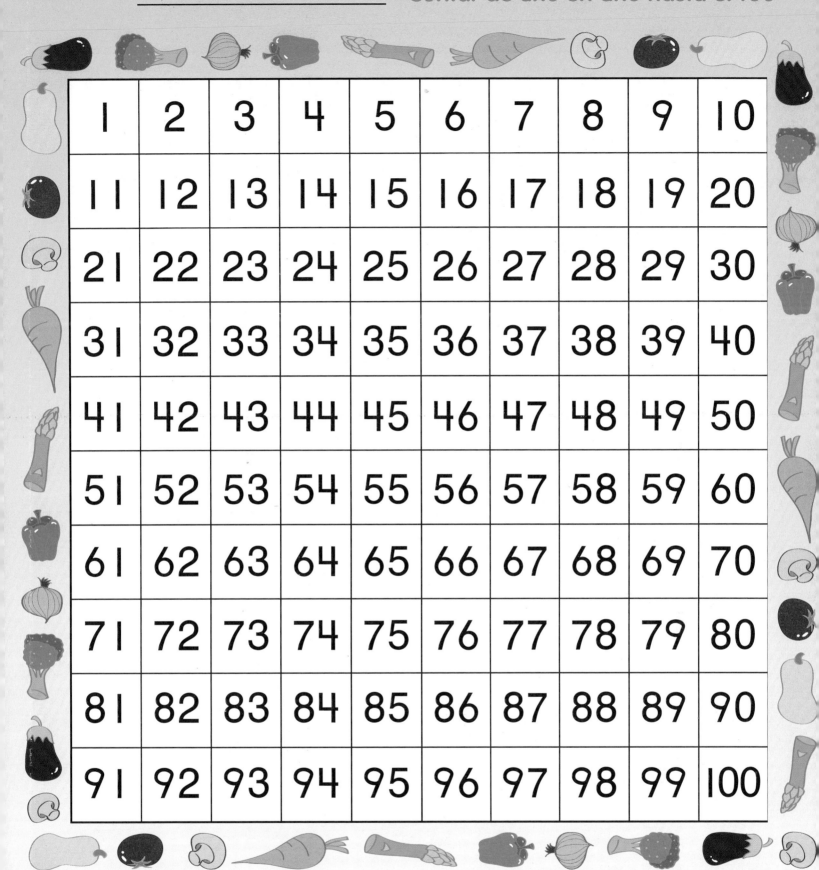

1	2	3	4	5	6	7	8	9	10
11	12	13	14	15	16	17	18	19	20
21	22	23	24	25	26	27	28	29	30
31	32	33	34	35	36	37	38	39	40
41	42	43	44	45	46	47	48	49	50
51	52	53	54	55	56	57	58	59	60
61	62	63	64	65	66	67	68	69	70
71	72	73	74	75	76	77	78	79	80
81	82	83	84	85	86	87	88	89	90
91	92	93	94	95	96	97	98	99	100

INSTRUCCIONES Encierra cada número en un círculo mientras cuentas del 1 al 100.

TEKS K.6B cuente de uno en uno hasta el 100. *también* TEKS K.14A

1	2	3	4	5	6	7	8	9	10
11	12	13	14	15	16	17	18	19	20
21	22	23	24	25	26	27	28	29	30
31	32	33	34	35	36	37	38	39	40
41	42	43	44	45	46	47	48	49	50
51	52	53	54	55	56	57	58	59	60
61	62	63	64	65	66	67	68	69	70
71	72	73	74	75	76	77	78	79	80
81	82	83	84	85	86	87	88	89	90
91	92	93	94	95	96	97	98	99	100

INSTRUCCIONES Cuenta y colorea del 15 al 20. Cuenta y colorea del 31 al 35. Cuenta y colorea del 55 al 60. Cuenta y colorea del 71 al 75. Cuenta y colorea del 95 al 100.

ACTIVIDAD PARA LA CASA · Pida a su niño que toque cada número de la tabla con los números hasta cien mientras cuenta hasta el 100.

1	2	3	4	5	6	7	8	9	10
11	12	13	14	15	16	17	18	19	20
21	22	23	24	25	26	27	28	29	30
31	32	33	34	35	36	37	38	39	40
41	42	43	44	45	46	47	48	49	50
51	52	53	54	55	56	57	58	59	60
61	62	63	64	65	66	67	68	69	70
71	72	73	74	75	76	77	78	79	80
81	82	83	84	85	86	87	88	89	90
91	92	93	94	95	96	97	98	99	100

INSTRUCCIONES Colorea de azul todos los números que terminan en 0.
Tócalos mientras cuentas de diez en diez.

© Harcourt

TEKS K.6A utilice patrones para predecir lo que sigue, incluyendo relaciones de causa y efecto.

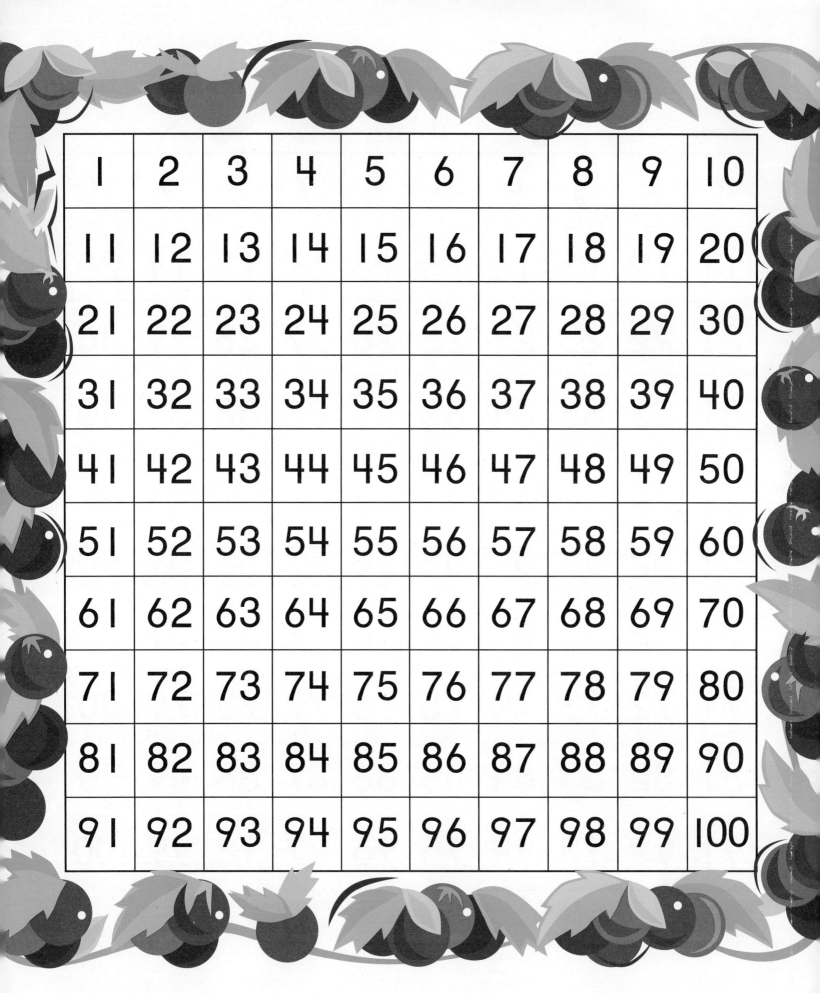

1	2	3	4	5	6	7	8	9	10
11	12	13	14	15	16	17	18	19	20
21	22	23	24	25	26	27	28	29	30
31	32	33	34	35	36	37	38	39	40
41	42	43	44	45	46	47	48	49	50
51	52	53	54	55	56	57	58	59	60
61	62	63	64	65	66	67	68	69	70
71	72	73	74	75	76	77	78	79	80
81	82	83	84	85	86	87	88	89	90
91	92	93	94	95	96	97	98	99	100

INSTRUCCIONES Colorea de rojo todos los números que terminan en 5 o en 0. Tócalos mientras cuentas de cinco en cinco.

ACTIVIDAD PARA LA CASA • Ayude a su niño a contar de diez en diez hasta el 100. Luego, ayúdelo a contar de cinco en cinco hasta el 100.

Nombre _____

 ## Repaso/Prueba del capítulo

❶

Septiembre

domingo	lunes	martes	miércoles	jueves	viernes	sábado
		1	2	3		5
6					11	12
13		15	16			19
20	21			24	25	26
27		30				

❷

1	2	3	4	5	6	7	8	9	10
11	12	13	14	15	16	17	18	19	20
21	22	23	24	25	26	27	28	29	30
31	32	33	34	35	36	37	38	39	40
41	42	43	44	45	46	47	48	49	50

INSTRUCCIONES **1.** Escribe los números hasta el 30. Señala cada número mientras cuentas. (TEKS K.6A) **2.** Usa el color anaranjado para colorear todos los números que terminan en 5 o en 0. Tócalos mientras cuentas de cinco en cinco. (TEKS K.6A)

Capítulo 8

doscientos cinco **205**

1

2

| 🍍 | 🍍 | 🍍 | 🍍 | 🍍 | | 🍍 | 🍍 | 🍍 | 🍍 | 🍍 |
| 🍍 | 🍍 | 🍍 | 🍍 | 🍍 | | 🍍 | 🍍 | 🍍 | 🍍 | 🍍 |

3

🌷 Abril 🌷

domingo	lunes	martes	miércoles	jueves	viernes	sábado
			1	2	3	4
5	6	7	8	9	10	11
12	13	14	15	16	17	18
19	20	21	22	23	24	25
26	27	28	29	30		

INSTRUCCIONES 1. Encierra en un círculo las figuras que tienen dos partes iguales. (TEKS K.3B) **2. ¿Cuántas frutas hay? Escribe el número.** (TEKS K. IC) **3. Traza los números. Señala cada número mientras cuentas hasta el 30.** (TEKS K.6A)

© Harcourt

¡Cubierto!

PRÁCTICA CON UN JUEGO

Jugador 1

21	10	25
5	🐶	18
30	28	14

Jugador 2

26	7	29
22	🐱	30
2	12	20

INSTRUCCIONES Juega con un compañero. Elige una tarjeta de juego. Coloca una ficha sobre el animal que aparece en tu tarjeta de juego. Mezcla las tarjetas con números y colócalas boca abajo. Da vuelta una de las tarjetas con números por vez. Si tu tarjeta de juego tiene ese número, coloca una ficha en el recuadro. Túrnense. El primero que cubre tres recuadros horizontales o tres recuadros verticales dice "Cubierto" y gana el juego.

MATERIALES: tarjetas con números del 1 al 30, fichas

© Harcourt

Capítulo 8

Enriquecimiento • Un año calendario

2009

Enero
D	L	M	M	J	V	S
				1	2	3
4	5	6	7	8	9	10
11	12	13	14	15	16	17
18	19	20	21	22	23	24
25	26	27	28	29	30	31

Febrero
S	L	M	M	J	V	S
1	2	3	4	5	6	7
8	9	10	11	12	13	14
15	16	17	18	19	20	21
22	23	24	25	26	27	28

Marzo
D	L	M	M	J	V	S
1	2	3	4	5	6	7
8	9	10	11	12	13	14
15	16	17	18	19	20	21
22	23	24	25	26	27	28
29	30	31				

Abril
D	L	M	M	J	V	S
			1	2	3	4
5	6	7	8	9	10	11
12	13	14	15	16	17	18
19	20	21	22	23	24	25
26	27	28	29	30		

Mayo
D	L	M	M	J	V	S
					1	2
3	4	5	6	7	8	9
10	11	12	13	14	15	16
17	18	19	20	21	22	23
24	25	26	27	28	29	30
31						

Junio
D	L	M	M	J	V	S
	1	2	3	4	5	6
7	8	9	10	11	12	13
14	15	16	17	18	19	20
21	22	23	24	25	26	27
28	29	30				

Julio
D	L	M	M	J	V	S
			1	2	3	4
5	6	7	8	9	10	11
12	13	14	15	16	17	18
19	20	21	22	23	24	25
26	27	28	29	30	31	

Agosto
D	L	M	M	J	V	S
						1
2	3	4	5	6	7	8
9	10	11	12	13	14	15
16	17	18	19	20	21	22
23	24	25	26	27	28	29
30	31					

Septiembre
D	L	M	M	J	V	S
		1	2	3	4	5
6	7	8	9	10	11	12
13	14	15	16	17	18	19
20	21	22	23	24	25	26
27	28	29	30			

Octubre
D	L	M	M	J	V	S
				1	2	3
4	5	6	7	8	9	10
11	12	13	14	15	16	17
18	19	20	21	22	23	24
25	26	27	28	29	30	31

Noviembre
D	L	M	M	J	V	S
1	2	3	4	5	6	7
8	9	10	11	12	13	14
15	16	17	18	19	20	21
22	23	24	25	26	27	28
29	30					

Diciembre
D	L	M	M	J	V	S
		1	2	3	4	5
6	7	8	9	10	11	12
13	14	15	16	17	18	19
20	21	22	23	24	25	26
27	28	29	30	31		

 _____   _____   _____

INSTRUCCIONES 1. ¿Cuántos meses hay en un año? 2. ¿Cuántos meses comienzan un domingo? 3. ¿Cuántos meses tienen 30 días?

Nombre _____

THE WORLD ALMANAC

ALMANAQUE MUNDIAL
PARA NIÑOS
Semillas de manzana

Dato del ALMANAQUE

En el oeste de Texas, la temporada de cultivo de las manzanas es muy larga. Pueden cosecharse desde julio hasta noviembre.

Texas
Resolución de problemas

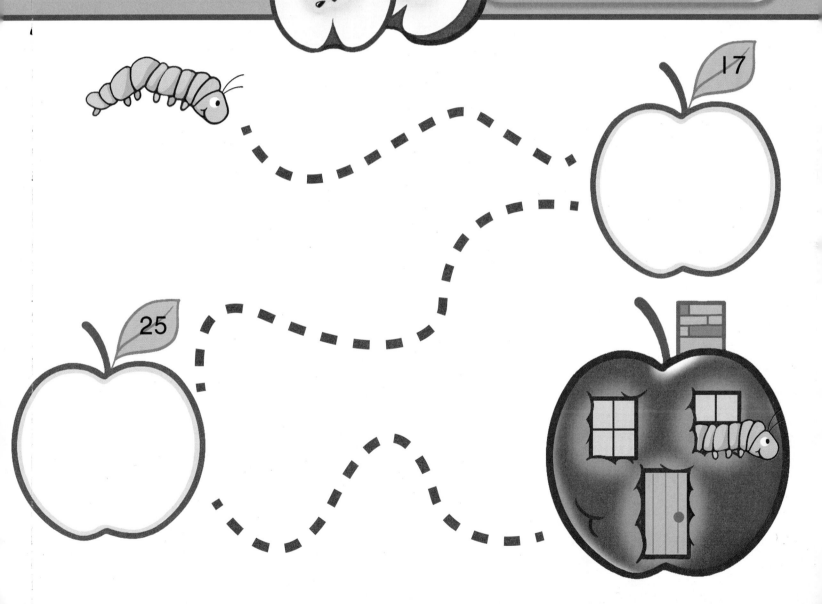

INSTRUCCIONES Sigue el sendero que va a la casa de la oruga. Dibuja el número de semillas que hay en cada manzana. Encierra en un círculo los grupos de 10 semillas.

 COMENTA Aproximadamente, ¿cuántas semillas piensas que habría en una manzana?

Unidad 4 · Capítulos 7 y 8

doscientos nueve **209**

Arándanos sabrosos

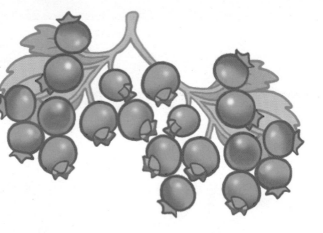

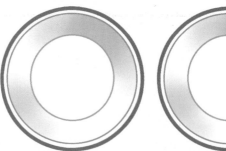

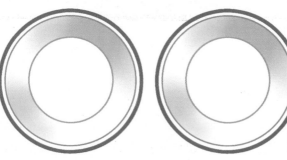

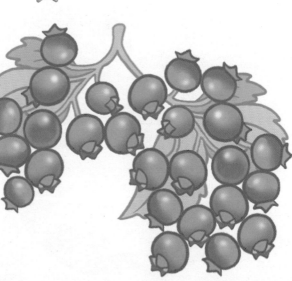

INSTRUCCIONES 1 y 2. ¿Cuántos arándanos hay? Dibuja grupos de diez arándanos en los platos.

 Explica la manera como agruparías 30 arándanos en grupos de diez.

Unidad 5

Una gran ayuda

escrito por Ann Lee

En este cuento, también COMENTA y ESCRIBE sobre Matemáticas.

Nota para la familia: Este cuento ayudará a su niño a identificar los objetos según su tamaño.

LEE
Taller

A

Hoy ayudo a papá en el jardín.

Los dos nos ponemos guantes.

Encierra en un círculo el guante
más grande.

Ciencias

¿Qué plantas ves?

Papá usa su sombrero para el sol.

Yo también uso el mío.

Encierra en un círculo el sombrero
más pequeño.

Ciencias

¿En qué son iguales la mayoría de
las plantas?

© Harcourt

c

Papá llena su regadera.

Y yo lleno otra.

Encierra en un círculo la regadera a la que le cabe más.

Ciencias

¿Qué necesitan
las plantas?

© Harcourt

Papá recoge algunas flores.

Yo también recojo algunas.

Encierra en un círculo la flor más pequeña.

Ciencias

¿Cuáles son algunas plantas con flores?

© Harcourt

E

¡Qué linda sorpresa para mamá!

Encierra en un círculo a la persona que tiene la sonrisa más grande.

Ciencias

¿En qué son parecidas todas las flores?

F

© Harcourt

Nombre _____

Mi relato de Matemáticas
Actividad de literatura

Repaso del vocabulario

más grande	el más grande
más pequeño	el más pequeño
la mayoría	

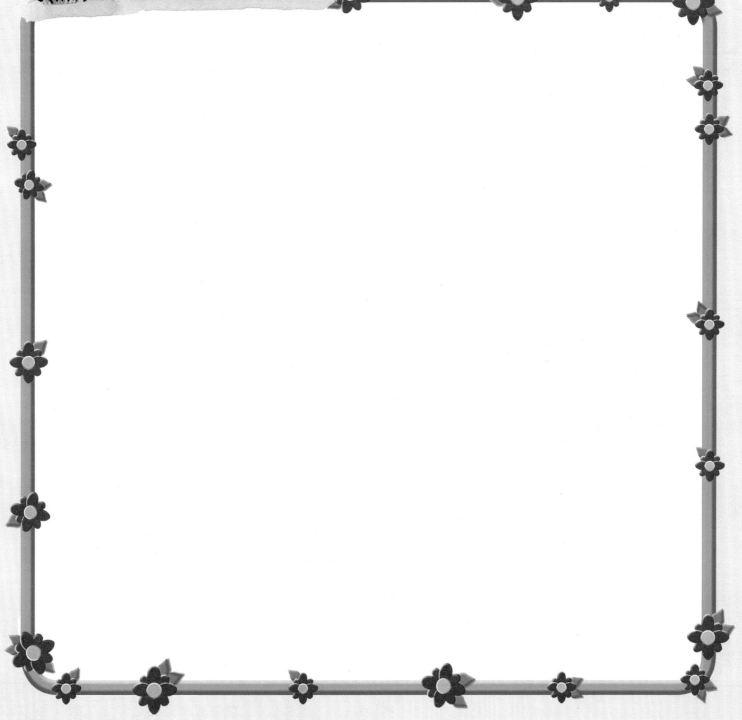

INSTRUCCIONES Dibuja un cuento sobre las plantas. Di qué plantas son más pequeñas y cuáles son más grandes.

G

¿Es grande? ¿Es pequeño?

INSTRUCCIONES Mira las ilustraciones. 1. Dibuja una mariposa más pequeña. 2. Dibuja una regadera más grande. 3. Dibuja una flor de igual tamaño.

© Harcourt

H

La escuela y la casa

Queridos familiares:

Hoy en la clase comenzamos a estudiar la Unidad 5. Aprenderé a medir los objetos. También aprenderé sobre el calendario y la hora. Estas son algunas palabras y actividades del vocabulario para que veamos juntos.

Con cariño, _____

Enriquece tu vocabulario

Vocabulario clave de Matemáticas

Medir Hallar el tamaño, el peso, la capacidad, la longitud, la altura, etc.

Reloj Un instrumento que indica la hora.

Actividad del vocabulario

Matemáticas en acción

Muestre 3 objetos de diferente longitud a su niño y pídale que los ordene comenzando por el más corto.

La escuela y la casa

Para recordar
Es probable que su niño ya sepa comparar la longitud de dos objetos sosteniéndolos juntos.

Actividad con el calendario

Enero

domingo	lunes	martes	miércoles	jueves	viernes	sábado
					1	2
3	4	5	6	7	8	9
10	11	12	13	14	15	16
17	18	19	20	21	22	23
24	25	26	27	28	29	30
31						

Pregunte a su niño si este mes tiene más lunes o más viernes.

Práctica (después de leer las páginas 245 y 246)

Pida a su niño que encierre en un círculo un día del calendario. Luego, pídale que le diga qué día será mañana y qué día fue ayer.

Práctica (después de leer las páginas 249 y 250)

Pida a su niño que encierre en un círculo el primer día del mes y que marque con una X el último día del mes.

Literatura

Busquen libros en una biblioteca. A medida que lean cada libro, pida a su niño que señale las palabras del vocabulario de Matemáticas.

The Best Bug Parade.
Murphy, Stuart J.
HarperCollins, 1996.

Mighty Maddie.
Murphy, Stuart J.
HarperCollins, 2004.

Daddy Goes to Work.
Asim, Jabari.
Little, Brown and Company, 2006.

Medición

Tema: ¿Cómo crece tu huerto?

Nombre _____

Muestra lo que sabes

1

2

3

4

5

6

INSTRUCCIONES 1 a 3. Encierra en un círculo el objeto más grande. 4 a 6. Encierra en un círculo el objeto más pequeño.

NOTA PARA LA FAMILIA: Esta página sirve para comprobar si su niño comprende los conceptos y las destrezas importantes que se necesitan para tener éxito en el Capítulo 9.

214 doscientos catorce

© Harcourt

Nombre _____

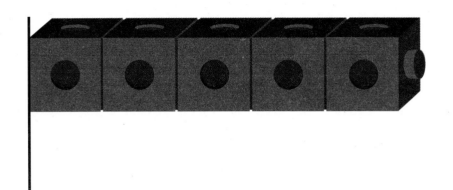

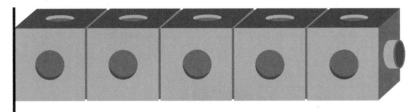

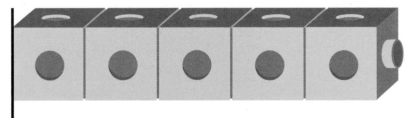

INSTRUCCIONES **1.** Forma un tren de cubos que tenga la misma longitud.
Dibújalo. **2.** Forma un tren de cubos que sea más corto. Dibújalo. **3.** Forma un
tren de cubos que sea más largo. Dibújalo.

© Harcourt

TEKS K.10A compare y ordene dos o tres objetos concretos de acuerdo a
su longitud (más largo que, más corto que o igual). *también* TEKS K.14B

Capítulo 9 · Lección 1
doscientos quince **215**

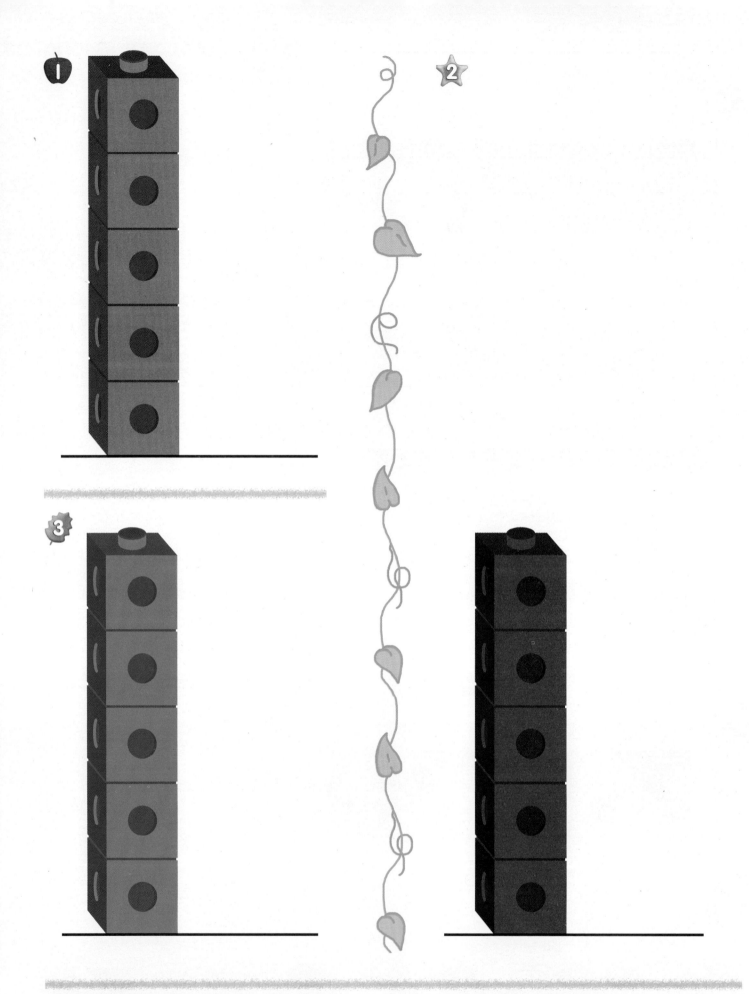

 ACTIVIDAD PARA LA CASA · Muestre un lápiz a su niño y pídale que busque un objeto que sea más largo que el lápiz. Repita la actividad con un objeto que sea más corto que el lápiz.

Nombre _____

INSTRUCCIONES Busca un objeto del salón de clases que sea más corto que la crayola y un objeto que sea más largo que la crayola. Dibuja los objetos en orden desde el más corto hasta el más largo.

© Harcourt

TEKS K.10A compare y ordene dos o tres objetos concretos de acuerdo a su longitud (más largo que, más corto que o igual). *también* **TEKS K.14B**

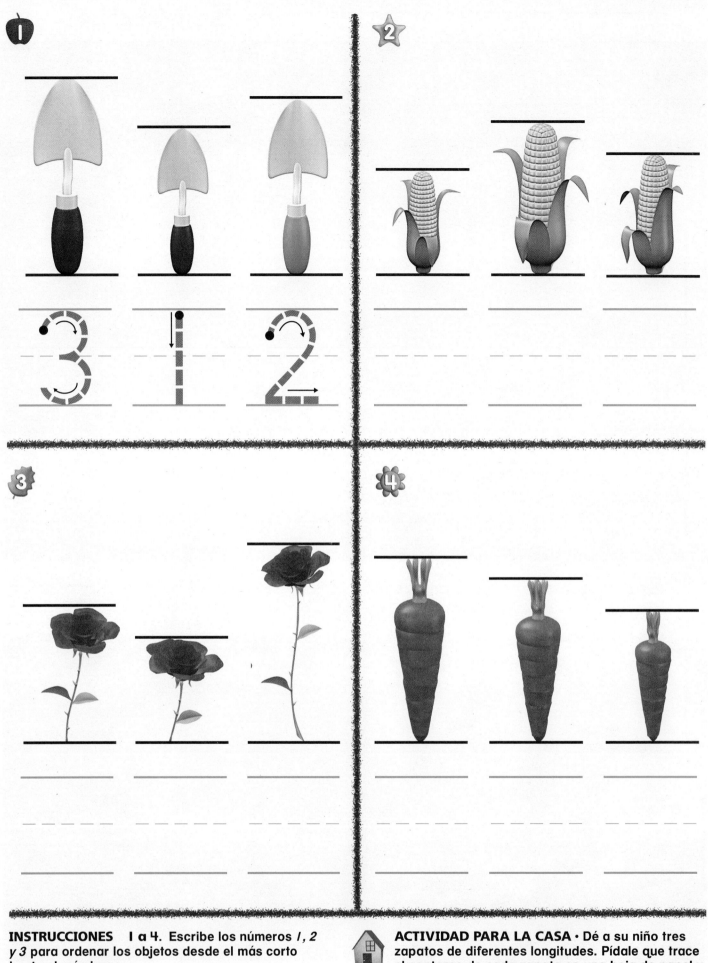

INSTRUCCIONES 1 a 4. Escribe los números *1, 2* y *3* para ordenar los objetos desde el más corto hasta el más largo.

 ACTIVIDAD PARA LA CASA · Dé a su niño tres zapatos de diferentes longitudes. Pídale que trace el contorno de cada zapato en una hoja de papel y que escriba 1, 2 y 3 en las figuras de los zapatos para ordenarlas desde la más corta hasta la más larga.

218 doscientos dieciocho

© Harcourt

Taller de resolución de problemas
Destreza • Usar objetos de manipuleo

1

3

2

3

4

INSTRUCCIONES   1 a 4. Usa cubos para medir la hortaliza. Escribe
aproximadamente cuántos cubos de largo tiene.

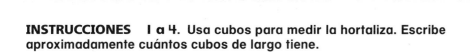

TEKS K.13D utilice herramientas tales como objetos reales, manipulativos
y tecnología para resolver problemas. *también* **TEKS K.10A, K.13B,
K.14A, K.15**

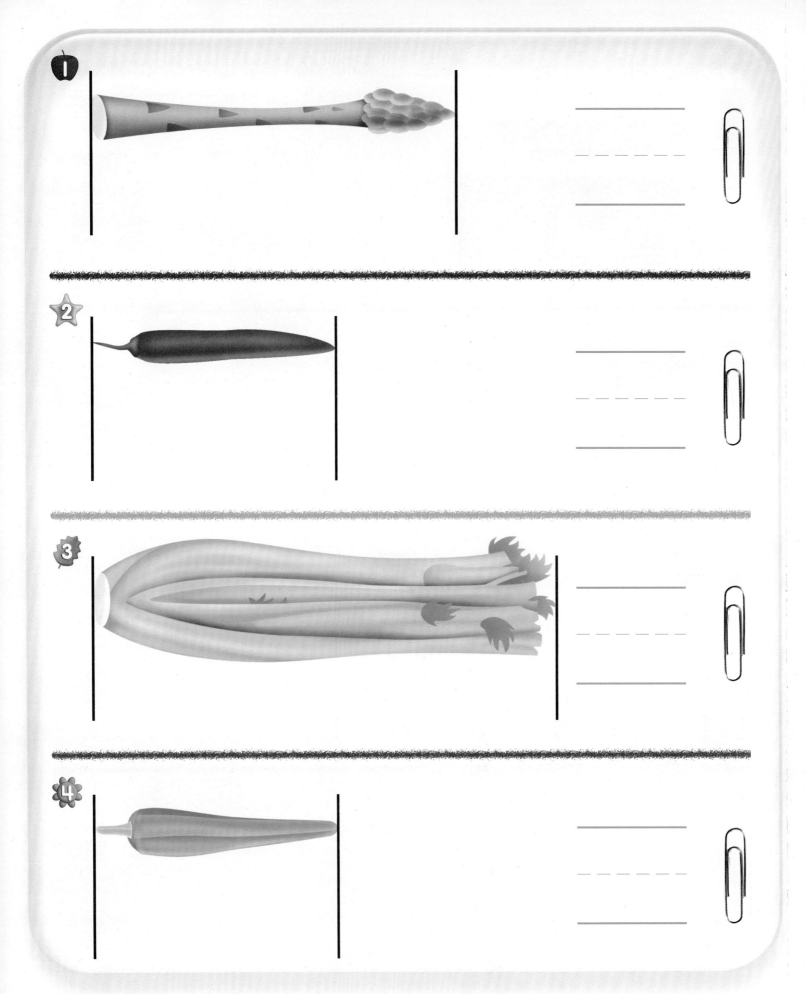

INSTRUCCIONES   I a 4. Usa clips para medir la
hortaliza. Escribe aproximadamente cuántos clips
de largo tiene.

ACTIVIDAD PARA LA CASA · Dé a su niño una
hortaliza cruda, como un tallo de apio o una
zanahoria. Ayúdelo a trazar el contorno de la
hortaliza en una hoja de papel y a usar clips para
medir su longitud.

© Harcourt

Nombre _____

⭐ **Repaso de la mitad del capítulo**

❶

② ③

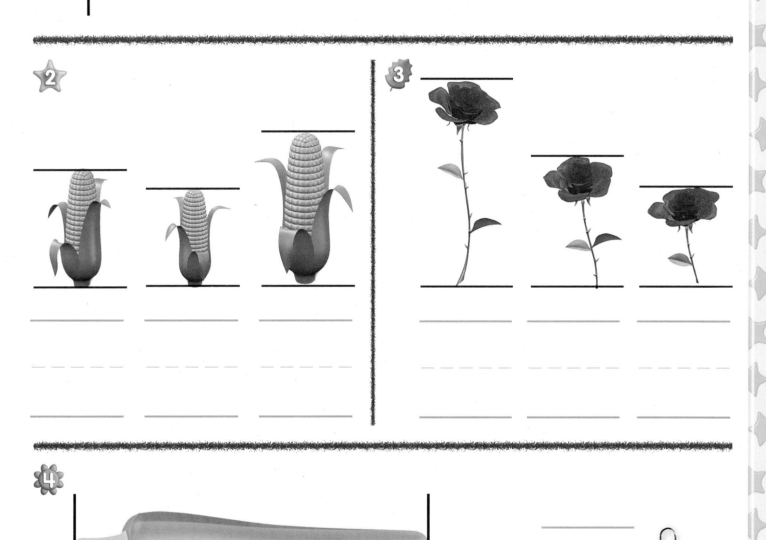

④

INSTRUCCIONES **1. Forma un tren de cubos que sea más largo. Dibújalo.** (TEKS K. 10A) **2 y 3. Escribe los números 1, 2 y 3 para ordenar los objetos desde el más corto hasta el más largo.** (TEKS K. 10A) **4. Usa clips para medir la hortaliza. Escribe aproximadamente cuántos clips de largo tiene.** (TEKS K. 13D)

© Harcourt

Capítulo 9 doscientos veintiuno **221**

Repaso acumulativo

1

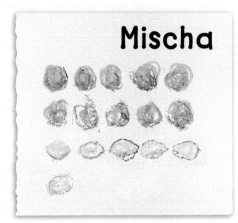

Chase

Mischa

 2

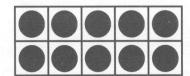 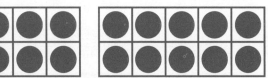 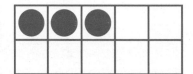

3

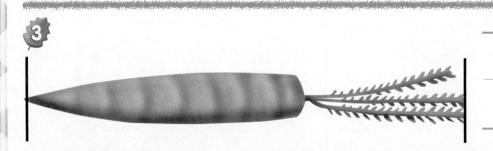

INSTRUCCIONES 1. Escribe cuántas naranjas hay en cada ilustración. Escribe cuántos limones hay en cada ilustración. Encierra en un círculo el número que muestra menos naranjas. (TEKS K.1C) 2. ¿Cuántas fichas hay? Traza el número. (TEKS K.6B) 3. Usa cubos para medir la hortaliza. Escribe cuántos cubos de largo tiene. (TEKS K.13D)

222 doscientos veintidós

© Harcourt

Nombre _____

aproximadamente

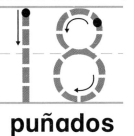

puñados

aproximadamente

_____

_ _ _

_____

puñados

aproximadamente

_____

_ _ _

_____

puñados

aproximadamente

_____

_ _ _

_____

puñados

INSTRUCCIONES Usa vasos como los que se muestran en la ilustración. Llena cada vaso con puñados de arroz. Escribe aproximadamente cuántos puñados le caben a cada vaso.

© Harcourt

TEKS K.10C compare dos recipientes de acuerdo a su capacidad (le cabe más, le cabe menos o le cabe igual cantidad). *también* **TEKS K.14A, K.14B**

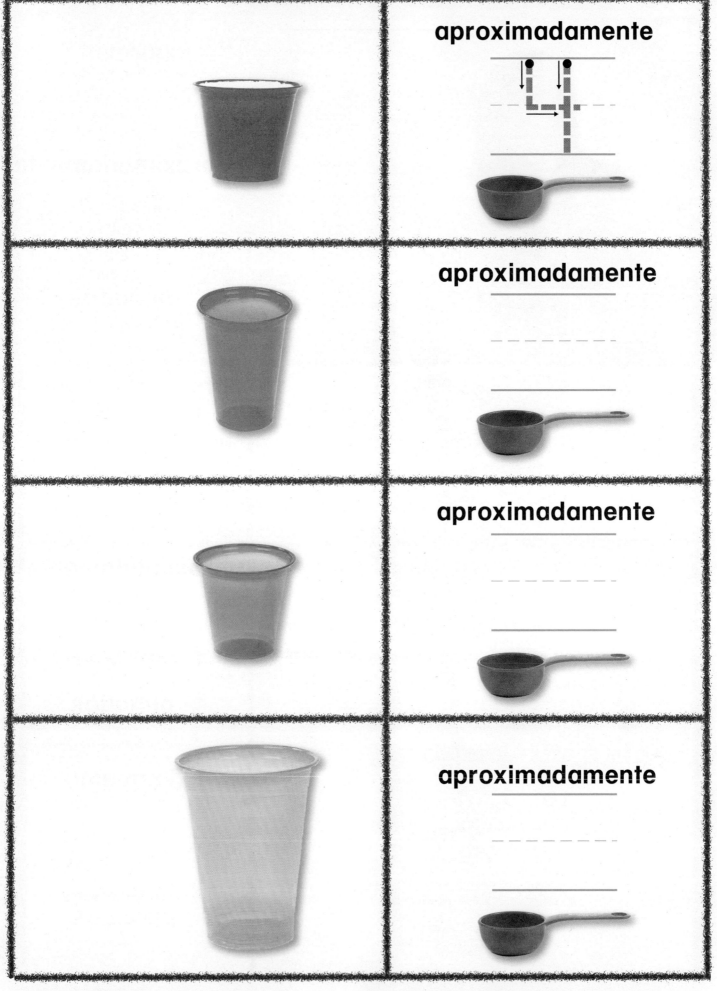

aproximadamente

4

aproximadamente

aproximadamente

aproximadamente

INSTRUCCIONES Usa vasos como los que se muestran en la ilustración. Llena cada vaso con cucharadas de arroz. Escribe aproximadamente cuántas cucharadas le caben a cada vaso.

 ACTIVIDAD PARA LA CASA · Muestre a su niño dos vasos de diferentes tamaños. Pídale que use una cucharada pequeña para decir cuántas cucharadas le caben a cada vaso.

Nombre _____

 1

 2

le cabe más

le cabe igual

le cabe menos

 3

le cabe más

le cabe igual

le cabe menos

 4

le cabe más

le cabe igual

le cabe menos

INSTRUCCIONES **1.** Usa arena para llenar un vaso como el que se muestra en la ilustración. **2 a 4.** Vierte la arena del vaso que llenaste en un vaso como el que se muestra en la ilustración. A este vaso, ¿le cabe más, menos o igual cantidad de arena que al primer vaso? Encierra en un círculo tu respuesta.

TEKS K.10C compare dos recipientes de acuerdo a su capacidad (le cabe más, le cabe menos o le cabe igual cantidad). *también* **TEKS K.14A, K.14B**

Capítulo 9 · Lección 5

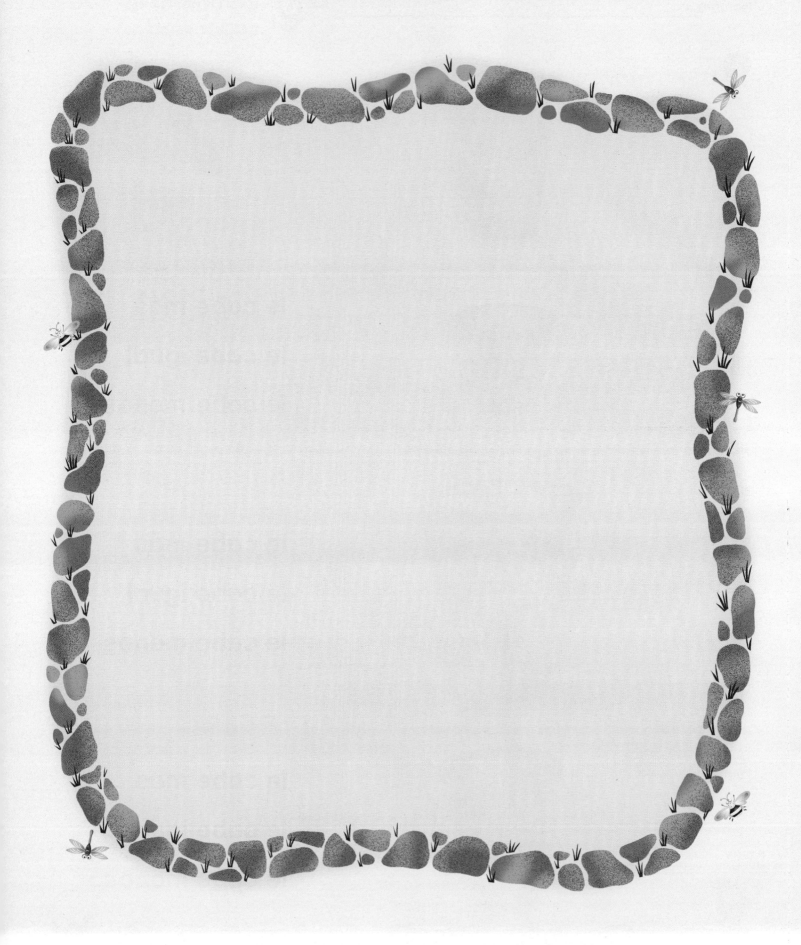

INSTRUCCIONES Llena tres vasos de diferentes tamaños con arena. Usa un color diferente para dibujar los vasos en orden, comenzando desde el vaso al que le cabe la menor cantidad de arena.

 ACTIVIDAD PARA LA CASA · Muestre una cacerola a su niño. Pídale que busque una cacerola a la que le quepa menos y una cacerola a la que le quepa más. Luego, pida al niño que las ordene desde la cacerola a la que le cabe la menor cantidad hasta la cacerola a la que le cabe la mayor cantidad.

226 doscientos veintiséis

 izquierda   **derecha**

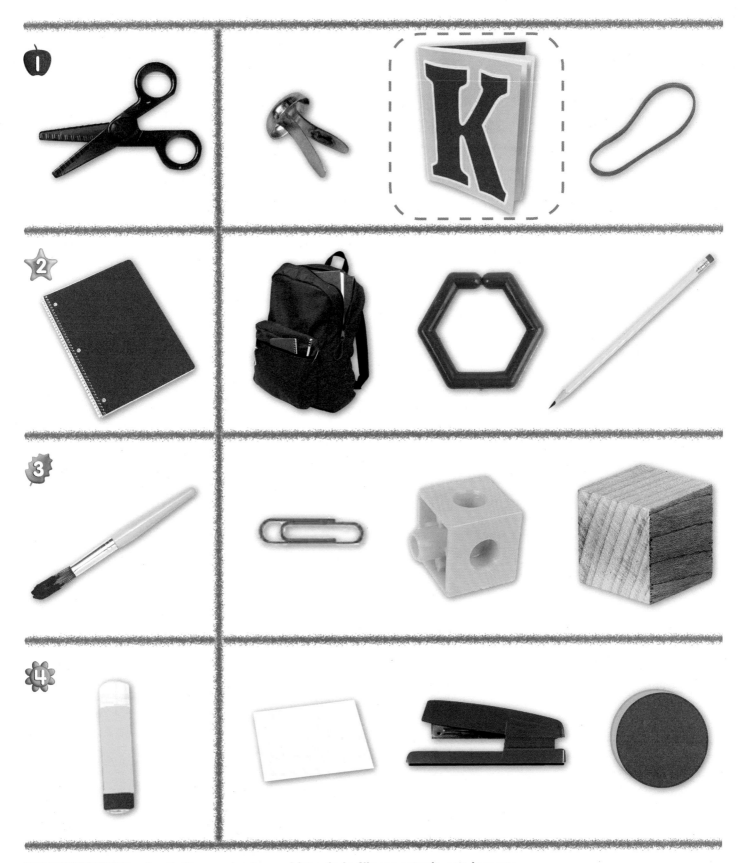

INSTRUCCIONES   1 a 4. Busca el primer objeto de la fila y sostenlo con la mano izquierda. Busca el resto de los objetos de la fila y sostenlos de a uno por vez con la mano derecha. Encierra en un círculo el objeto que sea más pesado que el objeto que tienes en la mano izquierda.

TEKS K.10D compare dos objetos de acuerdo a su peso/masa (más pesado que, más liviano que, igual que). *también* TEKS K.14A, K.14B

Capítulo 9 · Lección 6

doscientos veintisiete **227**

 **izquierda**

 **derecha**

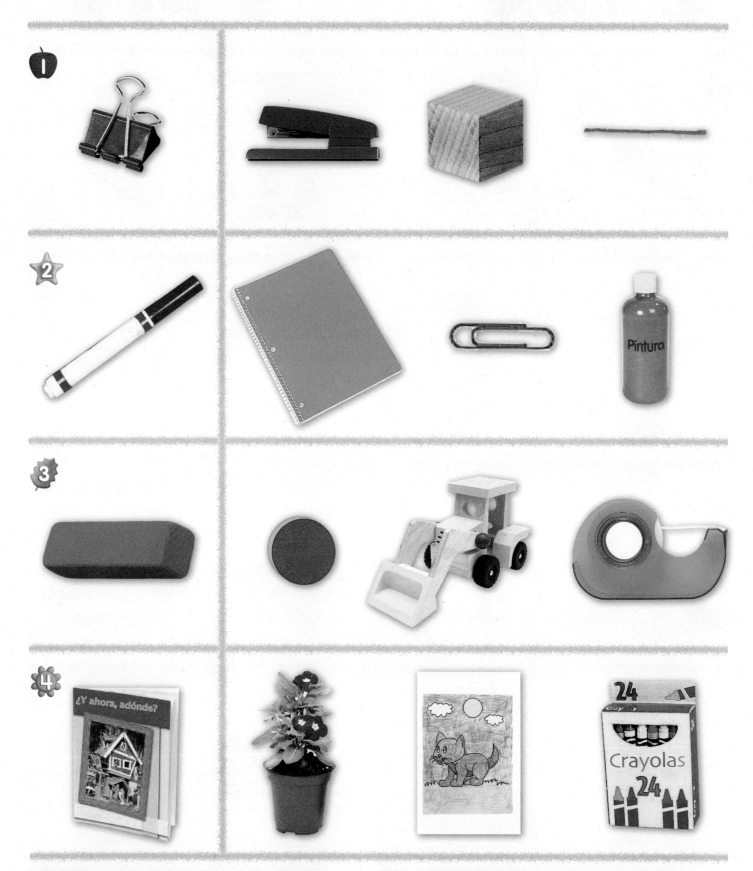

INSTRUCCIONES   1 a 4. Busca el primer objeto de la fila y sostenlo con la mano izquierda. Busca el resto de los objetos de la fila y sostenlos de a uno por vez con la mano derecha. Encierra en un círculo el objeto que sea más liviano que el objeto que tienes en la mano izquierda.

 ACTIVIDAD PARA LA CASA · Dé un objeto pequeño de la casa a su niño. Pídale que busque otro objeto de la casa que sea más liviano.

Nombre _____

MANOS A LA OBRA

Comparar el peso

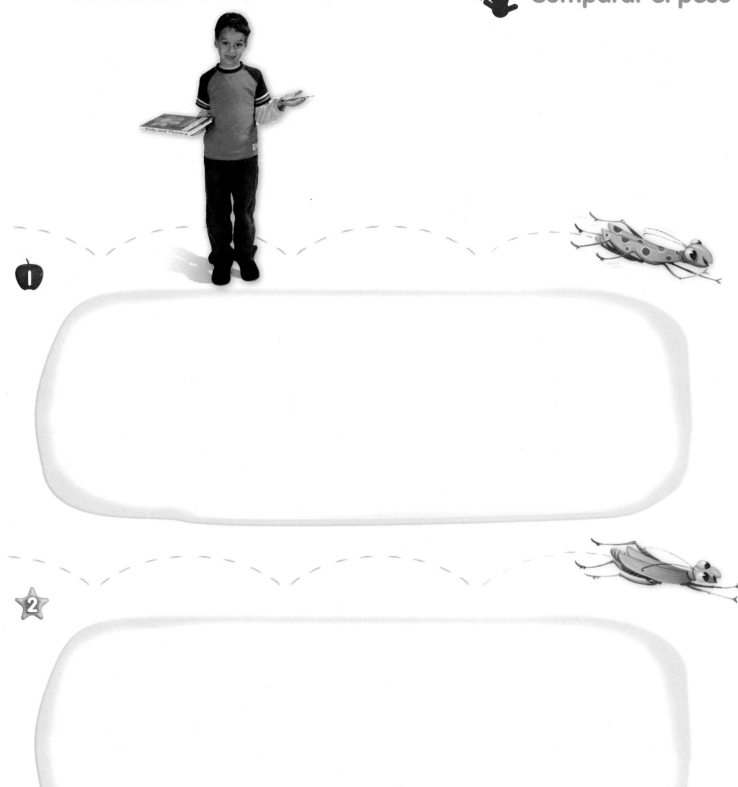

INSTRUCCIONES Busca un libro en el salón de
clases. 1. Busca un objeto del salón de clases que
sea más liviano que el libro y dibújalo en el
espacio de trabajo. 2. Busca un objeto del salón
de clases que sea más pesado que el libro y
dibújalo en el espacio de trabajo.

TEKS K.10D compare dos objetos de acuerdo a su peso/masa (más pesado
que, más liviano que, igual que). *también* **TEKS K.14A, K.14B**

Capítulo 9 · Lección 7

doscientos veintinueve **229**

© Harcourt

INSTRUCCIONES Busca tres objetos del salón de clases que tengan diferentes pesos. Dibuja los objetos en orden desde el más liviano hasta el más pesado.

ACTIVIDAD PARA LA CASA · Dé a su niño tres objetos con pesos claramente diferentes. Pídale que los ordene desde el más liviano hasta el más pesado.

230 doscientos treinta

Nombre _____

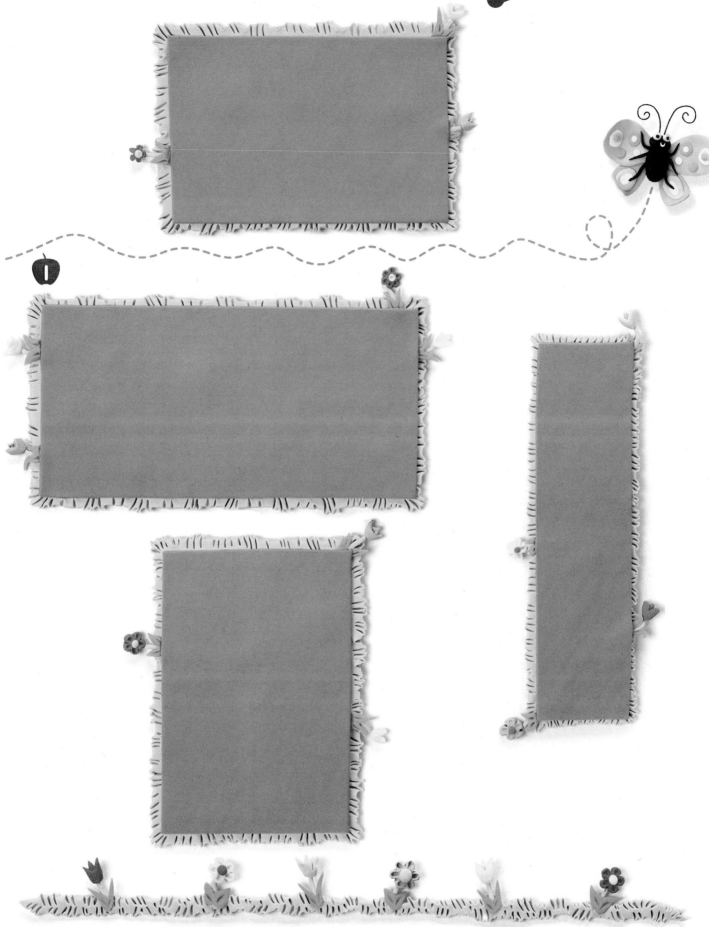

INSTRUCCIONES I. Usa fichas cuadradas de colores para hallar el jardín que tenga la misma área que el jardín modelo que se muestra en la parte superior de la página. Encierra en un círculo el jardín.

© Harcourt

TEKS K.10B compare el área de dos superficies planas de figuras de dos dimensiones (cubre más, cubre menos o cubre la misma). *también* TEKS K.14A, K.14B

Capítulo 9 • Lección 8

doscientos treinta y uno **231**

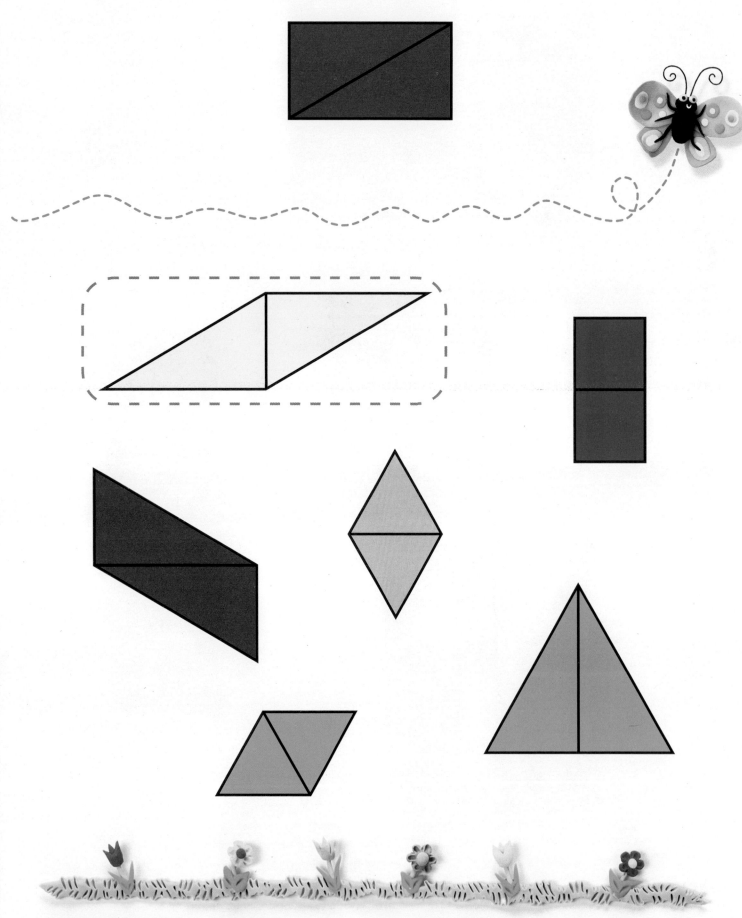

INSTRUCCIONES Halla dos figuras planas que formen la figura plana que se muestra en la parte superior de la página. Usa esas dos figuras planas para hallar las figuras que tienen la misma área que el modelo de la parte superior de la página. Encierra en un círculo esas figuras planas.

 ACTIVIDAD PARA LA CASA · Corte dieciséis cuadrados verdes de 1 pulgada. Pida a su niño que use las figuras planas para formar un jardín que tenga cuatro cuadrados de cada lado. Luego, pídale que forme un jardín con los cuadrados.

232 doscientos treinta y dos

Comparar el área

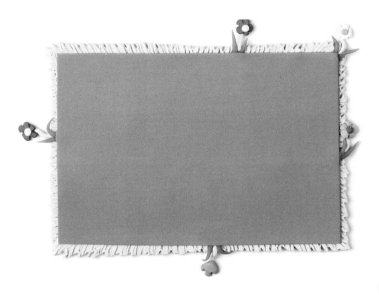

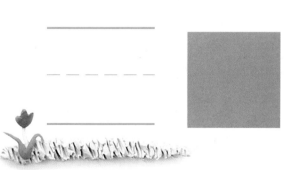

INSTRUCCIONES   Rellena cada jardín con bloques de patrones cuadrados.
Cuenta y escribe el número de bloques que necesitaste para cubrir el área.
Encierra en un círculo el jardín que cubre un área mayor.

© Harcourt

TEKS K.10B compare el área de dos superficies planas de figuras de dos dimensiones (cubre más, cubre menos o cubre la misma). *también* TEKS K.14A, K.14B

Capítulo 9 · Lección 9

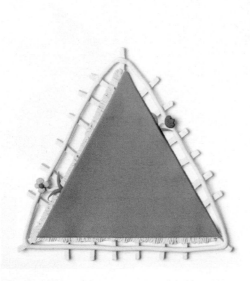

_____

- - - - - - - - - -

_____

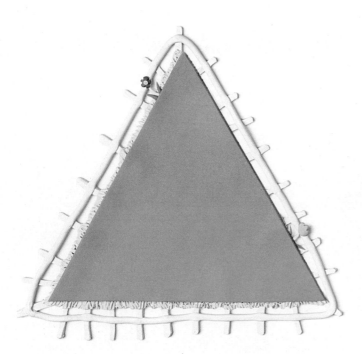

_____

- - - - - - - - - -

_____

INSTRUCCIONES Rellena cada jardín con bloques de patrones triangulares verdes. Cuenta y escribe el número de bloques que necesitaste para cubrir el área. Encierra en un círculo el jardín que cubre un área menor.

 ACTIVIDAD PARA LA CASA · Recorte dieciséis cuadrados de 1 pulgada o dé a su niño 16 bloques del mismo tamaño. Consiga 2 tapas pequeñas de cajas de diferentes tamaños. Pida al niño que use los cuadrados o los bloques para cubrir las tapas de las cajas y determinar cuál es la tapa que cubre un área mayor.

adivinar

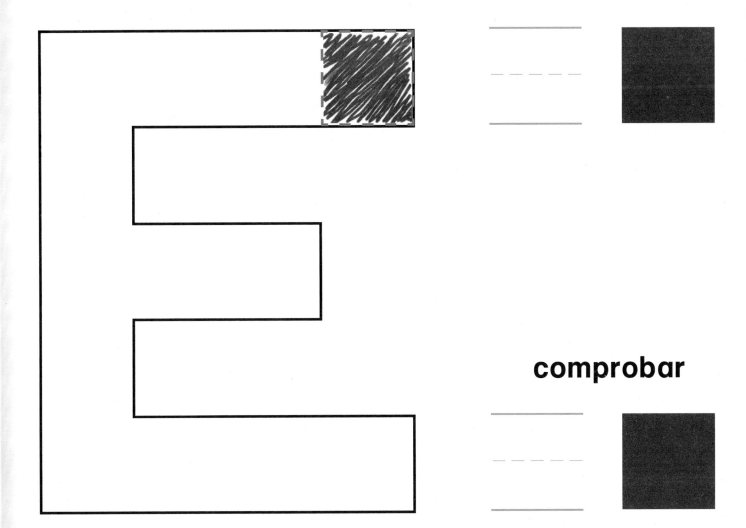

comprobar

INSTRUCCIONES Adivina cuántas fichas cuadradas de colores se necesitarán para cubrir el área de la letra. Escribe tu estimación. Comprueba colocando fichas cuadradas de colores sobre el área. Escribe cuántas fichas cuadradas de colores se necesitan. Traza y colorea las fichas.

TEKS **K.13C** seleccione o desarrolle una estrategia de resolución de problemas apropiada en el que haga un dibujo, busque un patrón, adivine y compruebe sistemáticamente o haga una dramatización para resolver el problema. *también* TEKS **K.10B, K.13B, K.13D, K.14A, K.14B, K.15**

© Harcourt

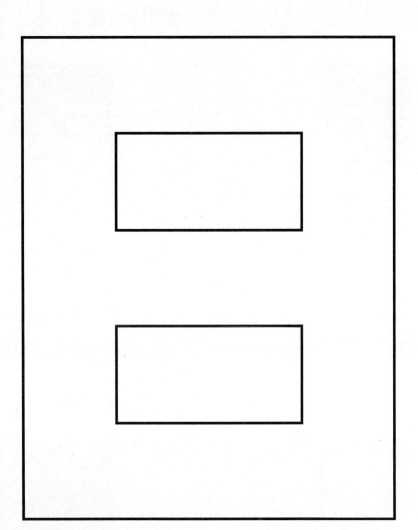

adivinar

comprobar

INSTRUCCIONES Adivina cuántas fichas cuadradas de colores se necesitarán para cubrir el área del número. Escribe tu estimación. Comprueba colocando fichas cuadradas de colores sobre el área. Escribe cuántas fichas cuadradas de colores se necesitan.

ACTIVIDAD PARA LA CASA · Recorte cuadrados de 1 pulgada. Use estos cuadrados para dibujar un número de imprenta. Pida a su niño que estime cuántos cuadrados se necesitarán para cubrir el área. Luego, pídale que use los cuadrados para medir y comprobar la estimación.

⭐ Repaso/Prueba del capítulo

①

le cabe más

le cabe igual

le cabe menos

②

③

INSTRUCCIONES **1.** Usa arena para llenar el vaso rojo. Vierte la arena del vaso rojo en el vaso azul. Al vaso azul, ¿le cabe más, menos o igual cantidad de arena que al vaso rojo? Encierra en un círculo tu respuesta. (TEKS K.10C) **2.** Busca el primer objeto de la fila y sostenlo con tu mano izquierda. Busca el resto de los objetos de la fila y sostenlos de a uno por vez con tu mano derecha. Encierra en un círculo el objeto que sea más pesado que el objeto que tienes en tu mano izquierda. (TEKS K.10D) **3.** Busca tres objetos del salón de clases que tengan diferentes pesos. Dibuja los objetos en orden desde el más liviano hasta el más pesado.

© Harcourt

Repaso acumulativo

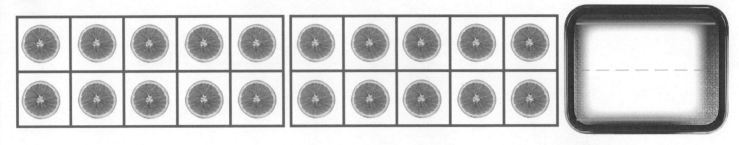

51	52	53	54	55	56	57	58	59	60
61	62	63	64	65	66	67	68	69	70
71	72	73	74	75	76	77	78	79	80
81	82	83	84	85	86	87	88	89	90
91	92	93	94	95	96	97	98	99	100

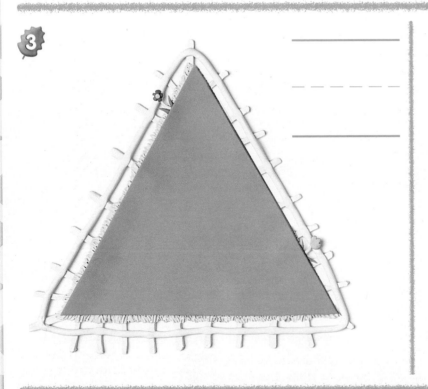

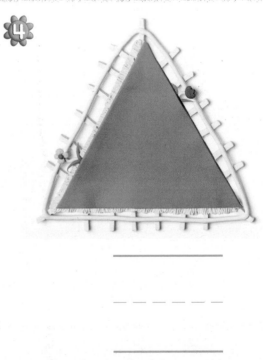

INSTRUCCIONES 1. ¿Cuántas frutas hay? Escribe el número. (TEKS K. IC) 2. Colorea de rojo todos los números que terminan en 0. Tócalos mientras cuentas de diez en diez. (TEKS K.6A) 3 y 4. Rellena cada huerto con bloques de patrones triangulares de color verde. Escribe el número de bloques que usaste para cubrir el área. Encierra en un círculo el huerto que cubre un área mayor. (TEKS K.10B)

238 doscientos treinta y ocho

Nombre _____

Desafío con los cubos interconectables

INSTRUCCIONES Túrnate con un compañero para lanzar el cubo numerado. Avanza con tu ficha ese número de espacios. Si un jugador cae en un cubo, toma un cubo y forma un tren de cubos. Al final del juego, los jugadores comparan sus trenes. El jugador que tiene el tren de cubos más largo debe buscar un objeto del salón de clases que sea más largo que su tren. El jugador que tiene el tren de cubos más corto debe buscar un objeto del salón de clases que sea más corto que su tren. Si los trenes de cubos tienen la misma longitud, los jugadores deben buscar un objeto del salón de clases que tenga esa longitud.

MATERIALES fichas de juego, cubo numerado del 1 al 6, cubos interconectables

Enriquecimiento • ¿A cuál le cabe la mayor cantidad?

Estimar	Recipiente	Medir
1 aproximadamente		

| **2** aproximadamente | | |

| **3** aproximadamente | | |

INSTRUCCIONES Busca recipientes como los de la ilustración. Estima aproximadamente cuantos vasos de arroz llenarían cada recipiente. Escribe lo que estimaste. Usa vasos de arroz para llenar cada recipiente. Escribe cuántos vasos se usaron para llenar cada recipiente. Encierra en un círculo el recipiente al que le cabe la mayor cantidad de arroz.

Explorar el calendario, el tiempo y la temperatura

Tema: Agenda diaria

© Harcourt

Nombre _____

Muestra lo que sabes

Primero	Después	Por último
🍎		
⭐ 2		
🍁 3		

INSTRUCCIONES 1. Haz un dibujo para mostrar lo que podría ocurrir primero. **2.** Haz un dibujo para mostrar lo que podría ocurrir después. **3.** Haz un dibujo para mostrar lo que podría ocurrir por último.

 NOTA PARA LA FAMILIA: Esta página sirve para comprobar si su niño comprende los conceptos y las destrezas importantes que se necesitan para tener éxito en el Capítulo 10.

© Harcourt

1

domingo   lunes   martes   miércoles   jueves   viernes   sábado

2

martes

viernes

domingo

miércoles

sábado

lunes

jueves

INSTRUCCIONES   1. Señala y di cada día de la semana.   **2.** Numera los días en orden, comenzando desde el domingo.

TEKS K.2A utilice expresiones tales como antes o después para describir posición relativa en una secuencia de eventos u objetos. *también* **TEKS K.11C, K.13A**

Capítulo 10 · Lección 1

doscientos cuarenta y tres 243

© Harcourt

Marzo

domingo	lunes	martes	miércoles	jueves	viernes	sábado
1	2	3	4	5	6	7
8	9	10	11	12	13	14
15	16	17	18	19	20	21
22	23	24	25	26	27	28
29	30	31				

 2 jueves   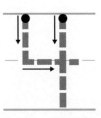 4

3 lunes

 4 sábados

5 días en marzo

INSTRUCCIONES 1. Colorea de rojo todos los domingos. Colorea de azul todos los viernes.
2. Escribe cuántos jueves hay en este mes.
3. Escribe cuántos lunes hay en este mes.
4. Escribe cuántos sábados hay en este mes.
5. Escribe cuántos días hay en marzo.

 ACTIVIDAD PARA LA CASA • Muestre a su niño un calendario del mes actual. Pídale que señale los días de la semana mientras los dice en voz alta junto con usted. Pida al niño que cuente el número de miércoles que hay en el mes.

ayer

hoy

mañana

domingo

lunes

martes

miércoles

jueves

viernes

sábado

INSTRUCCIONES Conecta con una línea hoy y el nombre del día. Traza la palabra. Traza el nombre del día que está antes que hoy. Conecta con una línea ese día y ayer. Traza el nombre del día que está después de hoy, y conecta con una línea ese día y mañana.

TEKS K.2A utilice expresiones tales como antes o después para describir posición relativa en una secuencia de eventos u objetos. *también* **TEKS K.1 1B, K.1 1C, K.13A**

mañana

tarde

noche

_____

_____

mañana

tarde

noche

_____

_____

mañana

tarde

noche

_____

_____

INSTRUCCIONES Mira cada ilustración. Encierra en un círculo el momento del día en que probablemente sucedería esta acción. Usa números para mostrar el orden.

ACTIVIDAD PARA LA CASA • Pida a su niño que haga tres dibujos para mostrar lo que hace por la mañana, por la tarde y por la noche. Pídale que numere los dibujos para mostrar el orden.

Abril

domingo	lunes	martes	miércoles	jueves	viernes	sábado
			1	2		4
5			8		10	11
12	13			16		18
19	20	21		23		25
26		28	29	30		

INSTRUCCIONES Colorea de rojo el nombre del mes. Colorea de amarillo los nombres de los días de la semana. Escribe los números que faltan. Colorea de verde el primer día del mes. Colorea de azul el último día del mes.

Diciembre

domingo	lunes	martes	miércoles	jueves	viernes	sábado
		1	2			5
6		8		10		12
13	14		16		18	19
20		22		24		26
27		30	31			

INSTRUCCIONES Traza el nombre del mes que está en la parte superior de la página. Traza los números y escribe los números que faltan.

 ACTIVIDAD PARA LA CASA · Muestre a su niño el mes actual en un calendario. Pídale que señale y diga el nombre del mes, así como también los nombres de los días de la semana.

Junio

domingo	lunes	martes	miércoles	jueves	viernes	sábado
	1	2	3	4	5	6
7	8	9	10	11	12	13
14	15	16	17	18	19	20
21	22	23	24	25	26	27
28	29	30				

❶
lunes
(martes)
miércoles

❷
16
18
23

❸
lunes
sábado
miércoles

❹
3
4
5

INSTRUCCIONES 1. Encierra en un círculo el día que viene justo antes del miércoles. 2. Encierra en un círculo el número que corresponde al tercer martes de este mes. 3. Encierra en un círculo el décimo día de este mes. 4. Encierra en un círculo el número de miércoles que hay en este mes.

enero	
febrero	
marzo	
abril	
mayo	
junio	
julio	
agosto	
septiembre	
octubre	
noviembre	
diciembre	

1 febrero
marzo
mayo

2 julio
noviembre
enero

3 12
10
14

4 abril
junio
julio

INSTRUCCIONES 1. Encierra en un círculo el mes que viene justo antes de abril. 2. Encierra en un círculo el primer mes del año. 3. Encierra en un círculo el número de meses que hay en un año. 4. Encierra en un círculo el mes que viene justo después de mayo.

 ACTIVIDAD PARA LA CASA · Muestre a su niño un calendario anual. Pídale que nombre los meses del año mientras los señala.

250 doscientos cincuenta

Nombre _____

Repaso de la mitad del capítulo

1

Marzo

domingo	lunes	martes	miércoles	jueves	viernes	sábado
1	2	3	4	5	6	7
8	9	10	11	12	13	14
15	16	17	18	19	20	21
22	23	24	25	26	27	28
29	30	31				

2 martes

_____

3 días de marzo

_____

4

mañana   tarde   noche

Noviembre

domingo	lunes	martes	miércoles	jueves	viernes	sábado
		1	2	3	4	5	6
7	8	9	10	11	12	13
14	15	16	17	18	19	20
21	22	23	24	25	26	27
28	29	30				

5 jueves

viernes

domingo

6 8

15

23

INSTRUCCIONES   **1.** Colorea de azul todos los lunes. Colorea de rojo todos los sábados. (TEKS K. IIC)   **2.** Escribe cuántos martes hay en marzo. (TEKS K. IIC)   **3.** Escribe cuántos días hay en marzo. (TEKS K. IIC)   **4.** Mira la ilustración. Encierra en un círculo el momento del día en que es probable que esto ocurra. (TEKS K. IIC)   **5.** Encierra en un círculo el día que está justo antes del sábado. (TEKS K. IIC)   **6.** Encierra en un círculo el número del tercer lunes de este mes. (TEKS K. IIC)

1

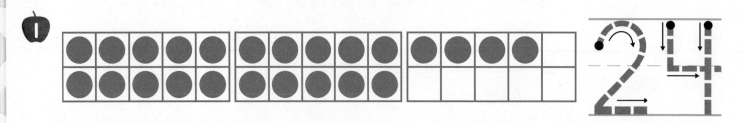

2

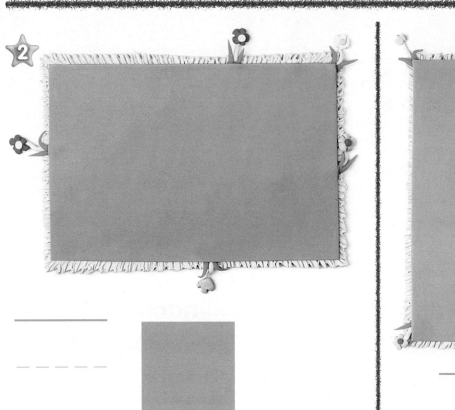

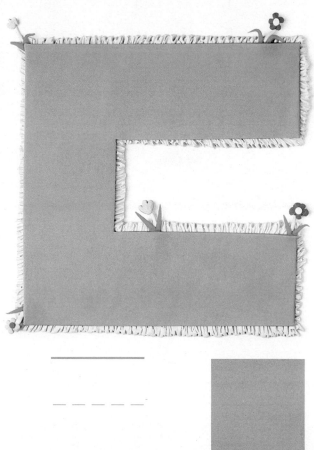

3

Marzo

domingo	lunes	martes	miércoles	jueves	viernes	sábado
1	2	3	4	5	6	7
8	9	10	11	12	13	14
15	16	17	18	19	20	21
22	23	24	25	26	27	28
29	30	31				

4

viernes

5

días de marzo

INSTRUCCIONES   1. ¿Cuántas fichas hay? Traza el número. (TEKS K.6B)   **2.** Rellena cada huerto con bloques de patrones cuadrados. Escribe el número de bloques que usaste para cubrir el área. Encierra en un círculo el huerto que cubre un área mayor. (TEKS K.10B)   **3.** Colorea de rojo todos los lunes. Colorea de azul todos los sábados. (TEKS K.11C)   **4.** Escribe cuántos viernes hay en marzo. (TEKS K.11C)   **5.** Escribe cuántos días hay en marzo. (TEKS K.11C)

Nombre _____

Más tiempo, menos tiempo

1

2

3

4

INSTRUCCIONES   1 a 4. Encierra en un círculo la actividad que suele tomar más tiempo.

© Harcourt

TEKS K.11A compare eventos según su duración, como, por ejemplo, más tiempo que o menos tiempo que. *también* **TEKS K.13A**

Capítulo 10 · Lección 5

doscientos cincuenta y tres 253

INSTRUCCIONES 1 a 4. Encierra en un círculo la actividad que suele tomar menos tiempo.

 ACTIVIDAD PARA LA CASA · Pregunte a su niño cuál de dos quehaceres, como hacer la cama o poner la mesa, tomaría más tiempo. Pida al niño que realice ambos quehaceres mientras usted le toma el tiempo y que luego compare cuál de los dos quehaceres realmente tomó más tiempo.

Taller de resolución de problemas
Estrategia • Hacer una dramatización

INSTRUCCIONES   1 a 3.   Marca con una X la actividad que predices que tomará más tiempo. Haz una dramatización de las dos actividades. Encierra en un círculo la que tomó más tiempo.

© Harcourt

TEKS K.11A compare eventos según su duración, como, por ejemplo, más tiempo que o menos tiempo que. *también* **TEKS K.11B, K.13A, K.13C, K.15**

INSTRUCCIONES   1 a 3. Marca con una X la actividad que predices que tomará menos tiempo. Haz una dramatización de las dos actividades. Encierra en un círculo la que tomó menos tiempo.

ACTIVIDAD PARA LA CASA • Pida a su niño que hable sobre dos cosas que puede hacer para ayudar en casa. Pida al niño que prediga qué actividad tomaría menos tiempo. Pídale que haga una dramatización de los quehaceres para comprobar la predicción.

1

 2

3

4

5

6

INSTRUCCIONES   1 a 6.   Encierra en un círculo rojo la ilustración si es muy probable que muestre clima caluroso. Encierra en un círculo azul la ilustración si es muy probable que muestre clima frío.

TEKS K.10E compare situaciones u objetos según su temperatura relativa (más caliente que, más frío que o igual que). *también* TEKS K.13A

1

2

3

4

INSTRUCCIONES 1 a 4. Encierra en un círculo las prendas que muy probablemente usarías si estuvieras en esta ilustración.

 ACTIVIDAD PARA LA CASA · Escuche o mire un pronóstico del clima con su niño y hablen sobre el clima. Pregunte al niño qué ropa usará para vestirse según el clima.

INSTRUCCIONES   1 a 4. Encierra en un círculo la ilustración que muestra una comida más caliente que la comida de la primera ilustración.

TEKS K.10E compare situaciones u objetos según su temperatura relativa (más caliente que, más frío que o igual que). *también* **TEKS K.13A, K.14A, K15**

Capítulo 10 • Lección 8

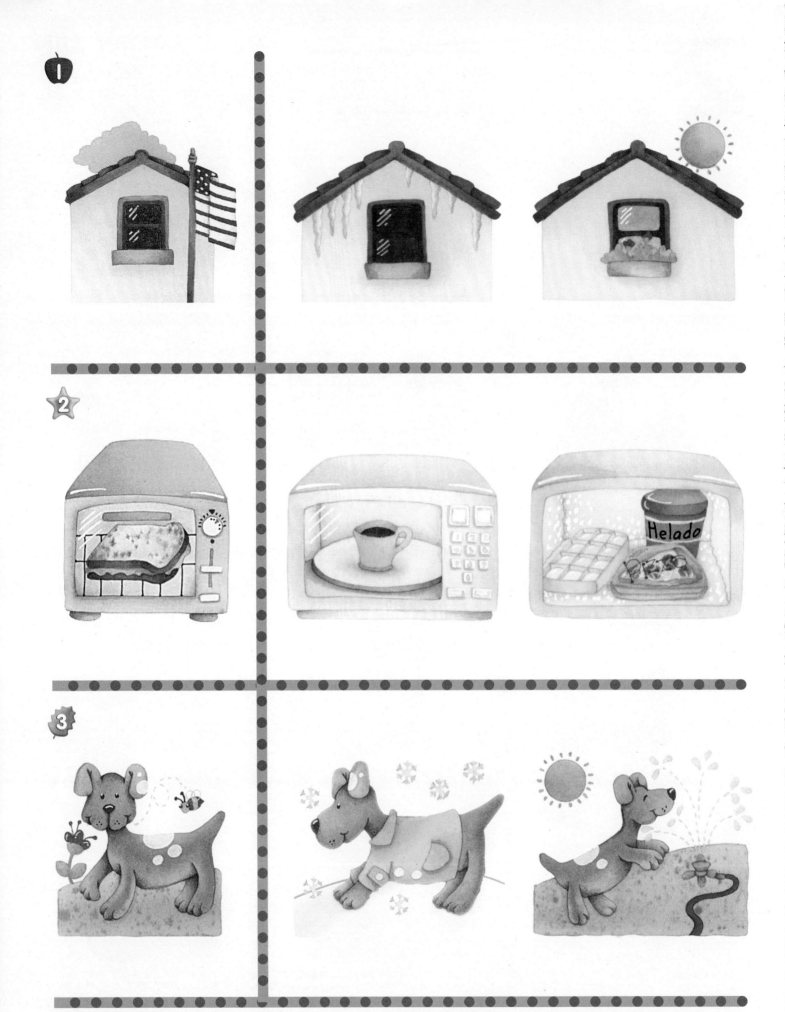

INSTRUCCIONES   1 a 3. Encierra en un círculo la ilustración que muestra algo más frío que la primera ilustración de la fila.

ACTIVIDAD PARA LA CASA · Describa una comida caliente que le guste comer a su niño. Pida al niño que nombre una comida más fría que le guste comer.

Repaso/Prueba del capítulo

INSTRUCCIONES **1.** Encierra en un círculo la actividad que suele tomar menos tiempo. (TEKS K.11A) **2.** Usa el color rojo para encerrar en un círculo Pla ilustración que es más probable que muestre un clima caluroso. Usa el color azul para encerrar en un círculo la ilustración que es más probable que muestre un clima frío. (TEKS K.10E) **3.** Encierra en un círculo la ilustración que muestra un alimento más caliente que el alimento que muestra la primera ilustración de la fila.

Capítulo 10

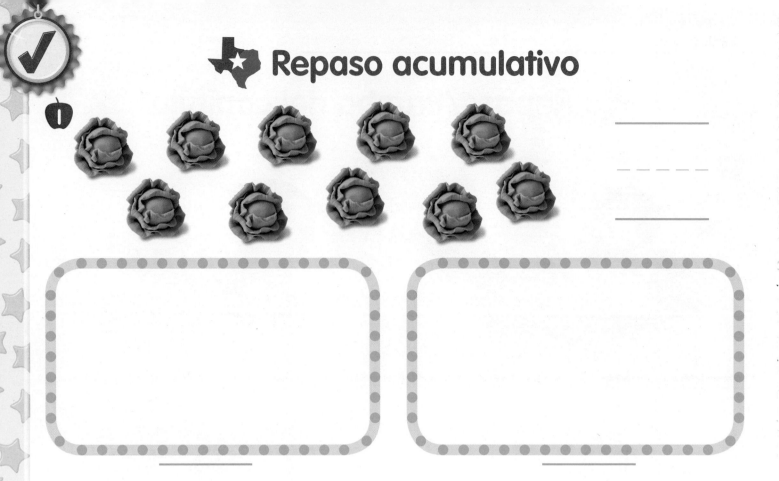

Estimar   Medir

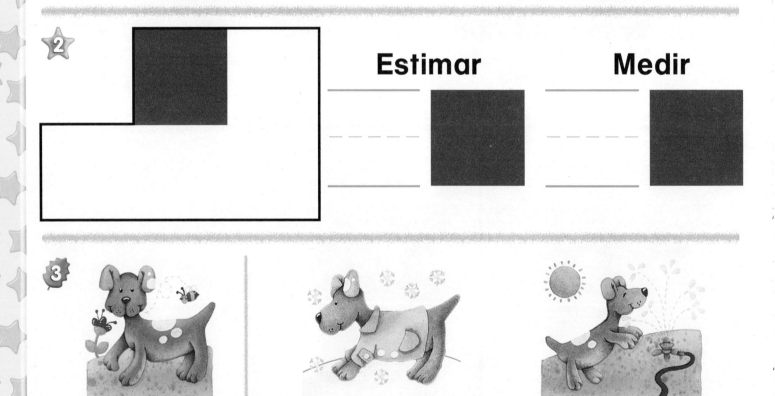

INSTRUCCIONES   1. Adivina cuántas coles habría en dos porciones iguales y escribe el número. Coloca una ficha sobre cada col. Mueve las fichas que piensas que habría a un espacio de trabajo. Mueve el resto de las fichas al otro espacio de trabajo. ¿Son iguales las porciones? Escribe el número debajo de cada porción. (TEKS K. IC) **2.** Estima cuántas fichas cuadradas de colores se necesitarían para cubrir el área. Escribe lo que estimaste. Usa fichas cuadradas para medir el área. Escribe cuántas fichas cuadradas de colores se necesitan. Colorea las fichas. (TEKS K.13C) **3.** Encierra en un círculo la ilustración que muestra un clima más frío que el que se ve en la primera ilustración de la fila. (TEKS K.11A)

Nombre _____

PRÁCTICA CON UN JUEGO

Días de acción

domingo
Toca los dedos de tus pies.

lunes
Toca tu cabeza.

sábado
Párate sobre un pie.

martes
Toca tus hombros.

viernes
Toca tu nariz.

jueves
Aplaude.

miércoles
Toca tus rodillas.

	domingo	lunes	martes	miércoles	jueves	viernes	sábado
Jugador 1							
Jugador 2							

INSTRUCCIONES Juega con un compañero. Decidan quién mueve primero. Túrnense para hacer girar el clip en la rueda. Nombra el día en el que caes. Haz una dramatización. Haz una marca (✓) en la tabla. Gana el primer jugador que marca los siete días de la semana.

MATERIALES: clip, lápiz

© Harcourt

Enriquecimiento • Este mes

domingo	lunes	martes	miércoles	jueves	viernes	sábado

INSTRUCCIONES Haz un calendario de este mes. Escribe el nombre del mes en la parte superior. Escribe los números en el calendario comenzando con el primer día del mes.

© Harcourt

Nombre_____

ALMANAQUE MUNDIAL
THE WORLD ALMANAC
PARA NIÑOS

Días secos en Texas

Dato del ALMANAQUE

En 1995, el nopal se convirtió en la planta del estado de Texas.

INSTRUCCIONES   1. Encierra en un círculo el cacto más alto. Marca con una X el cacto más bajo.   2. Haz un dibujo de un cacto más alto.

 Comenta las diferentes alturas de los cactos y la manera como los pondrías en orden desde el más bajo hasta el más alto.

Chaparrones de abril

Abril

domingo	lunes	martes	miércoles	jueves	viernes	sábado
						1 ☀
2 ☀	3 ☀	4 ☀	5 ☀	6 ☀	7 🌧	8 🌧
9 ☀	10 ☀	11 ☀	12 ☀	13 🌧	14 🌧	15 ☀
16 🌧	17 ☀	18 ☀	19 ☀	20 ☀	21 🌧	22 🌧
23 🌧	24 ☀	25 🌧	26 🌧	27 ☀	28 🌧	29 ☀
30 🌧						

INSTRUCCIONES   **1.** ¿En qué día de la semana llovió siempre? Usa el color rojo para encerrar en un círculo el nombre del día. ¿En qué día de la semana estuvo siempre soleado? Usa el color amarillo para encerrar en un círculo el nombre del día.   **2.** Encierra en un círculo la ilustración que muestra cómo estaba el clima el 18 de abril.

COMENTA   ¿Cómo está el clima hoy?

Unidad 6

Maravillosa naturaleza

LEE
Taller

escrito por Margie Sigman

En este cuento, también COMENTA y ESCRIBE sobre Matemáticas.

Nota para la familia: Este cuento ayudará a su niño a repasar uno más y uno menos.

A

© Harcourt

Construí I gran castillo de arena
justo a la orilla del mar.

_____

Si coloco I piedra más,
¿cuántas piedras habrá?

_____

Ciencias

¿Qué ves en la playa?

2 conchas de mar adornan
mi castillo a la orilla del mar.

Si coloco 1 más, ¿cuántas
conchas de mar habrá?

Ciencias

¿Qué cosas flotan en el océano?

C

3 vasos puse sobre mi castillo
a la orilla del mar.

Si coloco 1 más,
¿cuántos vasos habrá?

_____

- - - - - - -

_____

Ciencias

¿Qué sabor tiene el agua del océano?

4 banderas flamean sobre mi castillo
a la orilla del mar.
Si coloco 1 más,
¿cuántas banderas habrá?

Ciencias

¿De qué está hecha la playa?

E

Tengo I lindo castillo de arena
justo a la orilla del mar.
Después de que pasen las olas,
¿cuántos castillos habrá?

Ciencias

¿Qué hacen las olas?

Nombre _____

Mi relato de Matemáticas
Actividad de literatura

Repaso del vocabulario

uno más

uno menos

INSTRUCCIONES Dibuja un castillo de arena. Luego, añádele 8 objetos. Cuenta un cuento sobre tu castillo de arena a un compañero.

© Harcourt

G

Uno más y uno menos

1

2

INSTRUCCIONES 1. Dibuja un conjunto con una concha de mar más. **2.** Dibuja un conjunto con una concha de mar menos.

H

UNIDAD
6

La escuela y la casa

Queridos familiares:

Hoy en la clase comenzamos a estudiar la Unidad 6. Aprenderé a sumar y a restar. Estas son algunas palabras y actividades del vocabulario para que veamos juntos.

Con cariño, _____

Enriquece tu vocabulario

Vocabulario clave de Matemáticas

Sumar Combinar; unir dos conjuntos separados y hallar la cantidad total.

Restar El proceso de hallar cuántos quedan cuando se quita un número de objetos de un conjunto.

Actividad del vocabulario

Matemáticas en acción

Muestre a su niño un conjunto de 5 objetos y un conjunto de 2 objetos. Pregúntele cuántos objetos hay en total.

La escuela y la casa

Para recordar

Es probable que su niño ya sepa determinar cuántos objetos habrá en un conjunto si se suma uno más.

Actividad con el calendario

Marzo

domingo	lunes	martes	miércoles	jueves	viernes	sábado
	1	2	3	4	5	6
7	8	9	10	11	12	13
14	15	16	17	18	19	20
21	22	23	24	25	26	27
28	29	30	31			

Pida a su niño que sume todos los miércoles y todos los sábados de este mes.

Práctica (después de leer las páginas 283 y 284)

Pida a su niño que use el color rojo para encerrar en un círculo los días en una semana en que va a la escuela. Luego, pídale que use el color azul para encerrar en un círculo los días en una semana que no va a la escuela. Escriba un enunciado de suma que muestre estos datos.

Práctica (después de leer las páginas 307 y 308)

Pida a su niño que coloree todos los días de una semana. Luego, pídale que marque con una X los días en una semana que no va a la escuela. Escriba un enunciado de resta que muestre estos datos.

Literatura

Busquen libros en una biblioteca. A medida que lean cada libro, pida a su niño que señale las palabras del vocabulario de Matemáticas.

Toy Box Subtraction.
Fuller, Jill.
Children's Press, 2005.

Addition Annie.
Gisler, David.
Children's Press, 2002.

Construction Countdown.
Olson, K. C.
Henry Holt, 2004.

La suma

Tema: Diversión en el verano

Nombre _____

Muestra lo que sabes

INSTRUCCIONES   1 y 2. Encierra en un círculo el
conjunto que tiene más.

NOTA PARA LA FAMILIA: Esta página sirve para
comprobar si su niño comprende los conceptos y
las destrezas importantes que se necesitan para
tener éxito en el Capítulo 11.

© Harcourt

INSTRUCCIONES **1 y 2** Escucha el cuento y haz una dramatización.
Escribe el número que indica cuántos niños hay en total.

TEKS K.4 Se espera que el estudiante dé ejemplos y genere problemas de suma y resta en situaciones reales usando objetos concretos. *también* **TEKS K.13B, K.13C**

Capítulo 11 • Lección 1

_____

_____

_____

_____

_____

_____

INSTRUCCIONES 1. Escucha el cuento y haz
una dramatización. Escribe el número que indica
cuántos libros hay en total. 2. Escucha el cuento
y haz una dramatización. Escribe el número que
indica cuántos bloques hay en total.

ACTIVIDAD PARA LA CASA • Relate a su niño
un cuento breve en el que se sumen 2 objetos a
un grupo de 5. Pida al niño que use juguetes para
hacer la dramatización del cuento y que luego
escriba el número que indica cuántos objetos hay
en total.

© Harcourt

Nombre _____

 Representar la suma

 1

3   1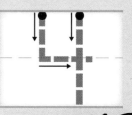

 2

2   4

8   2

INSTRUCCIONES   1 a 3. Escucha el cuento.
Represéntalo con cubos. Dibuja los cubos. Escribe el
número que indica cuántos hay en total.

© Harcourt

TEKS   K.4 Se espera que el estudiante dé ejemplos y
genere problemas de suma y resta en situaciones reales
usando objetos concretos. *también* **TEKS K.14A**

Capítulo 11 · Lección 2

doscientos setenta y tres   273

3   3

2

2   6

3

4   5

INSTRUCCIONES 1 a 3. Escucha el cuento. Represéntalo con cubos. Dibuja los cubos. Escribe el número que indica cuántos hay en total.

ACTIVIDAD PARA LA CASA · Relate a su niño un cuento breve sobre las vacaciones en el que se sumen 3 objetos a un grupo de 4. Pida al niño que use objetos pequeños, como frijoles, para formar cada uno de los grupos del cuento y que luego escriba el número que indica cuántos objetos hay en total.

274 doscientos setenta y cuatro

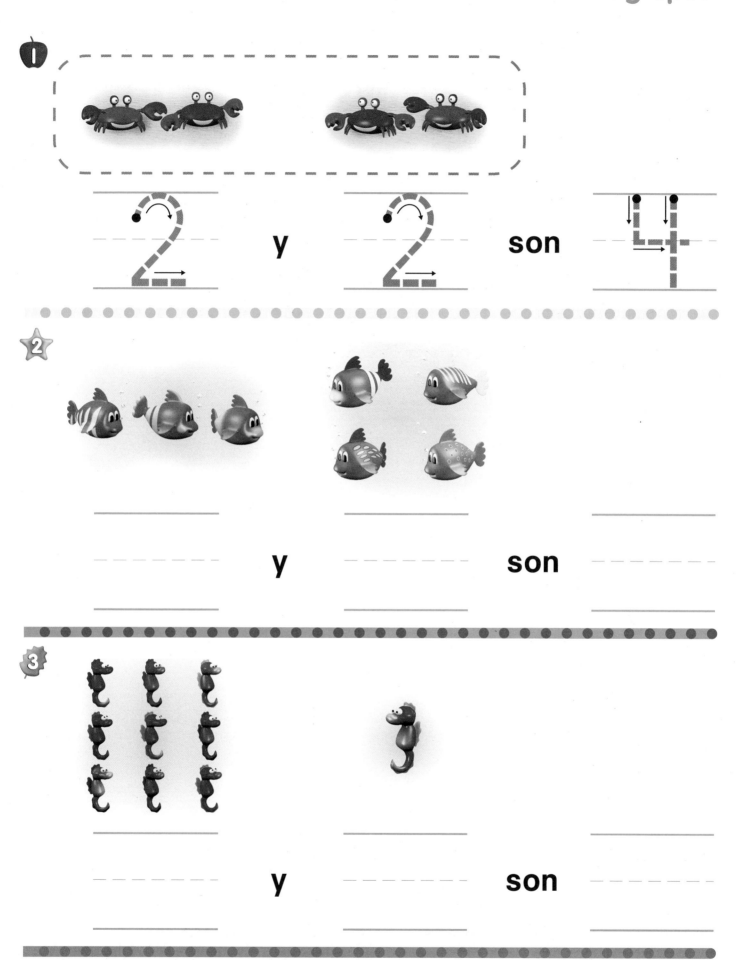

1

2 y 2 son 4

2

___ y ___ son ___

3

___ y ___ son ___

INSTRUCCIONES   1 a 3. Escribe cuántos hay en cada grupo. Encierra en un círculo los dos grupos. Escribe cuántos hay en total.

TEKS K.4 Se espera que el estudiante dé ejemplos y genere problemas de suma y resta en situaciones reales usando objetos concretos. **también TEKS K.14A**

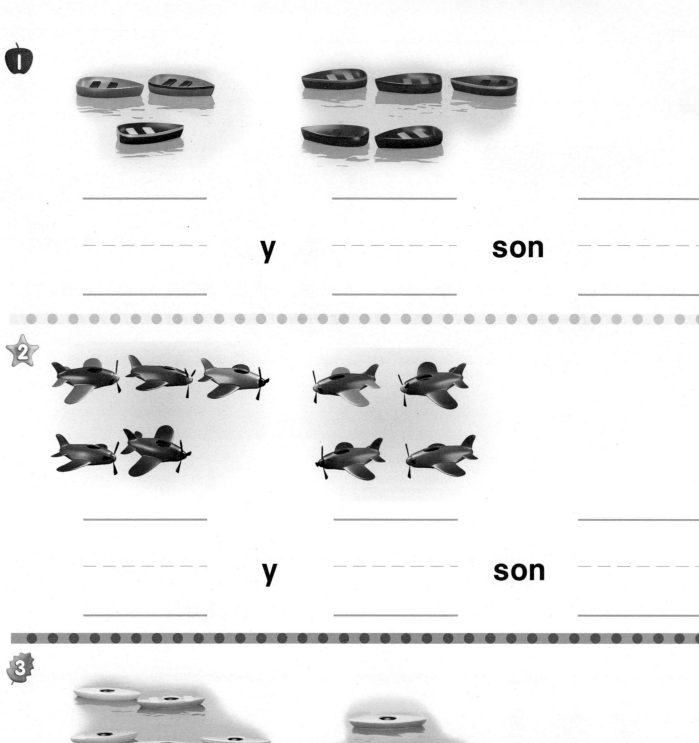

1

_____   _____   _____

_ _ _ _ _   y   _ _ _ _ _   son   _ _ _ _ _

_____   _____   _____

2

_____   _____   _____

_ _ _ _ _   y   _ _ _ _ _   son   _ _ _ _ _

_____   _____   _____

3

_____   _____   _____

_ _ _ _ _   y   _ _ _ _ _   son   _ _ _ _ _

_____   _____   _____

INSTRUCCIONES   1 a 3. Escribe cuántos hay en cada grupo. Encierra en un círculo los dos grupos. Escribe cuántos hay en total.

 ACTIVIDAD PARA LA CASA · Pida a su niño que dibuje un grupo de 2 pelotas de playa y un grupo de 7 pelotas de playa. Pídale que escriba cuántas pelotas hay en cada grupo. Luego, pídale que escriba cuántas pelotas hay en total.

Nombre _____

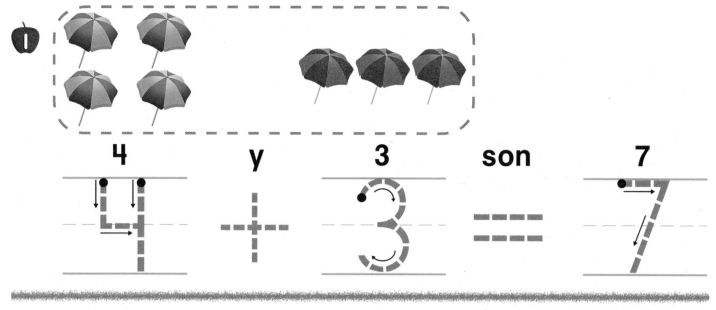

4   y   **3**   son   **7**

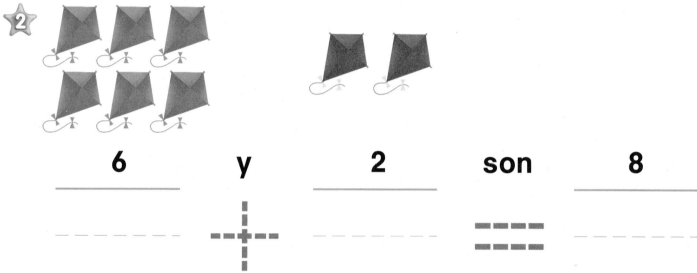

6   y   **2**   son   **8**

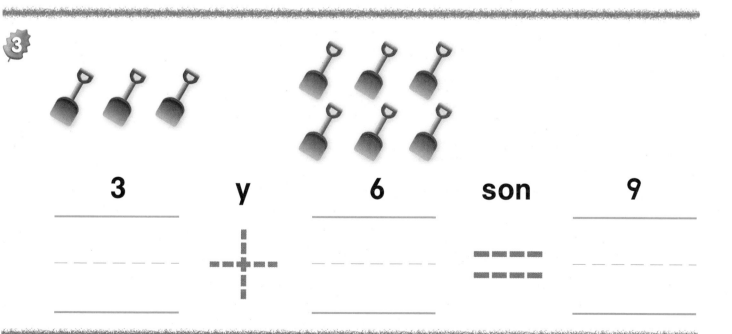

3   y   **6**   son   **9**

INSTRUCCIONES 1 a 3. Escribe cuántos hay en cada grupo. Encierra en un círculo los dos grupos. Traza los símbolos. Escribe cuántos hay en total.

TEKS K.4 Se espera que el estudiante dé ejemplos y genere problemas de suma y resta en situaciones reales usando objetos concretos. *también* TEKS K.14A, *también* TEKS K.14B

Capítulo 11 · Lección 4

doscientos setenta y siete   **277**

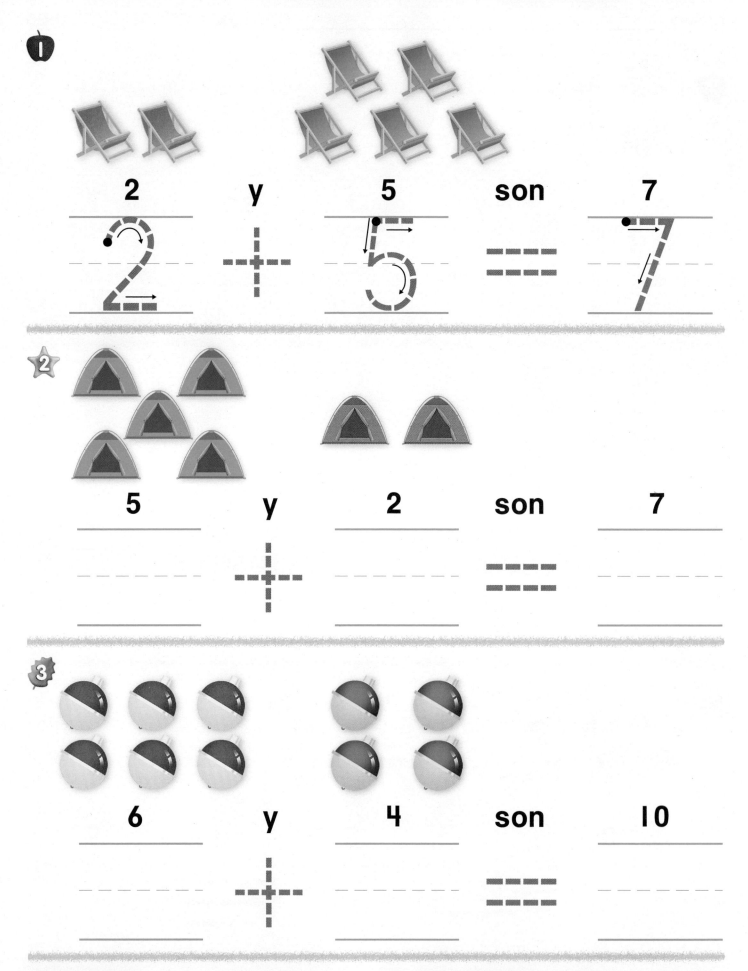

1

2   y   5   son   7

2 + 5 = 7

2

5   y   2   son   7

+ =

3

6   y   4   son   10

+ =

INSTRUCCIONES 1 a 3. Escribe cuántos hay en cada grupo. Encierra en un círculo los dos grupos. Traza los símbolos. Escribe cuántos hay en total.

 ACTIVIDAD PARA LA CASA · Pida a su niño que use objetos pequeños para representar uno de los enunciados de suma de esta página. Luego, pídale que combine los grupos que están antes del = para que muestren la misma cantidad que el número que está después del =.

Nombre _____

 Repaso de la mitad del capítulo

 1

3   4   ------

2

_____   _____   _____

_____   **y**   _____   **son**   _____

3

   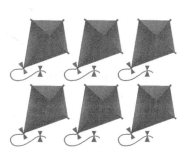

2   y   6   son   8

_____   _____   _____

_____ _____   ═══

INSTRUCCIONES 1. Representa los números con cubos. Dibuja los cubos. Escribe el número que muestra cuántos hay en total. (TEKS K.4) **2.** Escribe cuántos hay en cada grupo. Encierra en un círculo los dos grupos. Escribe cuántos hay en total. (TEKS K.4) **3.** Escribe cuántas hay en cada grupo. Encierra en un círculo los dos grupos. Traza los símbolos. Escribe cuántas hay en total. (TEKS K.4)

© Harcourt

Capítulo 11

© Harcourt

doscientos setenta y nueve **279**

Repaso acumulativo

1

1	2	3	4	5	6	7	8	9	10
11	12	13	14	15	16	17	18	19	20
21	22	23	24	25	26	27	28	29	30
31	32	33	34	35	36	37	38	39	40
41	42	43	44	45	46	47	48	49	50

2

aproximadamente _ _ _ _ _ _ _ _

3

4

_ _ _ _ _ **y** _ _ _ _ _ **son** _ _ _ _ _

INSTRUCCIONES **1.** Colorea de azul todos los números que terminan en 5 o en 0. Tócalos mientras cuentas de cinco en cinco. (TEKS K.6A) **2.** Usa clips para medir la hortaliza. Escribe aproximadamente cuántos clips de largo tiene. (TEKS K.13D) **3.** Encierra en un círculo el calzado que sería más probable que usaras si estuvieras en esta ilustración. (TEKS K.10E) **4.** Escribe cuántos hay en cada grupo. Encierra en un círculo los dos grupos. Escribe cuántos hay en total. (TEKS K.4)

280 doscientos ochenta

© Harcourt

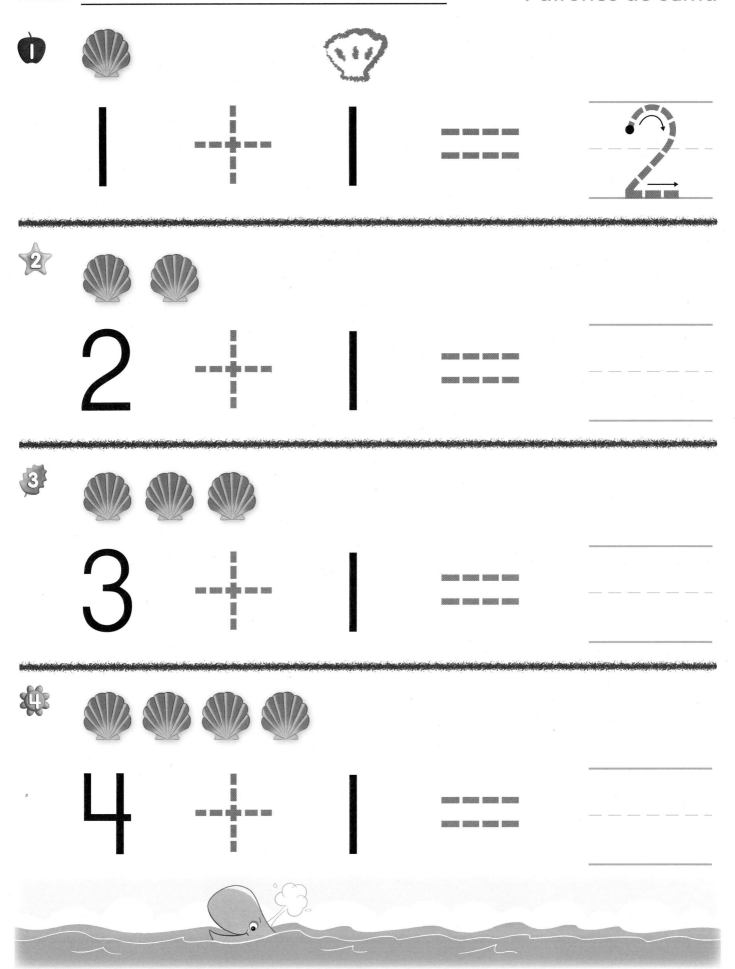

1

$1 + 1 = $ **2**

2

$2 + 1 = $ _____

3

$3 + 1 = $ _____

4

$4 + 1 = $ _____

INSTRUCCIONES   1 a 4. ¿Cuántas conchas de mar hay? Dibuja una concha de mar más. Escribe el número de conchas de mar que hay en total para completar el enunciado de suma.

TEKS K. 4 Se espera que el estudiante dé ejemplos y genere problemas de suma y resta en situaciones reales usando objetos concretos. *también* **TEKS K.6A, K.14A**

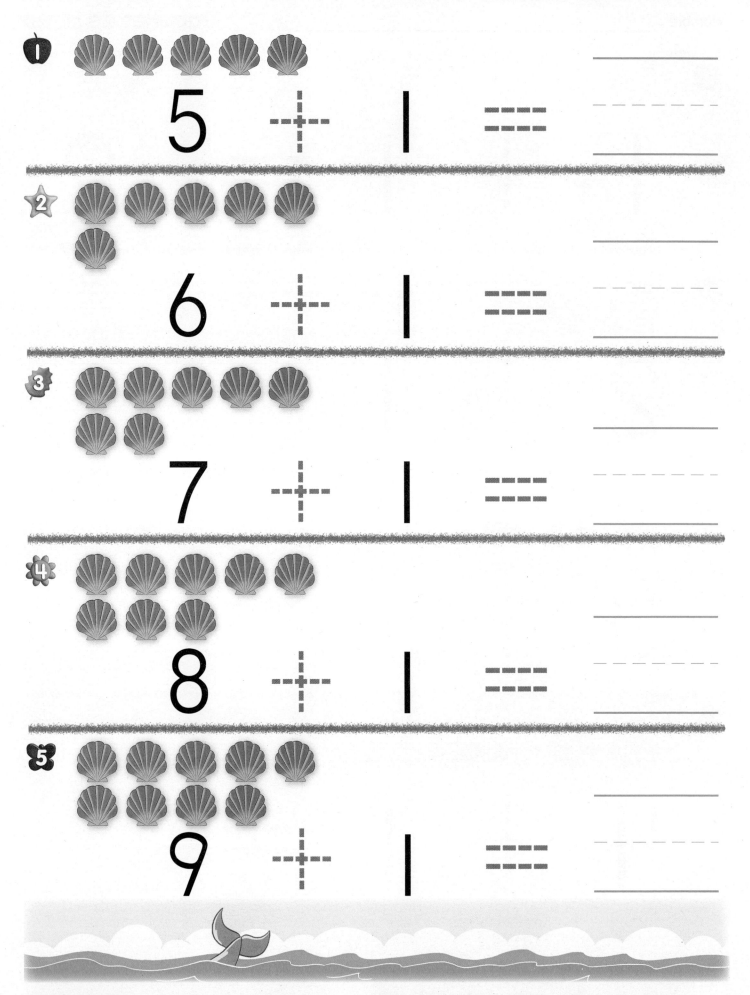

1 5 + 1 = _____

2 6 + 1 = _____

3 7 + 1 = _____

4 8 + 1 = _____

5 9 + 1 = _____

INSTRUCCIONES 1 a 5. ¿Cuántas conchas de mar hay? Dibuja una concha de mar más. Escribe el número de conchas de mar que hay en total para completar el enunciado de suma.

 ACTIVIDAD PARA LA CASA · Dibuje algunos objetos en una columna que comience con un conjunto de 1 y termine con un conjunto de 9. Luego, pida a su niño que dibuje un objeto más junto a cada conjunto y que escriba cuántos hay en total.

282 doscientos ochenta y dos

© Harcourt

Nombre _____

Enunciados de suma

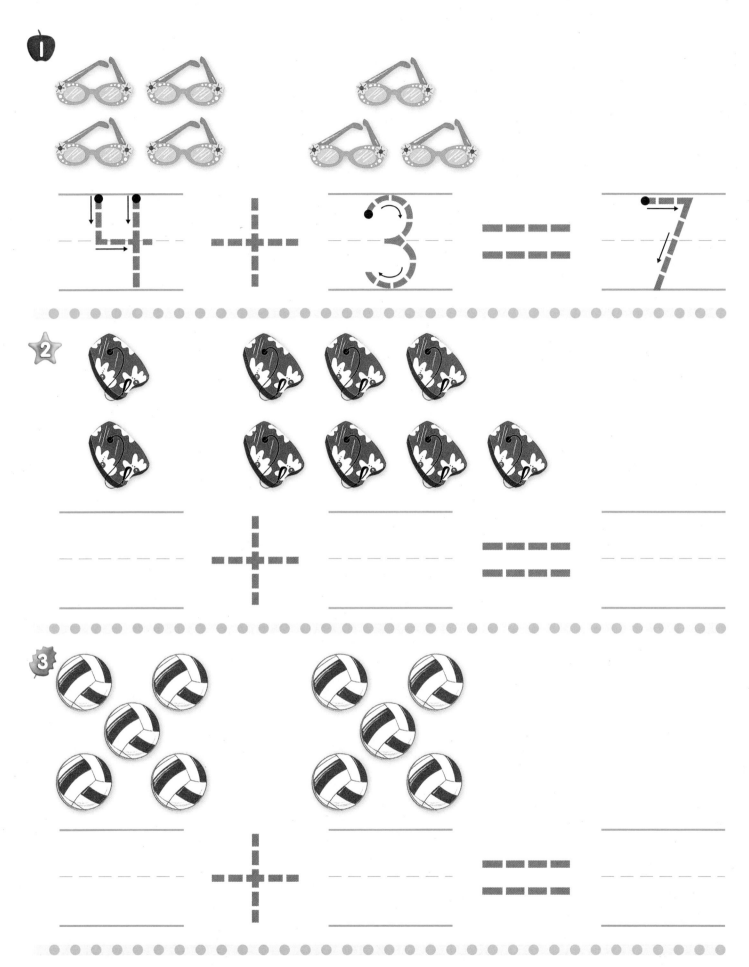

1

$$4 + 3 = 7$$

2

$$\rule{2cm}{0.4pt} + \rule{2cm}{0.4pt} = \rule{2cm}{0.4pt}$$

3

$$\rule{2cm}{0.4pt} + \rule{2cm}{0.4pt} = \rule{2cm}{0.4pt}$$

INSTRUCCIONES Relata un cuento sobre los objetos. Completa el enunciado de suma.

© Harcourt

TEKS K.4 Se espera que el estudiante dé ejemplos y genere problemas de suma y resta en situaciones reales usando objetos concretos. *también* TEKS K.14A

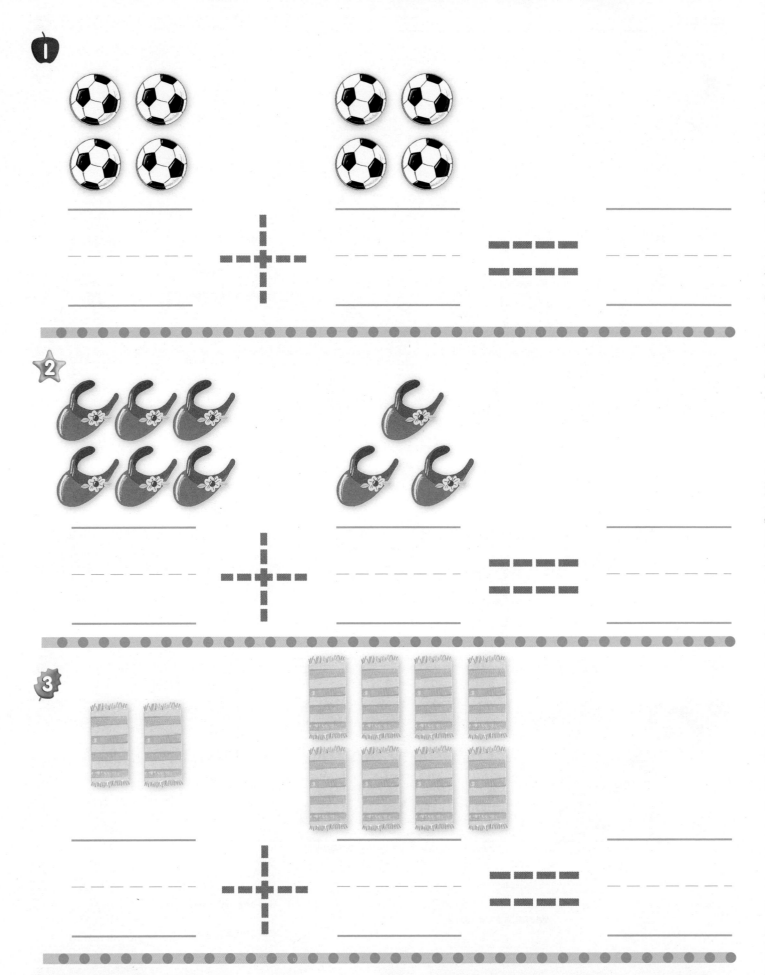

ACTIVIDAD PARA LA CASA · Dé a su niño 6 calcetines de un color y 4 calcetines de otro color. Pídale que relate un cuento sobre los calcetines. Luego, escriba este enunciado de suma y pida al niño que lo complete: _ + _ = _.

© Harcourt

Crear y representar problemas de suma

1

$2 + 5 = 7$

2

___ + ___ = ___

INSTRUCCIONES   1 a 2. Relata un cuento de suma. Representa tu cuento con fichas. Dibuja las fichas. Completa el enunciado de suma.

TEKS K.4 Se espera que el estudiante dé ejemplos y genere problemas de suma y resta en situaciones reales usando objetos concretos. *también* **TEKS K.14A**

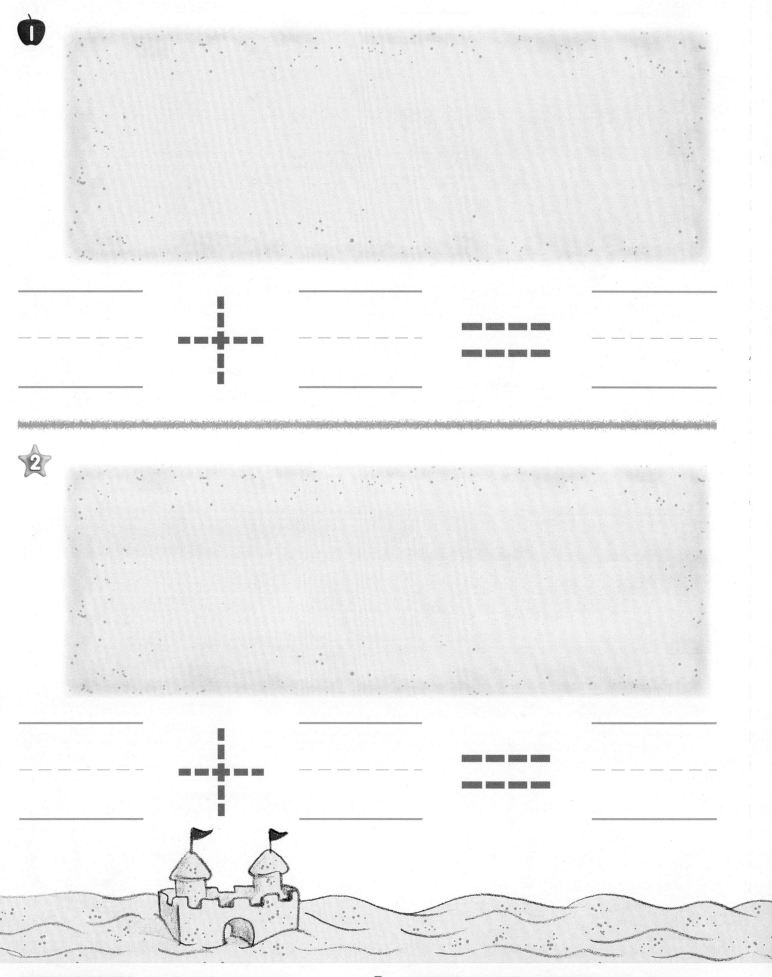

1

_____ $+$ _____ $=$ _____

2

_____ $+$ _____ $=$ _____

INSTRUCCIONES   1 a 2. Relata un cuento de suma. Representa tu cuento con fichas. Dibuja las fichas. Completa el enunciado de suma.

 ACTIVIDAD PARA LA CASA · Pida a su niño que elija un problema de esta página. Pídale que le relate el cuento de suma y que luego explique la manera como el enunciado de suma muestra el cuento.

Nombre _____

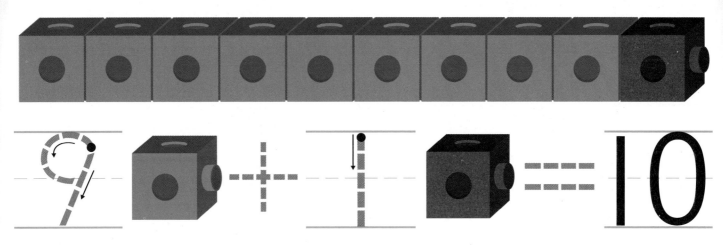

$$9 + 1 = 10$$

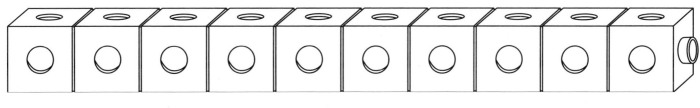

$$\underline{} + \underline{} = 10$$

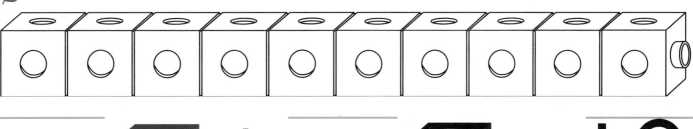

$$\underline{} + \underline{} = 10$$

INSTRUCCIONES   1 a 3. Usa cubos de dos colores para mostrar diferentes maneras de formar 10. Colorea los cubos. Completa el enunciado de suma de cada modelo.

© Harcourt

TEKS K.4 Se espera que el estudiante dé ejemplos y genere problemas de suma y resta en situaciones reales usando objetos concretos. *también* **TEKS K.13B, TEKS K.14A**

Capítulo 11 • Lección 8
doscientos ochenta y siete 287

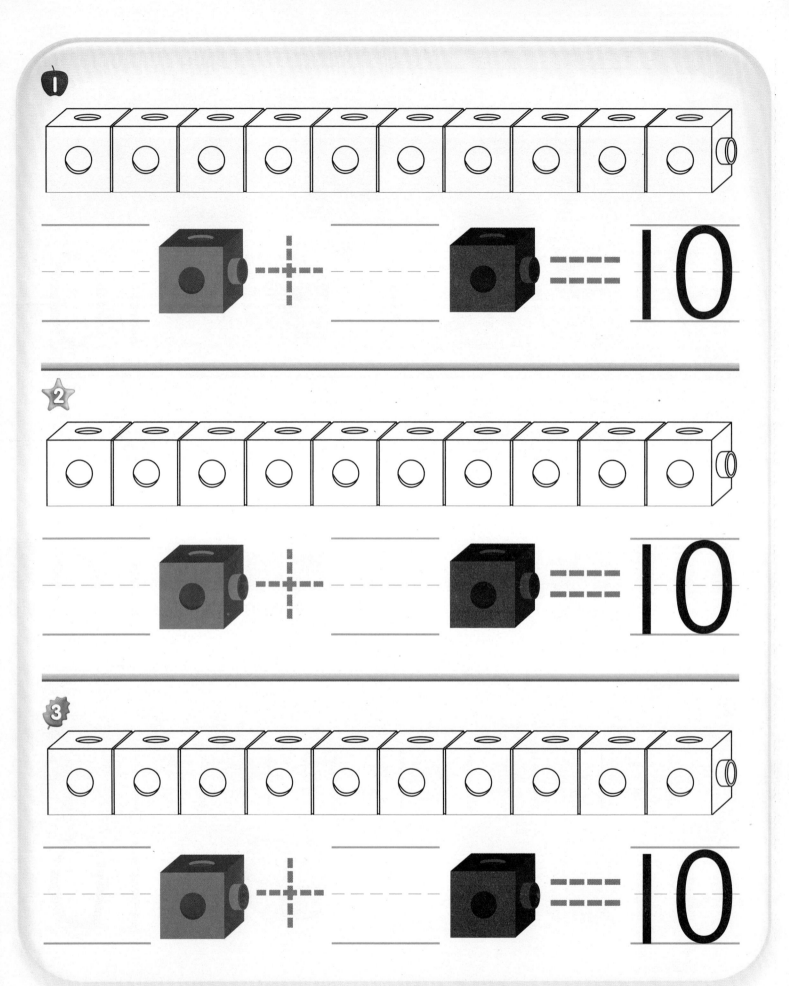

1

_____ + _____ = 10

2

_____ + _____ = 10

3

_____ + _____ = 10

INSTRUCCIONES 1 a 3. Usa cubos de dos colores para mostrar diferentes maneras de formar 10. Colorea los cubos. Completa el enunciado de suma de cada modelo.

 ACTIVIDAD PARA LA CASA · Dé diez monedas de 1¢ a su niño. Pídale que distribuya las monedas para mostrar diferentes combinaciones de cara y cruz. Escriba los enunciados de suma.

⭐ Repaso/Prueba del capítulo

1

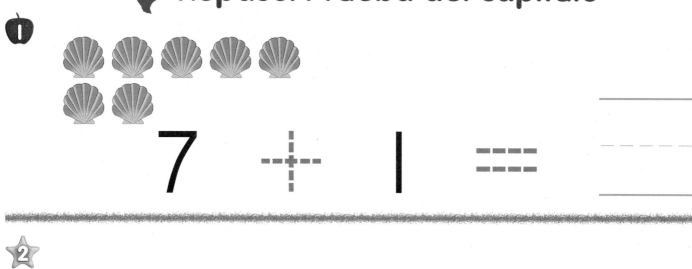

$$7 + 1 = \underline{\qquad}$$

2

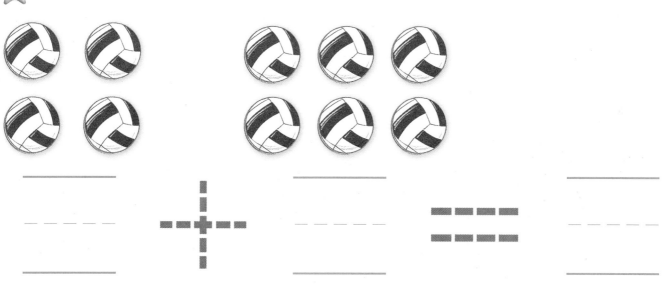

$$\underline{\qquad} + \underline{\qquad} = \underline{\qquad}$$

3

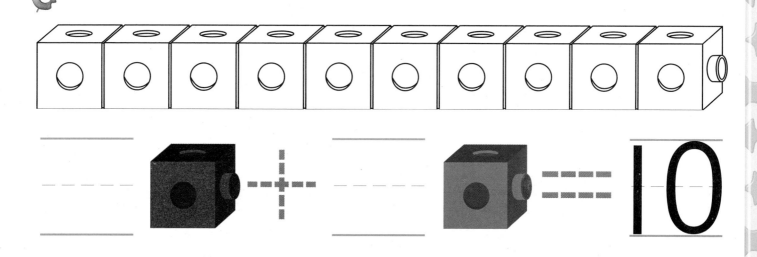

$$\underline{\qquad} + \underline{\qquad} = 10$$

INSTRUCCIONES   1. ¿Cuántas conchas de mar hay? Dibuja una concha de mar más. Escribe el número de conchas de mar que hay en total para completar el enunciado de suma. (TEKS K.4)   **2.** Relata un cuento sobre los objetos. Completa el enunciado de suma. (TEKS K.4)   **3.** Usa cubos de dos colores para representar una manera de formar 10. Colorea los cubos. Completa el enunciado de suma. (TEKS K.4)

1

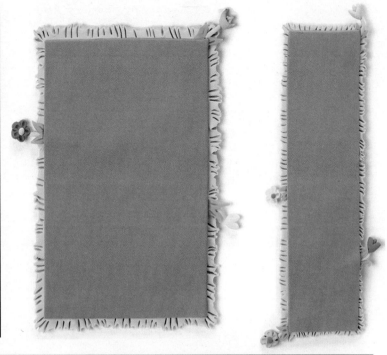

2

3

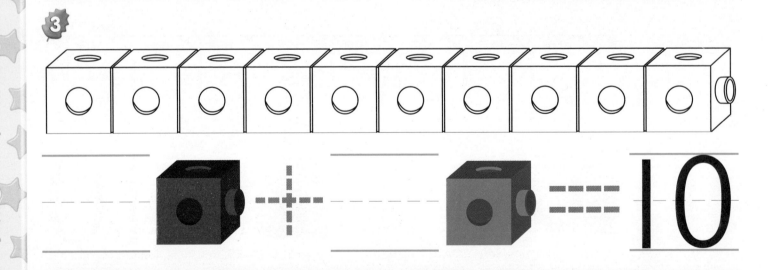

$$\underline{\hspace{3cm}} + \underline{\hspace{3cm}} = 10$$

INSTRUCCIONES   1. Usa fichas cuadradas de colores para hallar el huerto que tiene la misma área que el primer huerto de la fila. Encierra en un círculo el huerto. (TEKS K.10B)
2. Marca con una X la actividad que predices que tomará más tiempo. Haz una dramatización de las dos actividades. Encierra en un círculo la que tomó más tiempo. (TEKS K.11A)   **3.** Usa cubos de dos colores para representar una manera de formar 10. Colorea los cubos. Completa el enunciado de suma. (TEKS K.4)

290   doscientos noventa

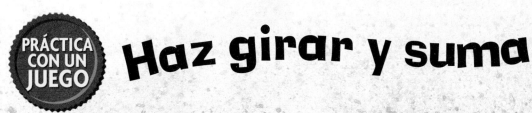

Haz girar y suma

Haz girar y suma
Jugador 1
Jugador 2

INSTRUCCIONES Juega con un compañero. Decidan quién comienza. Túrnense para hacer girar los clips y obtener un número de cada rueda. Usa cubos para representar tus números y forma un tren de cubos para mostrar cuántos hay en total. Compara tu tren de cubos con el de tu compañero. En la tabla, haz una marca de conteo en el recuadro del jugador que tiene más cubos. Gana el jugador que tiene más marcas de conteo después de hacer girar los clips en las ruedas cinco veces.

MATERIALES: dos clips, lápices, cubos interconectables

Enriquecimiento • Dobles, dobles y uno más

$1 + 1 =$ _____

$3 + 4 =$ _____

$3 + 3 =$ _____

$2 + 3 =$ _____

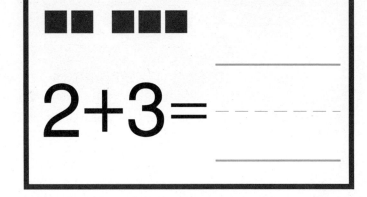

$4 + 4 =$ _____

$1 + 2 =$ _____

$2 + 2 =$ _____

$4 + 5 =$ _____

INSTRUCCIONES Completa el enunciado de suma para cada modelo.
Luego, conéctalo con el enunciado de suma que muestra uno más.

La resta

Tema: La vida en el océano

© Harcourt

✓ Muestra lo que sabes

1

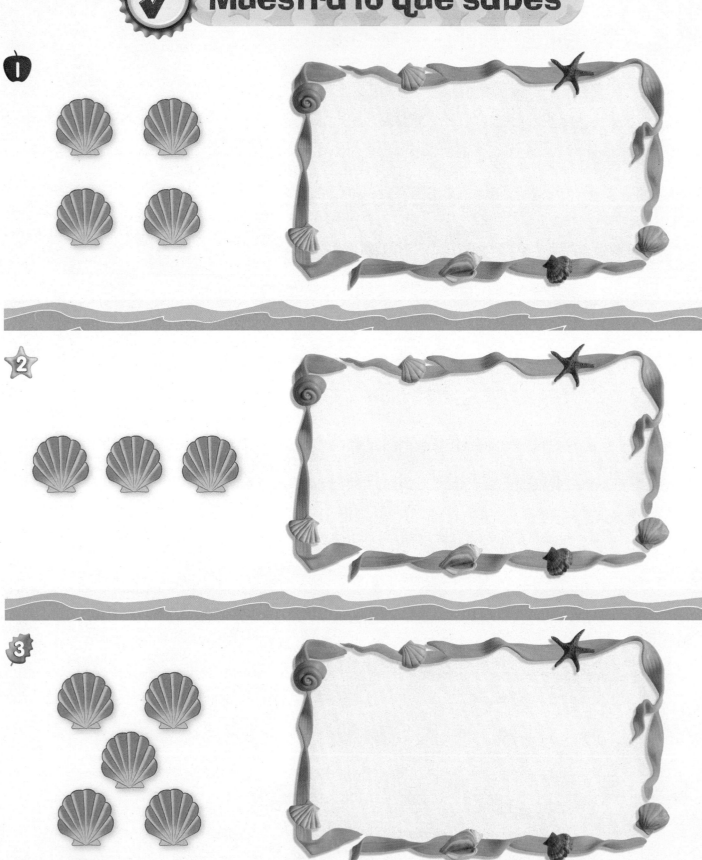

2

3

INSTRUCCIONES 1 a 3. ¿Cuántas conchas de mar hay? Dibuja un conjunto con una concha de mar menos.

 NOTA PARA LA FAMILIA: Esta página sirve para comprobar si su niño comprende los conceptos y las destrezas importantes que se necesitan para tener éxito en el Capítulo 12.

© Harcourt

Taller de resolución de problemas
Estrategia • Hacer una dramatización

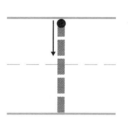

INSTRUCCIONES 1 a 2. Escucha el cuento y haz una dramatización. Escribe el número que indica cuántos niños quedan.

© Harcourt

TEKS K.4 Se espera que el estudiante dé ejemplos y genere problemas de suma y resta en situaciones reales usando objetos concretos. *también* **TEKS K.13B, TEKS K.13C**

INSTRUCCIONES 1. Escucha el cuento y haz una dramatización. Escribe el número que indica cuántos libros quedan. 2. Escucha el cuento y haz una dramatización. Escribe el número que indica cuántos vasos quedan.

ACTIVIDAD PARA LA CASA • Relate un breve cuento de resta a su niño. Pídale que use juguetes para hacer una dramatización del cuento y que luego escriba el número que indica cuántos juguetes quedan.

296 doscientos noventa y seis

© Harcourt

1

3   1   2

2

9   2   _____

INSTRUCCIONES 1 a 2. Escucha el cuento.
**Represéntalo con cubos. Escribe el número que
indica cuántos quedan.**

TEKS K.4 Se espera que el estudiante dé ejemplos y genere problemas
de suma y resta en situaciones reales usando objetos concretos. *también*
TEKS K.14A

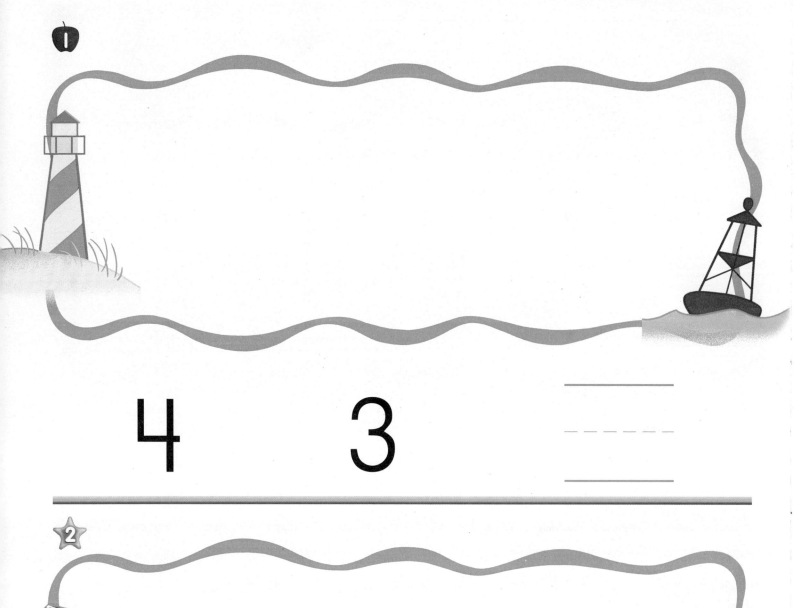

4   3 _____

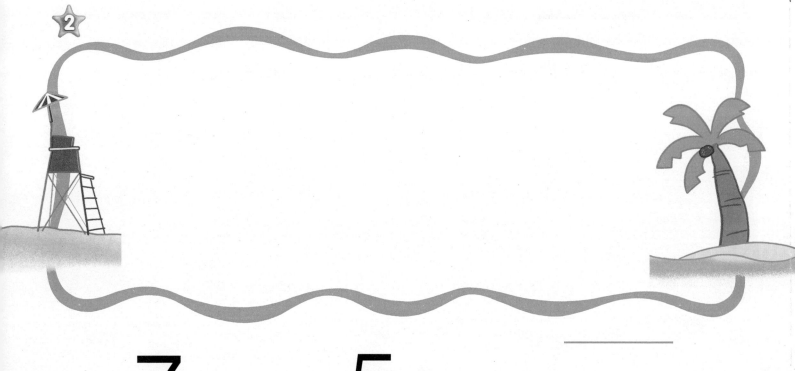

7   5 _____

INSTRUCCIONES 1 a 2. Escucha el cuento. Represéntalo con cubos. Escribe el número que indica cuántos quedan.

 ACTIVIDAD PARA LA CASA • Relate un breve cuento de resta a su niño. Pídale que use objetos para hacer una dramatización del cuento y que diga cuántos objetos quedan.

Nombre _____

MANOS A LA OBRA

1

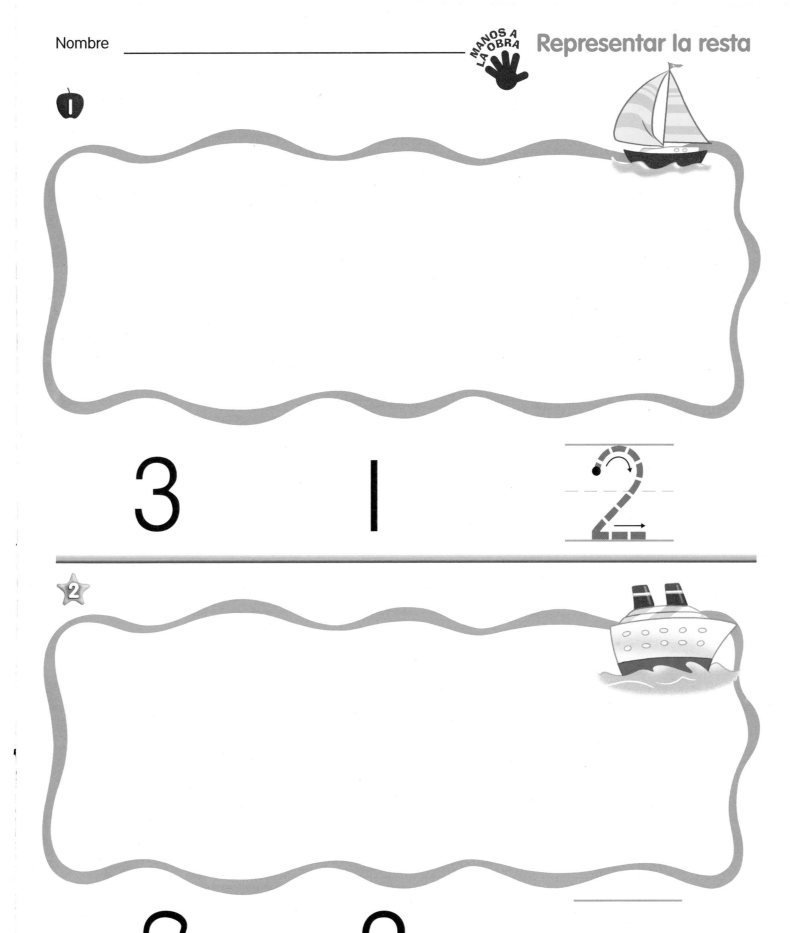

3   1   2

2

9   2

INSTRUCCIONES 1 a 2. Escucha el cuento.
Represéntalo con cubos. Escribe el número que
indica cuántos quedan.

TEKS K.4 Se espera que el estudiante dé ejemplos y genere problemas
de suma y resta en situaciones reales usando objetos concretos. *también*
TEKS K.14A

© Harcourt

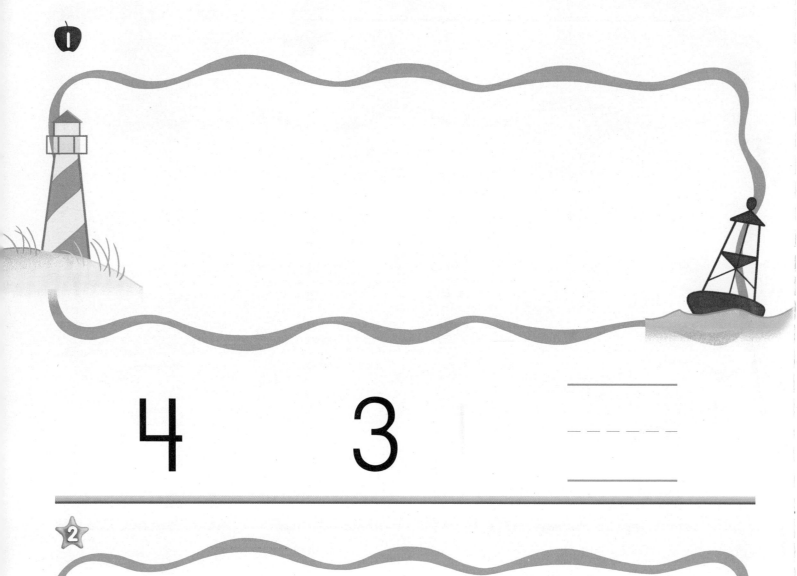

4   3

_____
_ _ _ _ _
_____

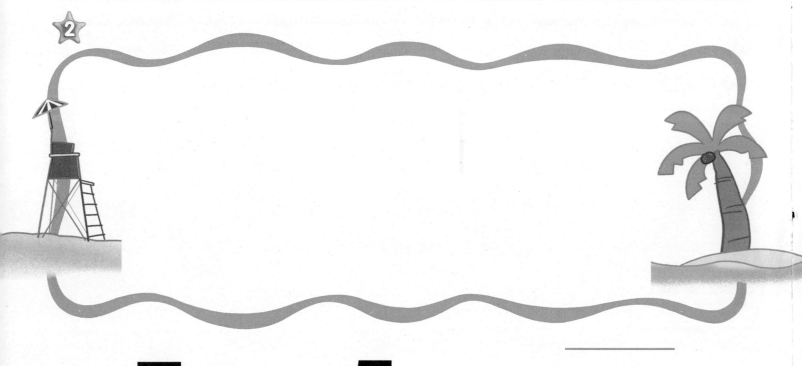

7   5

_____
_ _ _ _ _
_____

INSTRUCCIONES   **I a 2.** Escucha el cuento.
Represéntalo con cubos. Escribe el número que
indica cuántos quedan.

 ACTIVIDAD PARA LA CASA · Relate un breve
cuento de resta a su niño. Pídale que use objetos
para hacer una dramatización del cuento y que
diga cuántos objetos quedan.

Nombre _____

Si de **6** quitas **4** quedan **2**

Si de _____ quitas **7** quedan _____

Si de _____ quitas **5** quedan _____

INSTRUCCIONES   I a 3. Escribe cuántos hay en total. Marca con una X los animales que se quitan. Escribe cuántos quedan.

© Harcourt

TEKS K.4 Se espera que el estudiante dé ejemplos y genere problemas de suma y resta en situaciones reales usando objetos concretos. *también* TEKS K.14A

Capítulo 12 · Lección 3

doscientos noventa y nueve   **299**

1

Si de _____ quitas **4** quedan

_____

2

Si de _____ quitas **2** quedan

_____

3

Si de _____ quitas **7** quedan

_____

INSTRUCCIONES 1 a 3. Escribe cuántos hay en total. Marca con una X los animales que se quitan. Escribe cuántos quedan.

 ACTIVIDAD PARA LA CASA · Pida a su niño que dibuje un grupo de diez globos o menos. Luego, pídale que marque con una X algunos globos para mostrar que se han reventado. Pida al niño que escriba el número que indica cuántos globos quedan.

1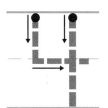

Si de   **7**   quitas   **4**   quedan   **3**

$$7 - 4 = 3$$

2

Si de   **10**   quitas   **6**   quedan   **4**

___   ___   ___

3

Si de   **8**   quitas   **2**   quedan   **6**

___   ___   ___

INSTRUCCIONES   1 a 3. Escribe cuántos peces hay en total. Marca con una X los peces que se quitan. Completa el enunciado de resta para mostrar cuántos quedan.

TEKS K.4 Se espera que el estudiante dé ejemplos y genere problemas de suma y resta en situaciones reales usando objetos concretos. *también* **TEKS K.14A, K.14B**

1

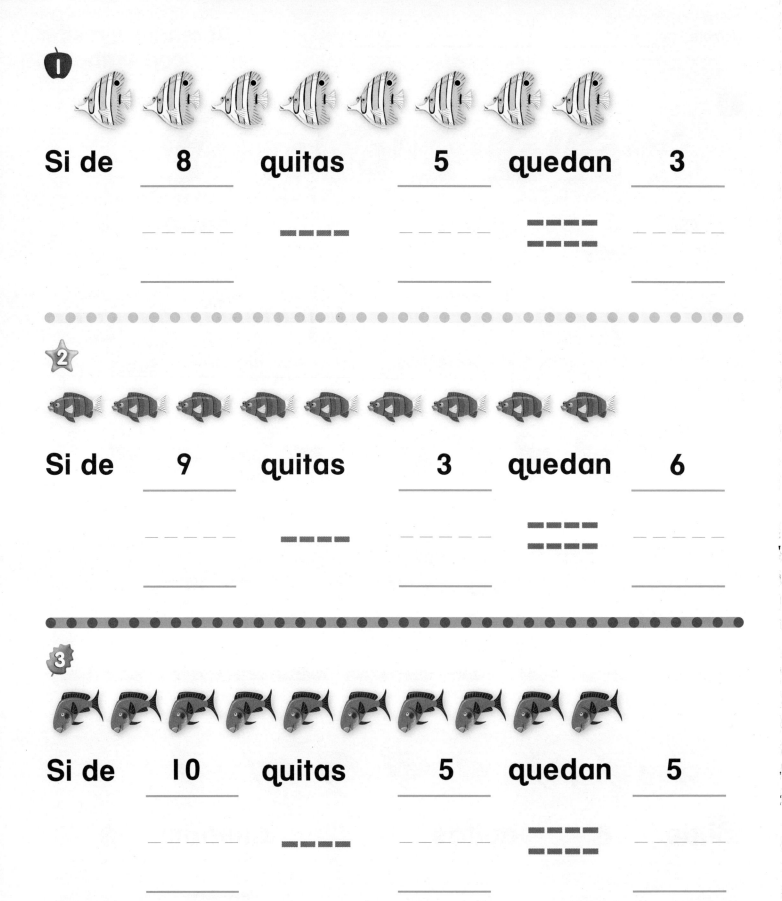

Si de   8   quitas   5   quedan   3

___ ▬▬▬▬ ___ ▬▬▬▬ ___
                       ▬▬▬▬

___

2

Si de   9   quitas   3   quedan   6

___ ▬▬▬▬ ___ ▬▬▬▬ ___
                       ▬▬▬▬

___

3

Si de   10   quitas   5   quedan   5

___ ▬▬▬▬ ___ ▬▬▬▬ ___
                       ▬▬▬▬

___

INSTRUCCIONES   1 a 3. Escribe cuántos peces hay en total. Marca con una X los peces que se quitan. Completa el enunciado de resta para mostrar cuántos quedan.

 ACTIVIDAD PARA LA CASA · Pida a su niño que elija un enunciado de resta de la página. Pídale que señale el signo que representa *quitar* y el signo que indica *es igual a*. Pida al niño que le diga cuál número muestra cuántos hay en total, cuál muestra cuántos se quitan y cuál muestra cuántos quedan.

Nombre _____

Repaso de la mitad del capítulo

1

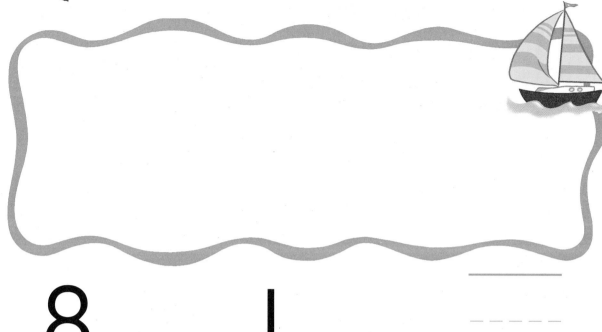

8   1   _____

2

_____

Si de _____ quitas **6** quedan

_____

3

Si de   8   quitas   5   quedan   3

_____   ----   ====

_____

INSTRUCCIONES **1.** Escucha el cuento. Represéntalo con cubos. Escribe el número que muestra cuántos quedan. (TEKS K.4) **2.** Escribe cuántos hay en total. Marca con una X los animales que se quitan. Escribe cuántos quedan. (TEKS K.4) **3.** Escribe cuántos peces hay en total. Marca con una X los peces que se quitan. Completa el enunciado de resta para mostrar cuántos quedan. (TEKS K.4)

© Harcourt

Repaso acumulativo

❶

❷

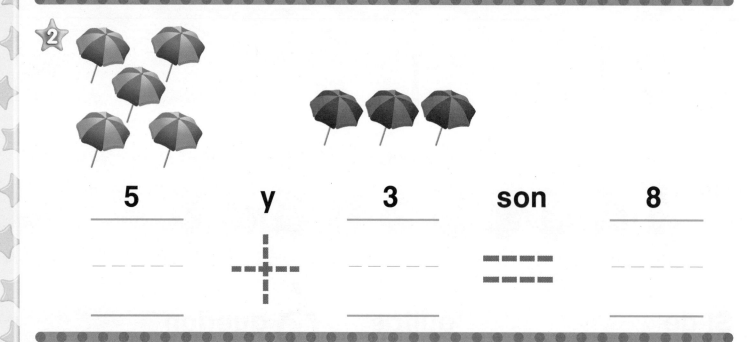

5	y	3	son	8
	+		=	

❸

Si de 10 quitas 5 quedan 5

| | − | | = | |

INSTRUCCIONES   1. Forma un tren de cubos que tenga la misma longitud. Dibújalo. (TEKS K.10A) **2.** Escribe cuántas hay en cada grupo. Encierra en un círculo los dos grupos. Traza los símbolos. Escribe cuántas hay en total. (TEKS K.4) **3.** Escribe cuántos peces hay en total. Marca con una X los peces que se quitan. Completa el enunciado de resta para mostrar cuántos quedan. (TEKS K.4)

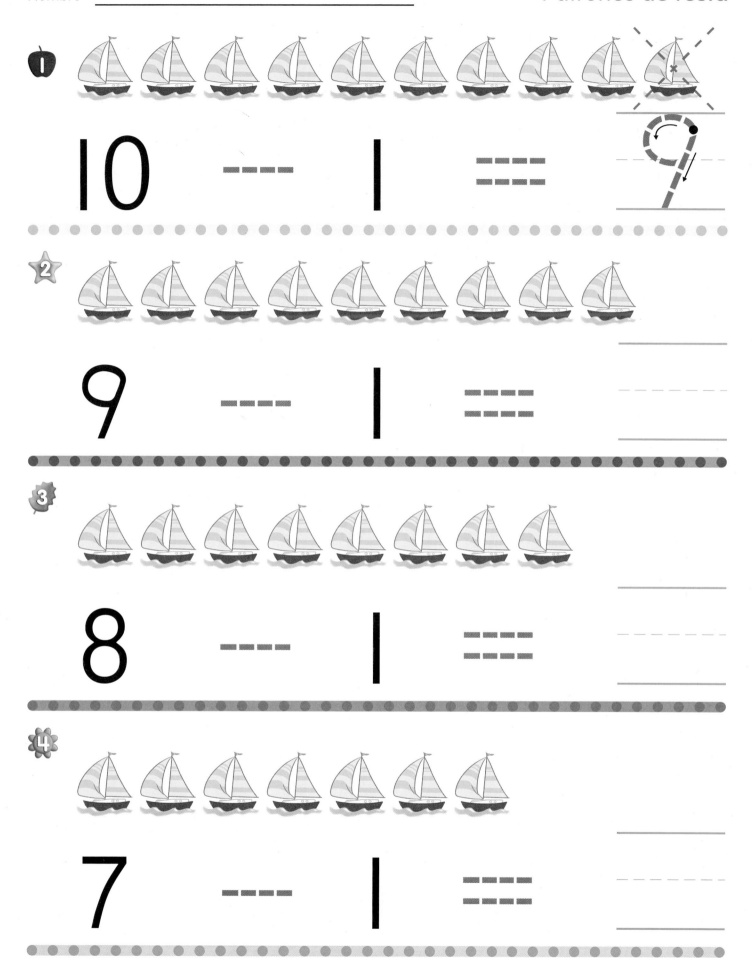

1

$10 \; -- \; 1 = 9$

2

$9 \; -- \; 1 \; == \;$ _____

3

$8 \; -- \; 1 \; === \;$ _____

4

$7 \; -- \; 1 \; === \;$ _____

INSTRUCCIONES I a 4. ¿Cuántos veleros hay en total? Marca con una X el velero que se quita. Completa el enunciado de resta para mostrar cuántos veleros quedan.

TEKS K.4 Se espera que el estudiante dé ejemplos y genere problemas de suma y resta en situaciones reales usando objetos concretos. *también* TEKS K.6A, K.14A

Capítulo 12 · Lección 5

trescientos cinco

305

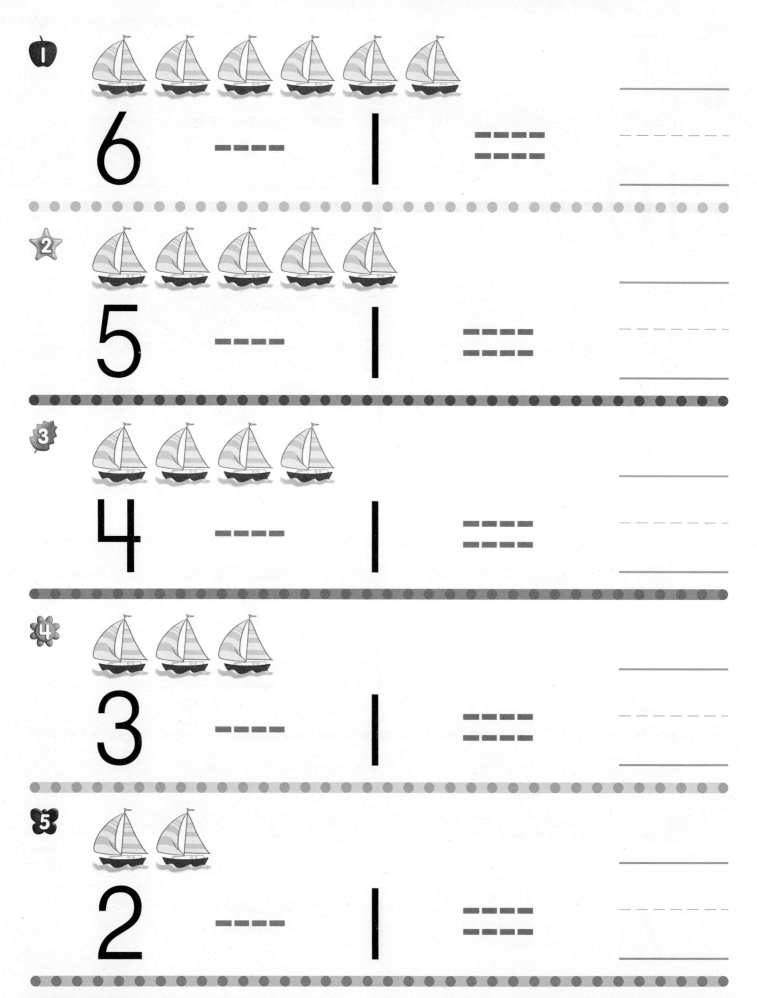

1
6 --- 1 ===

2
5 --- 1 ===

3
4 --- 1 ===

4
3 --- 1 ===

5
2 --- 1 ===

INSTRUCCIONES 1 a 5. ¿Cuántos veleros hay en total? Marca con una X el velero que se quita. Completa el enunciado de resta para mostrar cuántos veleros quedan.

 ACTIVIDAD PARA LA CASA • Pida a su niño que use juguetes para representar y describir el patrón numérico que se muestra en esta página.

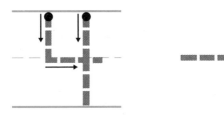  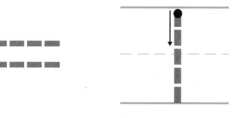

4 − 3 = 1

_____ − _____ = _____

_____ − _____ = _____

INSTRUCCIONES   I a 3.   Relata un cuento sobre las aves.
Completa el enunciado de resta.

© Harcourt

TEKS K.4 Se espera que el estudiante dé ejemplos y genere problemas de suma
y resta en situaciones reales usando objetos concretos. *también* **TEKS K.14A,
K.14B**

1

_____ _____ _____

_ _ _ _ _ _ _ _ _ ▄▄▄▄ ▄▄ ▄▄ ▄▄ _ _ _ _ _ ▄▄ ▄▄ ▄▄ _ _ _ _ _
▄▄ ▄▄ ▄▄

_____ _____ _____

2

_____ _____ _____

_ _ _ _ _ _ ▄▄ ▄▄ ▄▄ _ _ _ _ _ ▄▄ ▄▄ ▄▄ _ _ _ _
▄▄ ▄▄ ▄▄

_____ _____ _____

 3

_____ _____ _____

_ _ _ _ _ ▄▄ ▄▄ ▄▄ _ _ _ _ _ ▄▄ ▄▄ ▄▄ _ _ _ _ _
▄▄ ▄▄ ▄▄

_____ _____ _____

INSTRUCCIONES   1 a 3. Relata un cuento sobre las aves. Completa el enunciado de resta.

 ACTIVIDAD PARA LA CASA · Ponga varios libros frente a su niño y luego quite algunos. Pídale que relate un cuento de resta sobre los libros. Luego, escriba estos símbolos y pida al niño que complete el enunciado de resta:
__ – __ = __.

308 trescientos ocho

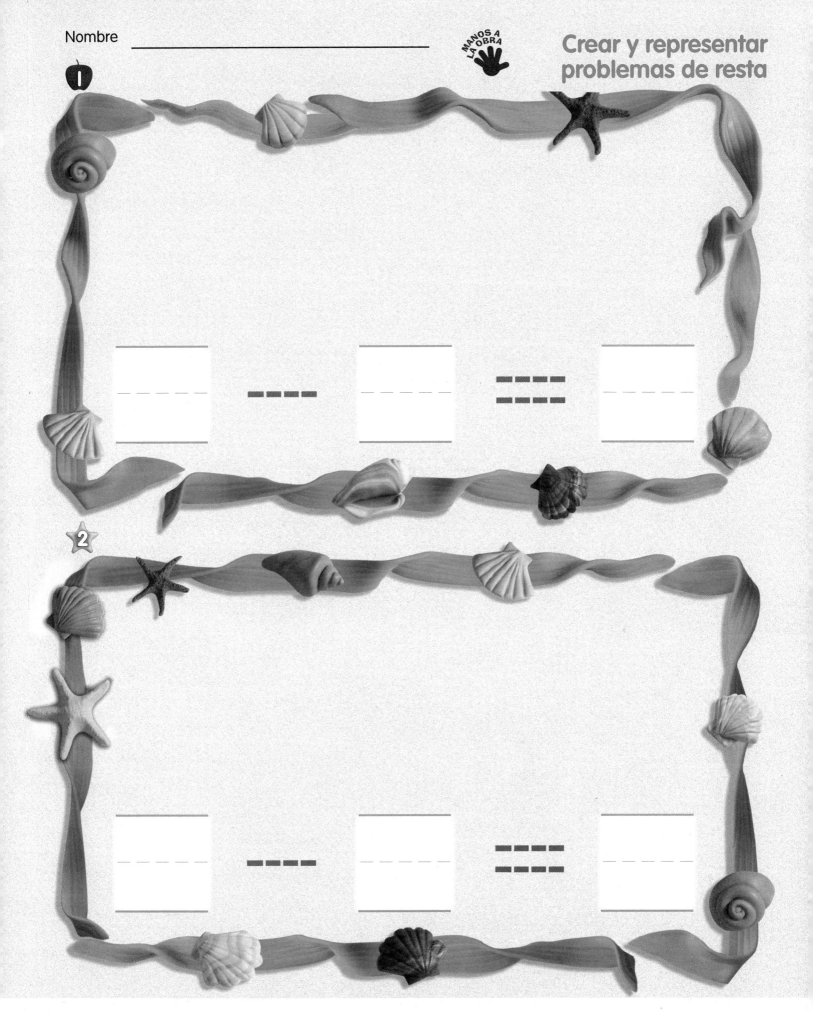

1

$\boxed{}$ $-$ $\boxed{}$ $=$ $\boxed{}$

2

$\boxed{}$ $-$ $\boxed{}$ $=$ $\boxed{}$

INSTRUCCIONES   I a 2.   Relata un cuento de resta. Representa tu cuento con fichas. Dibuja las fichas. Marca con una X las fichas que se quitan. Completa el enunciado de resta.

© Harcourt

TEKS K.4 Se espera que el estudiante dé ejemplos y genere problemas de suma y resta
en situaciones reales usando objetos concretos. *también* TEKS K.14A, K.14B

Capítulo 12 · Lección 7

trescientos nueve

309

1

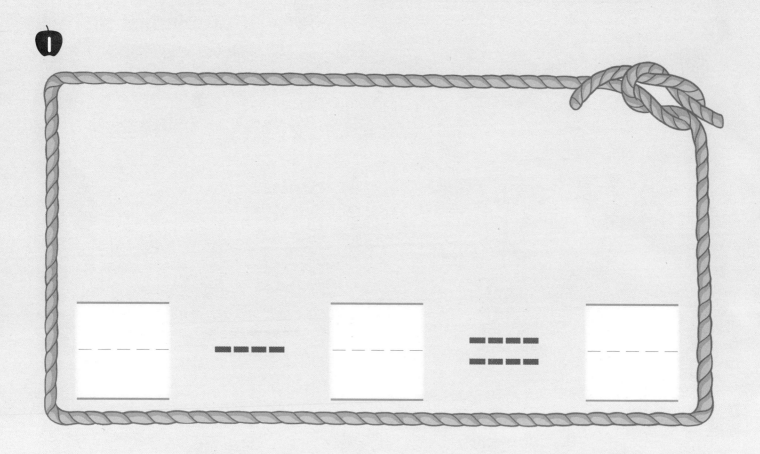

2

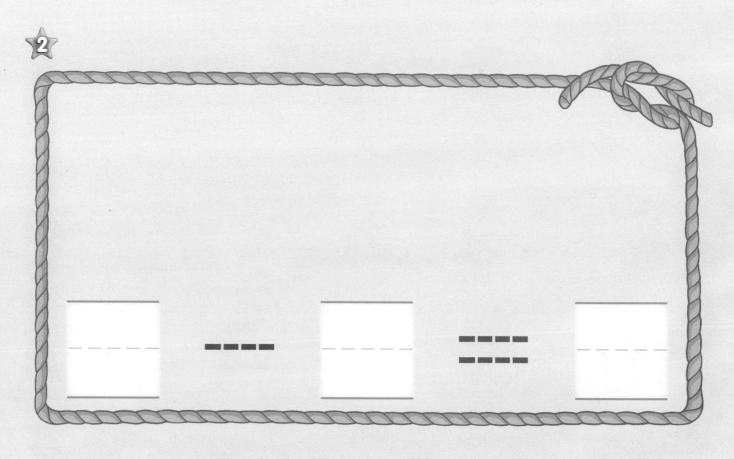

INSTRUCCIONES 1 a 2. Relata un cuento de resta. Representa tu cuento con fichas. Dibuja las fichas. Marca con una X las fichas que se quitan. Completa el enunciado de resta.

ACTIVIDAD PARA LA CASA · Pida a su niño que elija un problema de la página. Pídale que le relate el cuento de resta y que luego explique el enunciado de resta.

310 trescientos diez

Taller de resolución de problemas
Destreza • Usar un modelo

1

10 --- | === 9

2

10 ---- ===

3

10 --- ===

4

10 --- ===

INSTRUCCIONES   1 a 4. Usa cubos para mostrar diferentes maneras de restar de 10. Marca con una X los cubos que quitas. Completa el enunciado de resta de tu modelo.

© Harcourt

TEKS K.4 Se espera que el estudiante dé ejemplos y genere problemas de suma y resta en situaciones reales usando objetos concretos. *también* TEKS K.13B, K.14A, K.15

Capítulo 12 • Lección 8

trescientos once   311

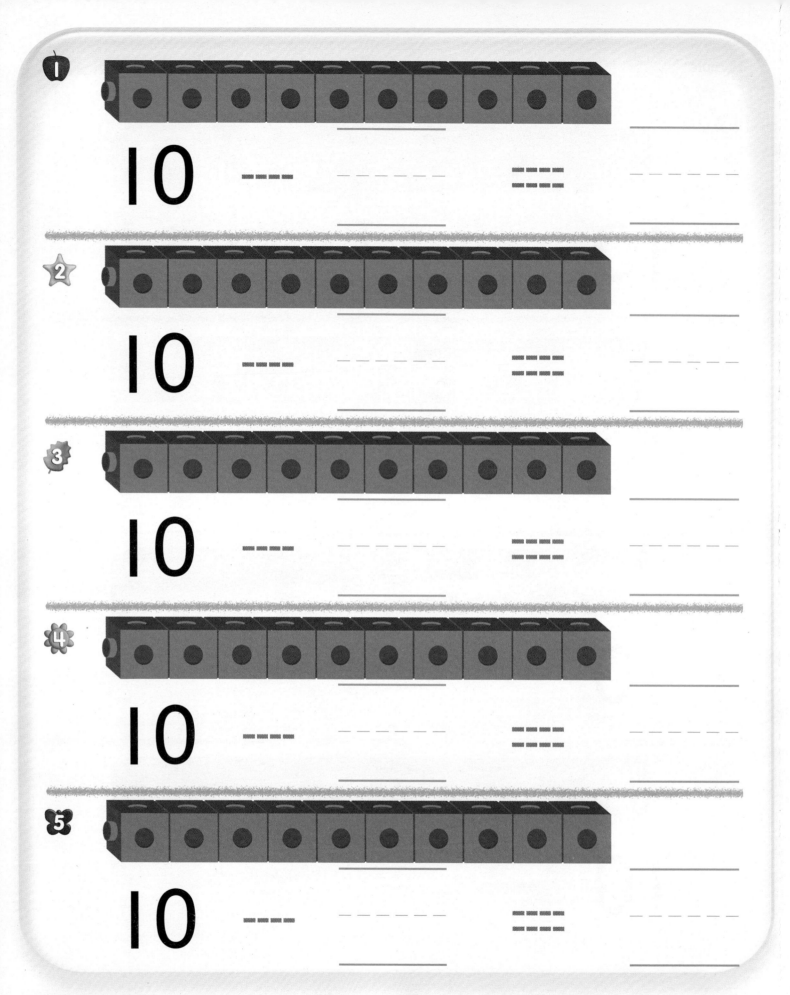

1. 10 − ＿＿ = ＿＿

2. 10 − ＿＿ = ＿＿

3. 10 − ＿＿ = ＿＿

4. 10 − ＿＿ = ＿＿

5. 10 − ＿＿ = ＿＿

INSTRUCCIONES 1 a 5. Usa cubos para mostrar diferentes maneras de restar de 10. Marca con una X los cubos que quitas. Completa el enunciado de resta de tu modelo.

 ACTIVIDAD PARA LA CASA · Pida a su niño que use 10 monedas de 1¢ para mostrar una manera de restar de 10. Luego, escriba estos símbolos y pídale que complete el enunciado de resta: ＿＿ − ＿＿ = ＿＿. Repita la actividad y pida a su niño que muestre otras maneras de restar de 10.

Nombre _____

  Repaso/Prueba del capítulo

1

$$5 - 1 = \underline{}$$

2 🚫🚫🚫 (aves)

_____   _____ - _____   _____ = _____

_____

3

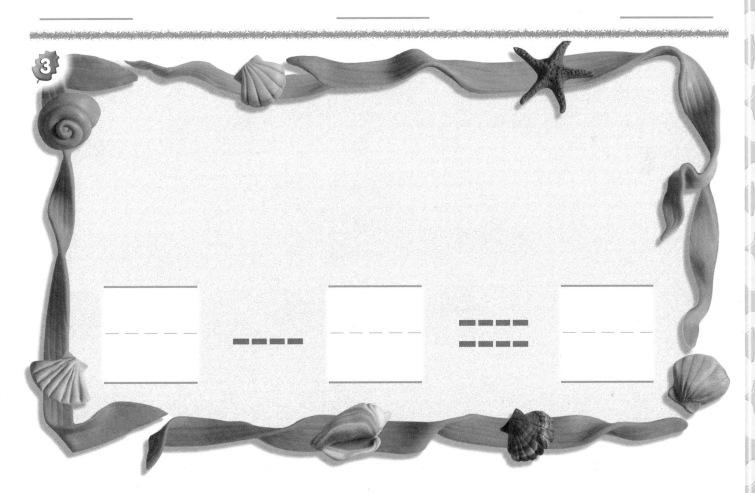

_____   _____ - _____   _____ = _____   _____

INSTRUCCIONES **1.** ¿Cuántos barcos hay en total? Marca con una X el barco que se quita. Completa el enunciado de resta para mostrar cuántos barcos quedan. (TEKS K.4) **2.** Relata un cuento sobre las aves. Completa el enunciado de resta. (TEKS K.4) **3.** Relata un cuento de resta. Representa tu cuento con fichas. Dibuja las fichas. Marca con una X las fichas que se quitan. Completa el enunciado de resta. (TEKS K.4)

© Harcourt

Capítulo 12

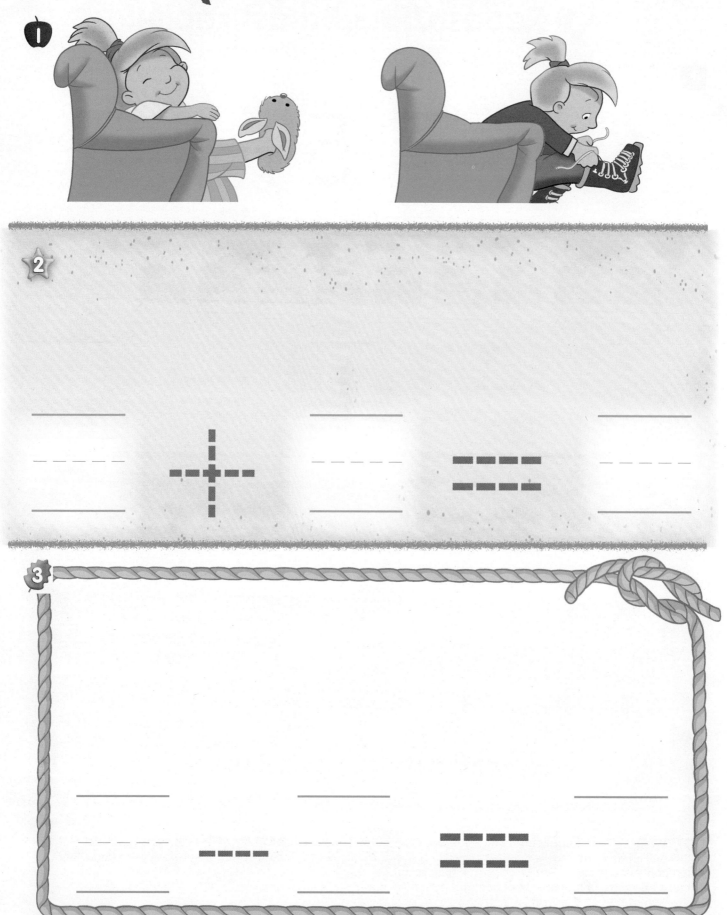

INSTRUCCIONES **I.** Encierra en un círculo la actividad que suele tomar más tiempo. (TEKS K. I IB) **2.** Relata un cuento de suma. Represéntalo con fichas. Dibuja las fichas. Completa el enunciado de suma. (TEKS K.4) **3.** Relata un cuento de resta. Represéntalo con fichas. Dibuja las fichas. Marca con una X las fichas que se quitan. Completa el enunciado de resta. (TEKS K.4)

PRÁCTICA CON UN JUEGO

Resta de veleros

Jugador 1

Jugador 2

INSTRUCCIONES Juega con un compañero. Cada jugador tiene un tren de ocho cubos en el espacio de trabajo. Decidan quién comienza a jugar. Túrnense para lanzar el cubo numerado. Resta el número de cubos que indique el cubo numerado. Después de cada lanzamiento, di tu enunciado numérico. Si el número que sale es mayor que el número de cubos que te quedan, debes sumar todos esos cubos. Gana el jugador que resta todos sus cubos.

MATERIALES: cubo numerado del 1 al 3, 8 cubos interconectables para cada jugador

© Harcourt

Enriquecimiento • Entre las olas

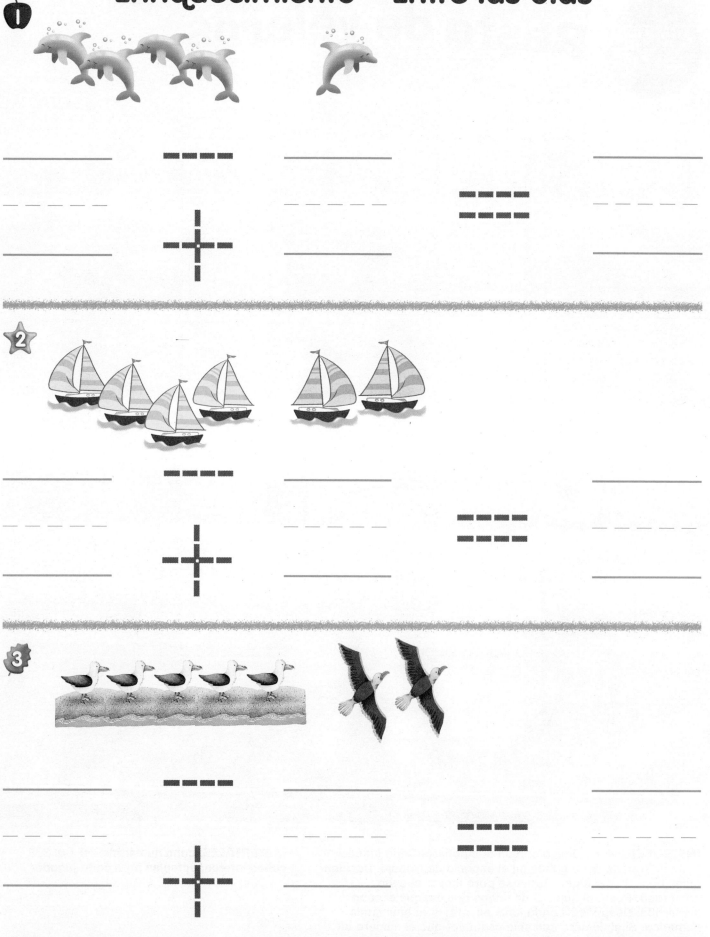

INSTRUCCIONES   1 a 3. Relata un cuento sobre la ilustración. Encierra en un círculo y traza el símbolo que uses en el cuento. Completa el enunciado numérico.

Texas
Resolución de problemas

THE WORLD ALMANAC

ALMANAQUE MUNDIAL

PARA NIÑOS

Corales coloridos

Dato del ALMANAQUE

El pez ardilla vive en los arrecifes de coral de Jardín de Flores, cerca de la costa de Texas. El coral no es una planta ni una roca. Es un animal diminuto que se llama pólipo de coral.

❶ _____ + _____ = _____

⭐2 _____ + _____ = _____

INSTRUCCIONES **1.** Relata un cuento de suma sobre los corales rojos de la ilustración. Completa el enunciado de suma. **2.** Relata un cuento de suma sobre los corales morados de la ilustración. Completa el enunciado de suma.

 COMENTA Relata otros cuentos de suma sobre los corales que ves en esta página.

A restar peces

Dato del ALMANAQUE

En el Centro Marino de Texas hay una exhibición de un arrecife de coral. Allí puedes ver peces ángel, peces cofre y peces ardilla.

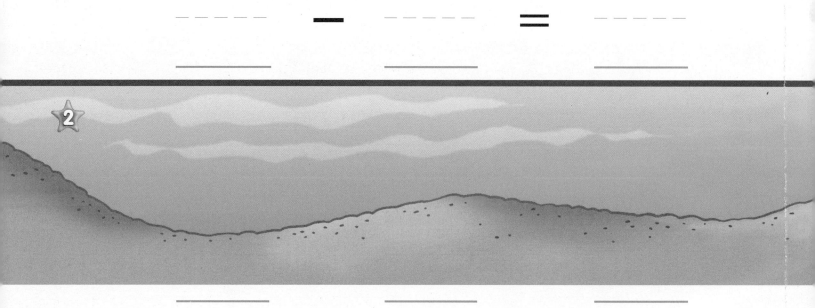

1

_____ — _____ = _____

2

_____ — _____ = _____

INSTRUCCIONES   **1.** ¿Cuántos peces hay en total? Marca con una X los peces que se alejan. Completa el enunciado de resta.   **2.** Dibuja tu propio cardumen. Dibuja algunos peces alejándose. Márcalos con una X. Luego, completa el enunciado de resta.

 COMENTA Explica tu cuento sobre los peces.

Tapete ①

tapete 1 (tapete para separar)

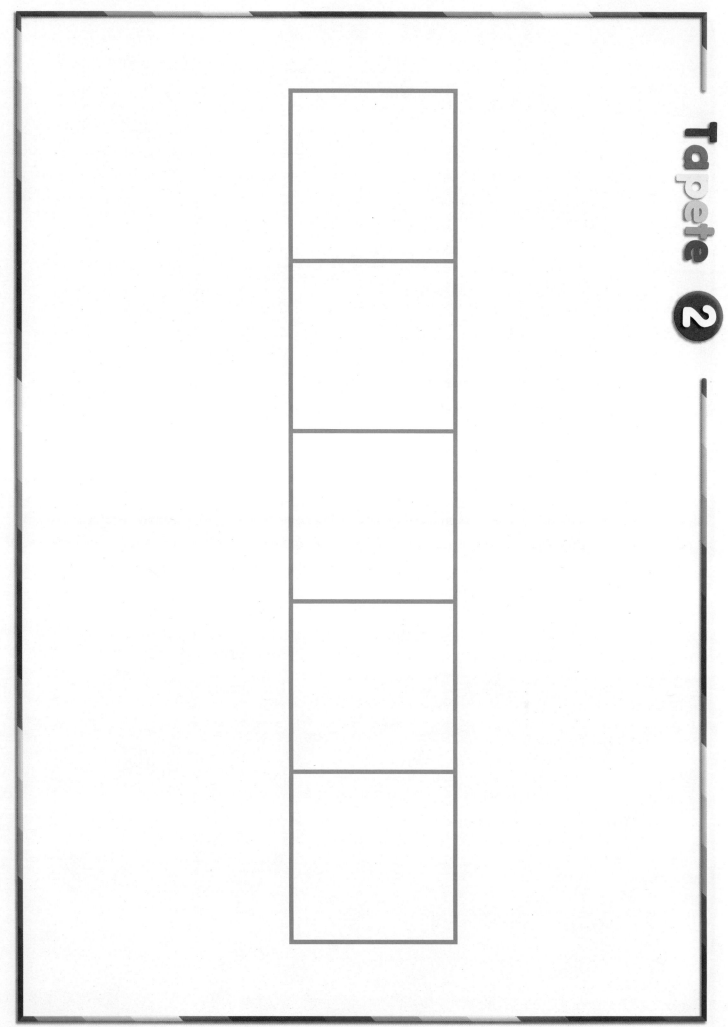

tapete 2 (cuadro de cinco)

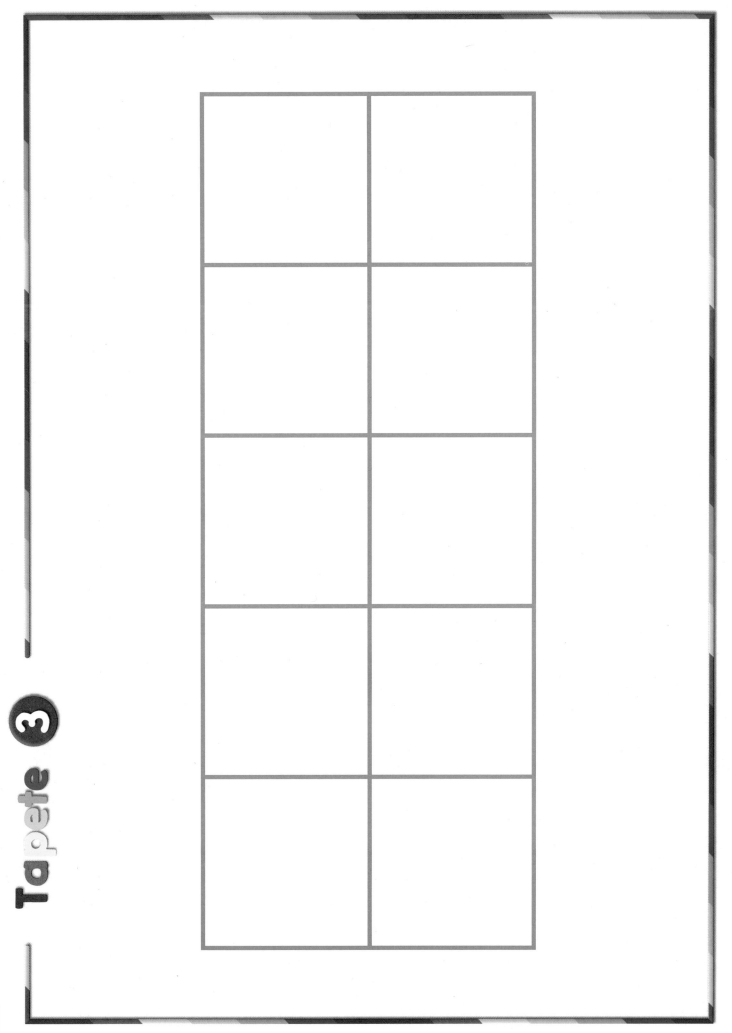

tapete 3 (cuadro de diez)

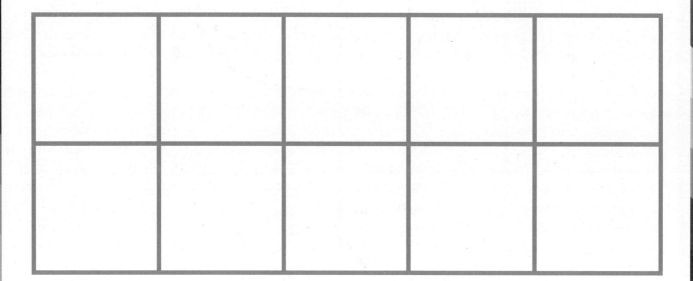

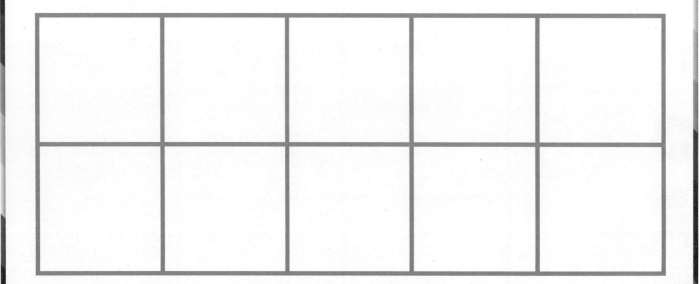

tapete 4 (cuadros de diez)

Photo Credits